법률지식·해결총서 ②

한손에 잡이는

상속해결

대한민국 법률지식의 중심

법문 북스

머리말

　법은 사람의 공동생활에 있어서 행위의 준칙으로서 국가에 의하여 강행되는 사회규범이다.

　사회가 복잡하여지고 신속 정확한 지식과 정보가 필요로 한 변화와 개혁이 일어나고 있는 이 때에도 우리는 주위에서 법률상식을 몰라서 막대한 손해를 입고 불이익을 당하는 사람과 반면에 법률을 잘활용해서 어려운 일들을 해결해 나가는 사람을 두루 볼 수 있다.

　법은 많이 알수록 재산이 된다는 이야기를 많이 들었을 것이다. 알때와 모를때의 차이를 엄청나게 느낄 수 있는 것이 바로 법률이다.

　특히 경제가 급속도로 발전하고 점차 세분화하는 이 사회를 살아가려면 법률상식은 필수라 하겠다.

　시대의 흐름에 따라 사회·경제·문화의 여러 분야에서 급속한 변화와 개혁이 일어나고 있고 특히 법률은 새로 제정되고 개정되는 일이 많아 그 변화가 심하다고 할 수 있다.

　이처럼 하루가 다르게 변하는 법률을 따라가는 것은 쉬운일이 아니다. 일일이 공부하며 법률지식을 넓힌다든가 법률 전문가라도 두어 자문을 받으면 되겠지만 현실이 그렇지 못하여 뜻하지 않게 손해를 보는 경우가 많을 것이다.

　법률지식은 어느 정도만 알고 있어도 혼자서 해결할 수 있는 문제를 가지고 일일이 법률사무소나 법률전문가를 찾을 수도 없는 노릇이다. 또 법률전문가에게 찾아간다 해도 어느 정도 기초적인 지식을 알고 상담해야 많은 도움을 받을 수 있고 유익한 것이다.

　오늘날과 같은 법률문화와 법률적 분쟁이 증가하는 시대에서는 자기관리와 방어를 잘해야 경쟁에서 살아남을 수 있을 것인데 법률지식도 급변하는 사회에 적응하는 중요한 경쟁력이라 할 것이다.

　본서에서는 상속에 관한 길잡이가 될 수 있는 책으로 사안별로 분리하여 좀더 쉽게 활용할 수 있도록 구성하였다.

　이 책으로 각종 법률문제들의 해결방법을 자세히 알아 법률상식을 알지 못해 당할 수 있는 피해를 예방하는데 도움이 되고 권익을 찾는데 보탬을 주려 한다. 이 책이 복잡한 사회를 살아가는 사람들의 반려자로서 자리매김할 것을 믿으며 신속 정확한 법률업무처리와 법률문화창달에 이바지 할 것을 기대한다.

　마지막으로 본서가 출간되기까지 집필과 자료분석교정에 수고한 여러 편집진의 노고에 깊은 사의를 표하고 또 출판시장의 어려운 현실에서도 집필을 도와주시고 출간한 법문북스 김현호 대표와 편집팀 여러분께 감사드린다.

2008. 7.

편저자 드림

차 례

제1장. 상속에 관한 기본지식

제2장. 상속의 개시

제3장. 상속재산의 범위

제4장. 공동상속, 상속분

제6장. 유 언

제7장. 유류분 제도

제8장. 상속과 세금

제9장. 상속세와 증여세

I. 상속세

Ⅱ. 증여세

제1장. 상속에 관한 기본지식

1. 상 속

상속이란 피상속인이 가지고 있던 재산과 재산상의 권리·의무가 상속인(상속을 받는 자)에게 포괄적으로 이전하는 것을 말합니다.

피상속인이 사망하면 피상속인 개인만이 행사할 수 있는 권리·의무를 제외한 모든 재산상의 권리와 의무가 포괄적으로 상속인에게 이전됩니다. 따라서 권리만을 얻거나 의무만을 면하는 상속은 존재하지 않습니다.

2. 피상속인

사람이 사망하면 상속이 개시되며, 이 경우에 사망한 사람을 피상속인이라고 합니다. 자연인만이 피상속인이 될 수 있습니다.

3. 상속인

피상속인의 사망시에 피상속인의 재산을 승계하는 사람을 상속인이라 합니다. 상속인이 될 수 있는 자격을 상속능력이라고 하는데, 권리능력이 있는 사람은 모두 상속능력이 인정됩니다. 법인은 권리능력이 있어도 상속능력을 갖지 못합니다. 상속인이 되기 위해서는 피상속인의 사망시에 생존해 있어야 하며, 피상속인보다 먼저 사망한 사람은 상속인이 될 수 없습니다.

4. 상속재산

　상속재산이란 피상속인이 사망시에 가지고 있던 재산(재산적 권리의무)을 말합니다. 상속재산에는 적극재산과 소극재산(채무, 재산상의 의무)이 포함됩니다.

5. 법정상속인

　민법은 누가 상속인이 되는가에 관해 규정하고 있는데, 위와 같이 민법규정에 의해 당연히 상속인이 되는 사람을 법정상속인이라고 합니다.

6. 공동상속

　상속인의 숫자에 따라 상속인 한 사람이 모든 것을 승계하면 단독 상속이고, 상속인 2인 이상이 공동승계하면 공동상속입니다. 상속인이 여러 명인 경우 공동상속인은 상속재산을 분할할 때까지 공동으로 상속할 수 밖에 없습니다. 이런 경우 공동상속인은 상속재산을 분할할 때까지 각자의 상속분에 따라 공유하게 됩니다.

7. 상속분

　상속분이란 전체 상속재산 중 상속인 각자가 자신의 몫으로 받을 수 있는 비율을 말합니다. 상속분을 보통, 예컨대 상속재산의 2분의 1, 3분의 1과 같이 상속개시시에 있어서의 상속재산 전체의 가액에 대한 계수적 비율에 의하여 표시됩니다.

8. 유 증

　피상속인은 유언에 의하여 자기의 재산을 자유롭게 처분할 수 있습니다. 예컨대 법정상속인을 모두 배제하고 모든 재산을 사회복지재단에 증여한다는 유언을 할 수 있고, 또 상속인 중에서 특정의 1인에게 모든 재산을 준다는 유언을 할 수도 있습니다. 이와 같이 유언에 의해서 모든 재산을 무상으로 증여하는 것을 유증이라고 합니다.

9. 유류분 제도

　피상속인이 상속재산을 '상속인이 아닌' 어떤 사람에게 모두 증여한다고 유언한 경우, 그 상속인들은 상당한 기대를 하고 있었을 터인데도 한푼도 받지 못합니다. 이 경우, 유언자의 유언은 그 상속인에게 너무 가혹하므로, 상속인은 최소한 어느 정도의 재산을 반환하여 달라고 청구하였는데, 이것은 유류분제도입니다.

10. 기여분 제도

　상속인들 중 일부의 사람이 망인(피상속인)의 재산의 형성·유지에 기여하였거나, 망인의 생전에 망인을 부양한 경우 그 기여한 만큼 재산을 가산하여 상속분을 인정하여 주는 제도를 말합니다.

　근래에 친정 어머니를 오래 봉양하여 온 딸에게 그의 고유상속분 이외에 별도로 1억 5천만원을 기여분으로 인정한 사례가 있습니다(대판 1998. 12. 8, 97므513, 520, 97스12).

11. 법정상속·유언상속

상속인의 범위·순위·상속분 등을 정하는 방법에 따라 이를 법률로 정하는 것이 법정상속이고, 이를 유언으로 정하는 것이 유언상속입니다. 현행상속법은 유언의 자유와 유언상속을 인정하고 있습니다. 유언이 없는 경우는 법정상속으로 처리할 수 밖에 없으니, 유언상속우선의 원칙을 채택하고 있다고 할 수 있습니다.

　제1장 상속에 관한 기본지식

제2장. 상속의 개시

1. 사망의 경우에 의한 상속

피상속인이 사망한 시점에 상속은 개시되며, 상속인 및 상속분이 그 일시에 확정됩니다.

사망일시의 확인은 사체검안서·사망진단서·가족관계등록부에 의합니다.

2. 실종선고의 경우에 의한 상속

일정기간 피상속인의 생사가 불명인 경우 이해관계인(배우자·4촌 이내의 친족·후견인)이나 검사의 청구에 의해 법원은 실종 선고를 합니다.

일반실종은 최후소식 이후 5년, 특별실종은 위난 종료 후 1년이 경과한 때 사망한 것으로 간주하여 상속이 개시됩니다.

실종선고로 사망보험금을 지급하기 위해서는 실종기간이 만료할 때까지 보험료가 납입되어야 합니다.

3. 인정사망의 경우에 의한 상속

사변(삼풍참사·수해 등)으로 사망이 확실하나 사체를 찾을 수 없는 경우, 시·군·읍·면장이 사망을 확인하고 호적에 그 사실이 기재되면 사망으로 추정되어 상속이 개시됩니다.

재산상속에 있어서 법정상속인의 상속순위·

> 이럴땐 ➡ 처자와 노부모, 시동생이 있는 저의 남편이 교통사고를 당하였습니다. 이 경우 남편의 재산 및 교통사고배상금의 상속관계는 어떻게 되는지요?

키포인트 자와 배우자가 상속하게 됩니다.

이렇게 ➡ 상속의 순위에 관하여 민법 제1000조는 다음과 같이 규정하고 있습니다.

제1순위는 사망한 자의 직계비속(直系卑屬), 즉 자(子), 손자 등입니다. 이 경우 자연혈족(친자식), 법정혈족(양자), 혼인중의 출생자, 혼인외의 출생자, 남자, 여자를 구별하지 아니하며, 태아는 상속순위에 있어서 이미 출생한 것으로 봅니다.

제2순위는 사망한 자의 직계존속(直系尊屬), 즉 부모, 조부모 등입니다. 직계존속은 부계(친가), 모계(외가), 양가, 생가를 구별하지 아니하며, 양자인 경우 친생부모와 양부모는 모두 같은 순위입니다.

제3순위는 사망한 자의 형제·자매이며, 제4순위는 사망한 자의 4촌 이내의 방계혈족입니다.

같은 순위의 상속인이 여러 명인 때에는 촌수가 가까운 사람이 선순위가 되고, 같은 촌수가 여러 명인 경우에는 공동으로 상속하게 됩니다.

또한 배우자(혼인신고 된 배우자)의 경우에는 피상속인(사망한 자)의 직계비속 또는 피상속인의 직계존속과 같은 순위, 직계비속과 직계존속이 모두 없을 경우에는 단독으로 상속을 하게 됩니다(민법 제1003조).

따라서 위 사안의 경우 상속순위는 남편의 자식과 배우자인 귀하가 공동으로 제1순위가 상속인이 되므로 남편의 노모와 시동생은 상속인이 될 수 없다고 하겠습니다. 다만, 남편의 노모와 시동생은 아들 또는 형이 사망함으로 인한 정신적 고통에 대한 위자료 청구권은 그들 고유의 권리로서 가지게 될 것입니다(대법원 1999. 6. 22. 선고 99다7046 판결).

이성동복(異姓同腹)의 형제자매도 상속인의 범위에 포함되는가

이럴땐 ➡ 갑은 저와 성(姓)이 다르지만 어머니는 동일한 이성동복인 형제인데, 최근 갑이 토지 3,000평을 남기고 사망하였는바, 갑은 미혼이었고 부모 등도 전부 사망하였으므로 제가 갑의 형제자매로서 위 토지를 상속받을 수 있는지요?

키포인트 상속받을 수 있습니다.

이렇게 ➡ 민법은 재산상속의 순위에 있어서 피상속인의 배우자, 직계존속, 직계비속이 없을 경우 다음 순위로 피상속인의 형제자매가 상속인이 되도록 규정하고 있습니다(민법 제1000조, 제1003조).

그런데 위와 같은 재산상속인으로서의 형제자매에 이성동복(異姓同腹)의 형제자매도 포함되는지 문제되는바, 이에 관하여 판례를 보면 "현행 민법(1990. 1. 13. 법률 제4199호로 개정되어 1991. 1. 1.부터 시행된 것) 제1000조 제1항 제3호는 제3순위 상속인으로서 '피상속인의 형제자매'를 들고 있는바, 여기서 '피상속인의 형제자매'라 함은, 민법 개정시 친족의 범위에서 부계와 모계의 차별을 없애고, 상속의 순위나 상속분에 관하여도 남녀간 또는 부계와 모계간의 차별을 없앤 점 등에 비추어 볼 때, 부계 및 모계의 형제자매를 모두 포함하는 것으로 해석하는 것이 상당하다."라고 하였습니다(대법원 1997. 11. 28. 선고 96다5421 판결).

따라서 위 사안에 있어서도 귀하는 이성동복형제인 갑의
유산을 상속받을 수 있을 것입니다.

아버지와 아들이 동일한 사고로 동시에 사망한 경우에 누가 상속인이 되는가?

키포인트 시어머니와 부인이 공동상속인이 됩니다.

이렇게 ➡ 2인 이상이 동일한 위난으로 사망한 경우에는 동시에 사망한 것으로 추정되므로(민법 제20조), 귀하와 시어머니가 공동상속인이 됩니다.

이 유 ➡ 사망의 유무 및 시기에 대한 증명 내지 확정이 극히 곤란한 경우가 있습니다. 이러한 경우에 대비하는 제도로서 동시사망의 추정, 인정사망, 실종선고의 3가지가 있습니다.

동시사망의 추정이란 2인 이상이 동일한 위난으로 사망한 경우(예 : 추락한 항공기나 침몰한 선박에 동승한 경우)에 동시에 사망한 것으로 추정하는 제도입니다(민법 제30조).

동시사망의 추정을 받는 경우에는 사망자 상호간에 상속이 개시되지 않습니다. 즉, 위 사례에서 남편과 아들은 동시에 사망한 것으로 추정되므로 이들 사이에는 상속이 이루어지지 않습니다. 따라서 아내와 시어머니가 공동상속하게 됩니다. 다만 사망한 아들에게 처나 자녀가 있다면 대습상속을 하게 되므로(민법 제1001조, 제1003조 2항), 시어머니는 상속권이 없습니다.

실종선고가 취소되면 실종선고를 원인으로 개시된 상속의 효력은 어떻게 되는가?

키포인트 실종선고 후 그 취소 전에 선의로 한 행위에 대해서는 실종선고의 취소가 있더라도 그 영향을 받지 않으므로(민법 제29조 1항), 위 부동산매매는 유효합니다.

이렇게 ➡ 실종선고가 있으면 실종선고를 받은 자는 사망한 것으로 간주됩니다. 따라서 실종자가 생존하더라도 그것만으로는 사망으로서의 의제를 뒤집지 못하고 실종선고를 취소하여야 합니다. 실종선고의 취소는 본인, 이해관계인 또는 검사의 청구에 의하여 법원이 합니다(민법 제29조 1항).

실종선고를 취소하면 처음부터 실종선고가 없었던 것으로 되어 실종선고로 인해 생긴 법률관계는 소급적으로 뮤효가 됩니다. 다만 실종선고를 신뢰하여 법률관계를 맺게 된 선의의 자에게 불측의 피해를 줄 수 있으므로 예외가 인정됩니다. 즉 실종선고가 나중에 취소된 경우 선의자(실종자가 살아있다는 것을 몰랐던 자)는 상속을 받지만, 그 받은 이익이 현존하는 한도 내에서 반환할 의무가 있

고, 악의자는 그 받은 이익에 이자를 붙여서 반환하여야
합니다(민법 제29조 2항). 또한 '실종 선고 후 그 취소전'에
선의로 한 행위에 대해서는 실종선고의 취소가 있더라도
그 영향을 받지 않습니다. 따라서 실종선고를 원인으로 상
속을 받은 경우 상속인이 재산을 처분해도 그 처분은 그대
로 유효합니다.

장례비용은 상속에 관한 비용에 포함되는가?

이럴땐 ➡ 상속에 관한 비용은 모두 상속재산 중에서 지급한다고 하는데, 장례비용도 이에 포함됩니까?

키포인트 장례비용도 포함됩니다.

이렇게 ➡ 장례비용은 직접적으로 상속에 관한 비용이라고 할 수 없으나 피상속인을 위한 비용이므로 이에 포함된다고 보아야 합니다(대판 2003. 11. 14. 2003다30968).

이 유 ➡ 상속에 관한 비용이란

상속으로 인하여 발생된 비용, 즉 상속재산 관리비용, 재산목록작성비용, 상속재산에 관한 소송비용, 감정 평가 등 청산비용 등, 상속채무에 관한 공고·최고·변제의 비용, 상속재산의 경매비용, 유언집행비용 등을 말합니다.

상속에 관한 비용은 상속재산 중에서 지급됩니다.

그러므로 상속재산 총액에서 장례비용 등을 공제한 금액을 과세가액으로 보고 상속세를 부과하고 있습니다.

장례비용은 직접적으로는 상속에 관한 비용이라고는 할 수 없으나, 피상속인을 위한 비용이므로 상속에 관한 비용에 포함됩니다(대판 2003. 11. 14. 2003다30968).

상속인이 과실로 지출한 비용은 상속비용이 아니므로 그 상속인 스스로 부담하여야 합니다.

상속재산에 포함되어 있는 개별적 권리의 이전 등기비용
은 상속비용이 아니고 상속인이 부담하여야 합니다.

태아도 상속인이 될 수 있는가?

키포인트 상속받을 수 있습니다.

이렇게 ➡ 사망한 사람의 임신 중인 며느리가 아이를 낳으면 시어머니보다 손자가 우선순위이므로 시어머니는 2천만원을 손자에게 반환하여야 합니다.

이 유 ➡ 상속의 순위를 보면 제1순위는 피상속인의 직계비속(아들, 딸 등)이고, 제2순위는 직계존속(부모 등), 제3순위는 형제자매, 제4순위는 4촌 이내의 방계혈족입니다(민법 제1000조 1항). 그리고 태아는 상속순위에 관하여는 이미 출생한 것으로 봅니다(민법 제1000조 3항).

원래 상속인이 되기 위해서는 상속이 개시될 때에 권리능력자일 필요가 있습니다. 이들 '동시 존재의 원칙' 또는 '계속의 원칙'이라고 합니다.

상속은 사람이 사망할 때에 그 망인의 권리·의무가 상속인에게 포괄적으로 승계되는 것이므로, 망인과 상속인 사이에 권리·의무의 단절을 피하기 위하여 이들의 짧은 시간 동안(임종 직전)이라도 동시에 권리능력을 가질 것이 요구됩니다.

다만 민법은 특히 태아에 관해서는 이 원칙의 예외를 인정하여 태아는 상속에 관해 이미 출생한 것으로 봅니다(민법 제1000조 3항).

여기서 태아는 상속개시 전에 임신되었으나 상속개시 당시까지 아직 출생하지 아니한 아이를 말합니다.

그리고 배우자의 상속순위를 보면, 배우자는 그 직계비속과 동순위(제1순위)로 공동상속인이 되고, 직계비속이 없는 경우에는 피상속인의 직계존속과 동순위로 공동상속인이 되고, 피상속인의 직계비속도 직계존속도 없는 경우에는 단독상속인이 됩니다(민법 제1003조).

중혼관계에 있는 배우자도 상속권이 있는가?

이럴땐 ➡ 제 남편은 A라는 여자와 협의이혼 후 저와 재혼하였는데, 협의이혼취소판결에 의하여 저와의 혼인이 중혼이 되었습니다. 제 남편은 최근에 암으로 사망하였는데, A는 저와 남편의 혼인에 관해 소를 제기하여 혼인취소판결이 내려졌습니다. 저는 남편의 재산에 관해 상속권이 없습니까?

키포인트 혼인취소의 판결에는 소급효가 없으므로 귀하의 상속권에는 영향이 없습니다.

이렇게 ➡ 중혼이란 법률혼이 이중으로 성립하는 경우를 말합니다.

이미 법률혼상태에 있는 사람이 다시 혼인신고를 하더라도 그 신고는 수리가 거부될 것이므로 중혼이 성립하는 경우는 드뭅니다. 실제로 중혼이 성립하는 경우로는 이혼 후 재혼하였는데, 이혼이 무효가 되거나 취소된 경우, 실종선고 후 재혼하였는데 실종선고가 취소된 경우 등을 생각할 수 있습니다.

중혼이 성립한 경우에는 당사자, 그 배우자, 당사자의 직계존속, 4촌 이내의 방계혈족 또는 검사가 후혼을 취소할 수 있습니다(민법 제816조, 제818조).

즉 중혼도 판결에 의해 취소되기 전까지는 유효한 혼인으로 인정됩니다. 중혼 당사자가 사망하여 전혼과 후혼이 모두 해소된 경우에도 후혼을 취소하는 것이 가능합니다

(대판 1991. 12. 10. 91므535).

　중혼관계에 있는 경우의 배우자의 상속권은 어떻게 되는가가 문제되는데, 위 사례의 경우 남편이 사망한 경우 전혼의 배우자와 후혼의 배우자 모두 배우자로서 상속권을 가지는가가 문제됩니다. 민법은 중혼을 취소할 때까지는 유효한 것으로 보므로 두 배우자 모두 상속권을 갖는 것으로 해석됩니다.

　각자의 상속분은 배우자의 상속분의 2분의 1이 될 것입니다. 그러나 전혼의 배우자 A는 남편의 사망 후에도 후혼에 대하여 혼인취소청구의 소를 제기하여 취소판결을 받을 수 있습니다. 이 경우 후혼의 배우자가 상속권을 잃게 되는가가 문제되는데, 혼인취소의 효력에는 소급효가 없으므로 후혼배우자의 상속에는 영향이 없습니다(대판 1993. 5. 27. 92므143).

친양자의 친생부모도 상속인이 될 수 있는가?

이럴땐 ➡ 저는 제 아들을 A라는 사람의 친양자로 보냈
는데, 제 아들이 교통사고로 사망하였습니다.
아들에게는 유산이 있는데, 저도 아들의 부모
로서 상속권이 있습니까?

키포인트 상속권이 없습니다.

이렇게 ➡ 친양자 입양이 확정되면 기존의 친족관계는 소
멸하므로 친생부모를 비롯한 생가측 직계존속은 상속인이
되지 못합니다.

이 유 ➡ 피상속인의 직계존속은 제2순위의 상속인입니다
(민법 제1000조 1항 2호). 직계존속이 상속인이 되려면 제1
순위 상속인(직계비속이나 배우자)이 없거나 그들이 모두
상속결격자가 되거나 상속포기를 한 경우라야 합니다. 직
계존속이 수인인 경우에 그 직계존속들의 촌수가 같으면
동순위이며, 촌수를 달리하면 최근친이 먼저 상속인이 됩
니다(민법 제1000조 2항). 따라서 예컨대 부모와 조부모가
있으면 부모가 선순위가 됩니다.

또 직계존속은 부계(父系)이건 모계이건 양가(養家)측이
건 생가(生家)측이건 묻지 않습니다. 그러나 친양자의 경우
에는 친양자의 친생부모를 비롯한 생가측 직계존속은 상속
인이 되지 못합니다. 친양자입양이 확정되면 기존의 친족
관계는 소멸하므로 친생부모를 비롯한 생가측 혈족은 더
이상 친족에 포함되지 않기 때문입니다.

친양자제도는 일정한 요건을 갖춘 15세 미만인 자에대하여 가정법원의 허가를 받으면 친생부모와의 친족관계를 단절하고, 양자는 마치 양친의 친생자인 것처럼 양친의 성과 본을 따를뿐만 아니라 가족관계등록부에도 양친의 친생자로 기록되는 것을 말합니다(민법 제908조의 2~8).

양자로 입양된 자가 생부모의 재산을 상속할 수 있는지?

이럴땐 ➡ 저는 수년 전 친척집에 양자로 입양되었고, 그 후 생모가 사망하자 생부는 20세의 아들이 있는 계모와 혼인신고를 하고 생활하다가 최근에 사망하였습니다. 계모는 제가 양자로 갔기 때문에 상속권이 없다고 주장하는데, 그것이 사실인지요?

키포인트 사실이 아닙니다.

이렇게 ➡ 민법 제1000조 제1항에 의하면 제1순위의 상속인은 피상속인의 직계비속입니다. 여기서 직계비속이란 자연혈족(친자식)·법정혈족(양자), 혼인중의 출생자·혼인외의 출생자, 남·녀, 기혼·미혼, 가족관계등록부내의 유무 등을 구별하지 않으므로 양자는 양부모와 친생부모에 대하여 양쪽 모두에 있어서 제1순위의 상속인이 됩니다.

그리고 피상속인의 배우자는 직계비속 또는 직계존속이 있는 경우에는 그 상속인과 같은 순위로 공동상속인이 되고, 그 상속인이 없을 때에는 단독상속인이 됩니다(민법 제1003조 제1항). 여기서의 배우자는 혼인신고가 된 법률상의 배우자를 말하며, 사실상의 배우자는 부 또는 처로서의 상속권이 인정되지 않습니다.

그런데 위 사안에서 계모가 데리고 온 아들은 피상속인의 혈족이 아니므로 상속인이 되지 못하고, 설령 계모의 아들을 귀하의 아버지가 가족관계등록부에 등록하여도 15

세가 넘어 친양자로서 입양을 시키지 못하였으므로 단순히 가족관계등록부에 등록한 것에 불과할 경우에는 역시 상속인이 아닙니다. 다만, 계모는 혼인신고를 한 법률상의 배우자이기 때문에 상속권이 있습니다.

결론적으로 귀하는 계모와 공동상속인이 되어 상속분을 계모 1.5, 귀하 1이 되며, 분배율은 3/5 : 2/5가 될 것입니다.

참고로 양자를 상속할 직계존속에 친생부모도 포함되는지에 관한 판례를 보면, "신민법 시행후 양자가 직계비속 없이 사망한 경우 그가 미혼인 경우 제2순위 상속권자인 직계존속이, 그에게 유처가 있는 경우 직계존속과 처가 동순위로 각 상속인이 되는바(개정전 민법 〈1958. 2. 22. 법률 제471호〉 제1000조 제1항, 제1003조 제1항), 이 경우 양자를 상속할 직계존속에 대하여 아무런 제한을 두고 있지 않으므로 양자의 상속인에는 양부모뿐아니라 친부모도 포함된다고 보아야 한다."라고 하였습니다(대법원 1995. 1. 20. 자 94마535 결정).

타인의 친생자로 된 혼인 외의 자가 생모 재산을 상속받는 방법

키 포 인 트 법적으로 친자관계를 인정받아야 합니다.

이렇게 ➡ 귀하의 딸이 갑과 을 사이에서 태어난 자녀로 가족관계등록부에 등록된 이상 귀하의 딸은 법률상으로는 갑과 을의 딸이므로, 귀하가 사망할 경우에 귀하의 모든 재산은 친정어머니에게 상속됩니다(민법 제1000조).

그러므로 귀하가 재산을 딸에게 상속시키려면 먼저 귀하와 귀하의 딸 사이의 친자관계를 법적으로 인정받아야 할 것입니다. 이를 위해서는 우선 귀하가 원고가 되어 을과 귀하의 딸을 상대로 을과 귀하의 딸 사이에는 친생자관계가 존재하지 않는다는 것과 생모인 귀하와 귀하의 딸 사이에는 친생자관계가 존재한다는 소송 즉, 친생자관계존부확인의 소를 제기하여 법원으로부터 판결을 받은 후, 판결의 확정일로부터 1월 이내에 판결등본 및 그 확정증명서를 첨부하여 가족관계등록부정정의 신청을 하면 됩니다(민법 제865조, 가족법 제105조).

　등록부정정이 이루어지면 딸의 등록부 모(母)란에는 을이 아닌 귀하가 모(母)로 등재되게 되므로 귀하의 딸이 귀하의 어머니와 친오빠들 보다 선순위의 상속권을 가지게 되는 것입니다. 따라서 귀하의 재산을 딸이 단독으로 상속하게 됩니다. 그리고 귀하의 딸과 을과의 적모서자의 관계가 되므로 딸은 을의 상속인이 될 수 없으나, 갑은 친부이므로 갑의 재산에 대해서는 상속권이 있다고 할 것입니다.

남편과 아들이 동시에 사망한 경우 남편 재산의 상속인

키포인트 타당하지 않습니다.

이렇게 ➡ 상속은 피상속인의 사망으로 개시됩니다. 그런데 위와 같은 동시사망(同時死亡)에 관하여 민법 제30조에 의하면 "2인 이상이 동일한 위난으로 사망한 경우 동시에 사망한 것을 추정한다."라고 규정하고 있습니다.

사망의 시기는 상속문제 등에 관련하여 중대한 의미를 갖고 있으나, 2인 이상이 동일한 위난으로 사망한 경우, 누가 먼저 사망하였는가를 입증하는 것이 대단히 곤란하거나 불가능하기 때문에 동시에 사망한 것으로 추정함으로써 사망자 상호간에는 상속이 개시되지 않도록 취급하려는 것입니다.

동시사망으로 추정되는 경우 그 효과는 추정에 불과하므로 반증을 들어 그 추정을 번복할 수 있으나, 반증은 거의 불가능하므로 이 경우의 '추정'은 사실상 '간주'에 가깝다고 할 것이며, 민법 제30조는 상속뿐만 아니라 대습상속 및 유증에도 적용되는 것입니다.

동시사망의 추정을 번복하기 위한 입증책임의 내용 및 정도에 관하여 판례는 "민법 제30조에 의하면, 2인 이상이 동일한 위난으로 사망한 경우에는 동시에 사망한 것으로 추정하도록 규정하고 있는바, 이 추정은 법률상 추정으로서 이를 번복하기 위하여는 동일한 위난으로 사망하였다는 전제사실에 대하여 법원의 확신을 흔들리게 하는 반증을 제출하거나 또는 각자 다른 시각에 사망하였다는 점에 대하여 법원에 확신을 줄 수 있는 본증을 제출하여야 하는데, 이 경우 사망의 선후에 의하여 관계인들의 법적 지위에 중대한 영향을 미치는 점을 감안할 때 충분하고도 명백한 입증이 없는 한 위 추정은 깨어지지 아니한다."라고 하였습니다(대법원 1998. 8. 21. 선고 98다8974 판결).

위 사안에서 첫째, 남편이 먼저 사망했다고 하면 남편명의의 주택 및 그 사고로 인한 보상금은 1순위 상속인인 아들과 귀하가 상속하고, 아들의 사망으로 귀하가 다시 상속하게 되며, 아들의 보상금 역시 귀하가 단독으로 상속하게 되므로 이 경우 시아버지는 상속권이 없게 될 것입니다. 둘째, 아들이 먼저 사망하였다면 아들의 보상금을 귀하와 남편이 공동상속하고, 남편의 사망으로 남편의 상속분을 귀하와 시아버지가 공동으로 상속하게 되며, 남편의 주택과 보상금도 귀하와 시아버지가 공동상속 하게 됩니다. 셋째, 남편과 아들이 동시에 사망하였다면 아들의 보상금은 귀하가 단독으로 상속하게 되지만 남편의 주택과 보상금은 귀하와 시아버지가 공동으로 상속하게 됩니다.

그런데 남편과 아들이 동일한 위난으로 사망한 경우이므로 반대의 증거로 인한 반증이 없는 한 동시사망이 추정되어 아들에 대한 교통사고의 배상금은 귀하가 단독으로 상속하며, 남편에 대한 교통사고의 배상금은 시아버지와 귀하가 공동상속하나 그 상속분은 동일하지 않고 귀하가 3/5, 시아버지가 2/5가 됩니다. 그리고 시아버지가 매수하여 남편에게 준 주택은 증여의 효력이 인정되고 이미 이행한 부분은 취소할 수 없으므로 이것 또한 시아버지와 귀하가 공동상속인이 되어 그 상속분은 귀하가 3/5, 시아버지가 2/5가 될 것입니다.

조부의 재산을 사망한 부(夫)를 대신하여 상속할 수 있는지

키포인트 주장할 수 있습니다.

이렇게 ➡ 귀하의 아버지는 돌아가신 할아버지의 제1순위 상속권자였으나 할아버지보다 먼저 돌아가셨으므로 아버지의 아들인 귀하가 아버지의 상속순위에 갈음하여 할아버지의 상속인이 될 수 있으며, 이를 대습상속(代襲相續)이라고 합니다.

민법 제1001조가 규정한 대습상속의 정의를 보면 상속인이 될 직계비속(위 사안에서 귀하의 아버지) 또는 형제자매가 상속개시 전(위 사안에서 할아버지가 돌아가시기 전)에 사망하거나 결격자가 된 경우, 그 직계비속(위 사안에서 귀하)이 있는 때에는 그가 사망하거나 결격된 자의 순위에 갈음하여 상속인이 되는 것을 말하며, 이는 재산 상속의 공평과 정당성이라는 상속의 본지에 합치하는 제도입니다.

그리고 상속개시 전에 사망 또는 결격된 자의 배우자는 대습상속과 같은 순위로 공동상속인이 되고, 그 대습상속인이 없는 때에는 단독으로 상속인이 될 것이므로 만약, 귀하의 어머니가 살아 계셨다면 귀하와 같은 순위로 공동상속인이 되었을 것이나, 위 사안에서 귀하는 단독으로 대습상속인이 된다 할 것입니다(민법 제1003조 제2항).

상속분은 상속이 개시된 시점 즉, 할아버지가 사망한 당시의 민법규정이 적용되어 귀하 아버지의 상속분은 삼촌·고모들의 각 상속분과 균등하게 될 것입니다. 따라서 귀하의 아버지의 상속분은 1/5이 되며, 이를 귀하가 대습상속하게 되는 것입니다.

귀하는 위와 같은 정당한 대습상속권을 주장할 수 있는데, 질문에 의하면 귀하는 삼촌과 고모들이 귀하의 상속분까지 상속한 것으로 보이므로, 귀하는 삼촌과 고모들을 상대로 하여 귀하의 상속분을 돌려줄 것을 요구할 수 있습니다. 이를 상속회복청구권(相續回復請求權)이라고 합니다.

상속회복청구권은 이와 같이 진정한 상속인이 그 상속권의 내용의 실현을 방해하고 있는 자에 대하여 상속권을 주장함으로써 그 방해를 배제하고, 현실로 상속권의 내용을 실현하는 것을 목적으로 하는 청구권입니다.

　그러므로 만약 아직 상속재산에 대하여 상속등기가 되어 있지 않다면 상속재산분할을 요구할 수 있으며, 협의가 되지 않을 경우에는 법원에 상속재산분할을 청구할 수 있습니다(민법 제1013조, 제269조).

　그런데 이미 상속등기가 되어 있고, 귀하의 삼촌·고모 등이 상속권 또는 상속분에 대하여 다툰다면 재판을 통하여 상속회복청구권을 행사할 수 밖에 없으므로 귀하는 상속회복청구의 소를 제기하여야 할 것이며, 이러한 상속회복청구의 소는 가사소송이 아니므로 민사소송법에 의한 소로써 제기하여야 합니다.

　상속회복의 재판에서 원고승소판결이 확정된 경우에는 귀하의 삼촌·고모들은 상속재산의 분할에 응하여야 합니다. 만약, 공동상속인 삼촌·고모들이 상속재산인 위 부동산들을 타인에게 양도하였더라도 상속등기에는 공신력(公信力)이 없는 것이므로 그 부동산을 양수한 제3자는 귀하의 상속분의 범위 내에서는 그 부동산의 소유권을 주장할 수 없고, 따라서 그 제3자는 귀하의 반환청구를 거부할 수 없다고 할 것입니다. 또한, 상속회복청구의 대상인 부동산을 양수한 제3자가 취득시효의 요건을 갖춘 경우에는 그 소유권을 회복할 수 없을 것이지만, 위 사안의 경우에는 취득시효기간(부동산등기부취득시효기간 : 10년. 점유취득시효기간 : 20년)이 경과되지 않은 경우이므로 이러한 문제는 없을 것으로 보입니다.

참고로 2002년 1월 14일부터 시행된 개정민법 제999조에 의하면 상속회복청구권은 그 침해를 안 날로부터 3년, '상속권의 침해행위가 있은 날'부터 10년 이내 행사할 수 있다고 규정하고 있습니다.

양자와 친생자의 상속순위에는 차이가 있는가?

키 포인트 친생자이건 양자이건 그 상속순위에는 아무
런 차별이 없습니다.

이렇게 ➡ 피상속인의 직계비속은 제1순위의 상속인입니다.

직계비속에는 망인(피상속인)의 자녀·손자녀·증손자녀
등은 물론이고, 외손자녀·외증손자녀 등이 모두 포함됩니
다(현행법은 부계, 모계혈족을 동등하게 취급). 그리고 자
연혈족(自然血族)이냐 법정혈족(法定血族 : 양자녀)이냐를
묻지 않고 모두 상속인이 되고, 상속순위에도 아무런 차별
이 없습니다.

피상속인의 직계비속(자녀)인 국적의 이동(異同 : 피상속
인의 사망 전후를 불문하고 외국으로 귀화하여 외국국적을
취득한 직계비속도 상속결격사유만 없다면 당연히 재산상
속인이 된다), 성별(남·녀, 아들·딸)·연령·장유(長幼),
친생자·양자, 혼인중 자녀·혼인외 자녀(인지된 자녀, 적
서의 구별), 이복형제자매, 기혼·미혼, 동일 가족관계등록
부 등록여부 즉, 분가 여부·출가 여부, 부계·모계(친손
자·외손자), 동거·별거, 생활의 공동 등과는 아무런 상관
이 없이 상속인이 됩니다.

대습상속이란 무엇인가?

키포인트 망인(죽은 형)의 사위가 대습상속을 합니다.

이렇게 ➡ 상속인(예컨대, 아들)이 상속개시 전에 먼저 사망하거나 상속결격(相續缺格)이 된 경우, 그 사람(사망하거나 상속결격된 자)의 직계비속(예컨대, 손자)이나 배우자(예컨대, 며느리)가 이에 갈음하여 상속하는 것이 대습상속입니다. 직계존속이 상속인인 때는 대습상속이 인정되지 않습니다.

대습상속제도를 인정하는 이유는, 본래 선순위의 상속권을 가져야 할 자가 사망·결격 등을 이유로 상속권을 잃은 경우에 그 사람의 직계비속과 배우자로 하여금 그 사람에 갈음하여 동순위로 상속시키는 것이 공평의 이념에 적합하기 때문이다.

대습상속이 이루어지려면 상속인이 상속개시전에 사망하거나 상속결격자가 되어야 합니다(민법 제1001조, 1003조 2항).

상속포기는 대습상속의 사유가 되지 않습니다.

　그런데 민법 제30조는 '2인 이상이 동일한 위난으로 사망한 경우에는 동시에 사망한 것으로 추정한다'고 규정하고 있어서, 위 사례의 경우처럼 피상속인과 그의 상속인이 동시에 사망한 것으로 추정되는 경우에 그 상속인은 피상속인보다 먼저 사망한 것이 아니므로 대습상속이 개시되지 않는 것이 아니냐는 의문이 생깁니다. 이에 대해서 대법원은 대습상속의 요건인 '상속인이 될 직계비속이 상속개시 전에 사망한 경우'에는 상속인이 될 직계비속이 피상속인과 동시에 사망한 경우도 포함되는 것으로 해석하는 것이 타당하다고 하였습니다. 따라서 망인의 직계비속의 배우자인 사위는 특별한 사정이 없는 대습상속을 한다고 판시하였습니다(대판 2001. 3. 9. 99다13157).

상속인이 될 수 없는 사유는 무엇인가?

키포인트 귀하의 형수는 상속자격을 상실하여 상속받
을 수 없습니다.

이렇게 ➡ 상속인이 상속에 관하여 부정한 이득을 얻으려
고 도의(道義)에 어긋나는 행위를 하여 그 상속인 자격을
잃게 됩니다. 상속인에게 법정결격사유가 발생하면 그 상
속인이 법률상 당연히(특별한 재판절차나 선언을 기다리지
않고) 상속자격을 상실하게 되는 것을 상속결격이라고 합
니다(민법 제1004조). 그러한 행위로 인하여 상속인 자격을
잃은 사람을 상속결격자라고 합니다.

1. 상속결격사유

민법상 상속결격사유는 5가지인데 크게 두 종류로 나
눌 수 있습니다.
  (1) 피상속인에 대한 패륜행위
    ① 고의로 직계존속·피상속인·그 배우자 또는
       선 순위나 '동 순위' 상속인을 살해하거나 살
       해하려고 한 경우.
       이로 인하여 가해자가 상속상 유리하게
       되었느냐 불리하게 되었느냐 아니냐는 묻지

않습니다.

고의로 살인인 경우에 한하고, 살해하려고
한 이상 기수이건 미수이건 묻지 않습니다.
'선순위 상속인이나 같은 순위의 상속인이 될'
태아를 낙태한 경우는 살인에 준하는 것이고,
재산상속의 결격사유가 됩니다. 예를들면, '남
편의 사망당시 태아를 임신하고 있던' 아내가
태아를 낙태하였다면 그 아내는 같은 순위의
상속인인 태아를 살해한 자로서 상속인 자격
을 잃게 됩니다(대판 1992. 5. 22. 92다2127).
② 고의로 직계존속, 피상속인과 그 배우자에게
상해를 가하여 사망에 이르게 한 경우

고의의 상해로 인한 치사에 한하고 상해나
과실치사는 제외됩니다. 따라서 단순히 피상
속인에게 행패를 부리거나 폭행하는 등의 행
동을 하여 패륜아라고 불려지는 정도로는 상
속인의 자격을 잃지 않습니다.

(2) 피상속인의 유언에 관한 부정행위
① 사기, 또는 강박으로 피상속인의 상속에 관한
유언 또는 그 철회를 방해하는 경우

여기서 상속에 관한 유언이란, 상속재산이
나 상속인의 범위에 직접 또는 간접으로 영향
을 주는 유언을 의미하고, 그것은 유효한 유언
이라고 합니다. 상속재산분할방법의 지정이나
위탁, 유증, 인지나 재단법인설립의 유언 등이
여기에 해당됩니다.

이러한 방해행위로 인하여 피상속인이 "유
언행위를 하지 않았다"든지, "유언을 철회하
지 않았다"는 결과가 발생하여야 합니다. 미수

에 그친 경우는 결격이 되지 않습니다.

② 사기 또는 강박으로 피상속인의 상속에 관한 유언을 하게 한 경우

사기나 강박으로 상속에 관한 유언을 한 경우는 유언자가 사기·강박을 이유로 이를 취소할 수 있으나, 상속결격의 문제로 해결할 수도 있습니다.

③ 피상속인의 상속에 관한 유언서를 위조·변기·파기 또는 은닉한 경우

위조는 상속인이 망인(피상속인)이름을 마음대로 사용하여 유언서를 작성하는 것이고, 변조는 이미 작성되어 있는 유언서에 가감삭제(加減削除), 정정(訂正) 기타 방법으로 그 내용을 변경하는 행위입니다.

파기는 유언서를 찢어버리든지, 녹음테이프를 부수는 등으로 유언의 효력을 소멸하게 하는 모든 행위를 포함합니다.

은닉은 유언서를 숨겨서 찾을 수 없게 하는 행위를 말합니다. 위와 같은 행위는 모두 고의로 한 것이어야 하고, 일단 유효하게 성립한 유언서를 그 대상으로 하여야 합니다.

2. 상속결격의 효과

결격사유가 발생하면 상속인은 당연히 상속받은 자격을 상실합니다.

상속개시 전에 결격사유가 생기면 그 상속인은 후일에 상속이 개시되더라도 상속받을 수 없습니다. 상속개시 후에 결격사유가 생긴 경우(예컨대 피상속인의 사망 후 유언서를 파기한 경우)에는 일단 유효하게 개시

한 상속도 그 개시시에 소급하여 무효가 됩니다.

상속결격자는 피상속인에 대하여 상속인이 될 수 없음은 물론 수증결격자도 될 수 없으므로(민법 제1064조) 유증을 받을 수도 없습니다.

아들부부의 싸움 도중 며느리의 방화로 아들만 사망시 상속권자

이럴땐 ➡ 저의 아들 부부는 며칠 전 평소 정숙치 못한 며느리의 행실을 문제삼아 부부싸움을 하던 중 며느리가 타인의 아이를 임신한 것을 알게 된 아들이 극도로 흥분하여 몇 차례 구타하자 며느리가 같이 죽는다고 하며 석유를 방바닥에 붓고 성냥을 그어 화재가 발생하였습니다. 아들은 화재로 사망하였고, 며느리는 소방대원에 의해 구조되었습니다. 현재 아들명의의 재산이 많은데, 며느리의 소행에 괘씸하여 타인의 아이를 임신한 며느리에게는 재산을 주지 않고 싶은데 어떻게 하면 되는지요?

키포인트 상속결격자로서 상속이 되지 않으며 태아에 대해서는 친생부인의 소를 제기하면 됩니다.

이렇게 ➡ 위 사안은 첫째 며느리가 아들을 살해하였음에도 상속권이 있는지 여부, 둘째 태아에게도 상속권이 있는지 여부, 셋째 며느리의 뱃속에 있는 태아가 아들의 자식이 아님을 법적으로 다투는 방법이 무엇이 있느냐로 요약될 수 있습니다.

먼저 상속결격의 문제를 살펴보면, 상속결격은 재산상속인에 대하여 법정사유가 발생하였을 경우에 특별히 재판상의 선고를 기다리지 않고 법률상 당연히 상속자격을 잃게 하는 제도입니다.

민법 제1004조에서 규정한 상속인의 결격사유를 보면, ① 고의로 직계존속, 피상속인, 그 배우자 또는 상속의 선순위나 동순위에 있는 자를 살해하거나 살해하려 한 자, ② 고의로 직계존속, 피상속인과 그 배우자에게 상해를 가하여 사망에 이르게 한 자, ③ 사기 또는 강박으로 피상속인의 양자, 기타 상속에 관한 유언 또는 유언의 철회를 방해한 자, ④ 사기 또는 강박으로 피상속인의 양자 기타 상속에 관한 유언을 하게 한 자, ⑤ 피상속인의 양자 기타 상속에 관한 유언서를 위조, 변조 파기 또는 은닉한 자는 상속인이 되지 못합니다.

상속결격의 효과를 살펴보면 상속개시 전에 결격사유가 생기면 후일 상속이 개시되더라도 그 상속인은 상속을 받을 수 없고, 상속개시 후에 결격사유가 생기면 유효하게 개시된 상속도 개시시에 소급하여 무효가 됩니다.

그리고 태아의 상속권문제를 살펴보면 원칙적으로 태아는 상속순위에 관하여 이미 출생한 것으로 보며(민법 제1000조 제3항), 혼인 중에 처가 포태(胞胎)한 때는 친생자로 추정되기 때문에 반증이 없는 한 태아는 상속권이 있습니다(민법 제844조 제1항).

그러므로 귀하는 며느리가 임신한 태아가 사망한 아들의 자식이 아님을 다투어야 할 것인바, 민법 제851조 및 제847조 제1항에 의하면, 부(夫)는 혼인 중에 포태한 자(子)라고 하더라도 친생이 의심스러울 때는 친생부인의 소를 제기할 수 있으며, 부(夫)가 자의 출생 전에 사망한 경우에는 부(夫)의 직계존속이나 그 직계비속에 한하여 친생부인의 소(訴)를 제기할 수 있습니다.

따라서 귀하의 며느리를 상대로 친생부인의 소를 제기하여 태아가 귀하 아들의 자식이 아님을 다투어야 할 것입니다.

결론적으로 위 사안의 경우 사람이 현주(現住)하는 건물에 석유를 붓고 화재를 발생시키는 행위는 살인에 대한 고의가 인정될 것으로 보여지므로, 며느리에게는 상속의 결격사유가 있어 상속결격자로서, 뱃속의 태아에 대해서는 친생부인의 소를 제기하여 아들의 자(子)가 아님을 확인하는 방법으로 각 상속권을 부인할 수 있다고 할 것입니다.

참고로 단순한 가출이나 다른 남자와의 불륜행위 자체가 상속결격사유가 되는지 문제가 될 수 있으나, 민법이 상속인의 결격사유를 제한적으로 규정한 취지에 비추어 이러한 사유만으로 상속권이 박탈되지는 않을 것으로 보입니다.

그리고 민법 제847조 제1항 중 '그 출생을 안 날로부터 1년 내' 부분의 위헌 여부에 관하여 헌법재판소의 판례를 보면, "친생부인의 소에 관하여 어느 정도의 제척기간을 둘 것인가는 법률적인 친자관계를 진실에 부합시키고자 하는 부의 이익과 친자관계의 신속한 확정을 통하여 법적 안정을 찾고자 하는 자의 이익을 어떻게 그 사회의 실정과 전통적 관념에 맞게 조화시킬 것인가에 관한 문제로서 이해관계인들의 기본권적 지위와 혼인 및 가족생활에 관한 헌법적 결단을 고려하여 결정되어야 할 것이므로 원칙적으로 입법권자의 재량에 맡겨져 있다 할 수 있다. 다만 그 제소기간이 지나치게 단기간이거나 불합리하여 부가 자의 친생자 여부에 대한 확신을 가지기도 전에 그 제척기간이 경과하여 버림으로써 친생을 부인하고자 하는 부로 하여금 제소를 현저히 곤란하게 하거나 사실상 불가능하게 하여 진실한 혈연관계에 반하는 친자관계를 부인할 수 있는 기회를 극단적으로 제한하는 것이라면 이는 입법재량의 한계를 넘어서는 것으로서 위헌이라 아니할 수 없다. 민법 제847조 제1항은 친생부인의 소의 제척기간과 그 기산점에 관하여 '그 출생을 안 날로부터 1년내'라고 규정하고 있으나, 일반적으로 친자관계의 존부는 특별한 사정이나 어떤 계기가 없으면 이를 의심하지 아니하는 것이 통례임에 비추어 볼 때, 친생부인의 소의 제척기간의 기산점을 단지 그 '출생을 안 날로부터'라고 규정한 것은 부에게 매우 불리한 규정일 뿐만 아니라, '1년'이라는 제척기간 그 자체도 그 동안에 변화된 사회현실여건과 혈통을 중시하는 전통관습 등 여러 사정을 고려하면 현저히 짧은 것이어서, 결과적으로 위 법률조항은 입법재량의 범위를 넘어서 친자관계를 부인하고자 하는 부로부터 이를 부인할 수 있는 기회를 극단적으로 제한함으로써 자유로운 의사에 따라 친자관계를 부인하고자 하는 부의 가정생활과 신분관계에서 누려야 할 인격권, 행복추구권 및 개인의 존엄과 양성의 평등에 기초한 혼인과 가족생활에 관한 기본권을 침해하는 것이다. 민법 제847조 제1항이 입법재량의 한계를 넘어서 기본권을 침해한 것으로서 헌법에 위반되는 규정이라 하더라도 이에 대하여 단순위헌선언을 한다면 친생부인의 소의 제척기간의 제한이 일시적으로 전혀 없게 되는 법적 공백상태가 되고 이로 인하여 적지 않은 법적 혼란을 초래할 우려가 있을 뿐만 아니라 위헌적인 규정에 대하여 합헌적으로 조정하는 임무는 원칙적으로 입법자의 형성재량에 속하는 사항인 것이므로, 우리 재판소는 입법자가 이 사건 심판대상조항을 새로이 개정할 때까지는 법원 기타 국가기관은 이를 더 이상 적용·시행할 수 없도록 중지하되 그 형식적 존속만을 잠정적으로 유지하게 하기 위하여 단순위헌결정 대신 헌법불합치결정을 선고한다. 우리 재판소는 국회의 광범위한 입법형성의 자유를 제약하기 위해서가 아니고 추상적 기준론에 의한 입법형성의 현실적 어려움을 감안하여 일응의 준거가 될만한 사례를 제시하고자 하는바, 친생부인의 소는 부가 자와의 사이에 친생자관계가 존재하지 아니함을 알게 된 때로부터 1년내에 이를 제기할 수 있으나 다만 그 경우에도 자의 출생후 5년이 경과하면 이를 제기할 수 없다고 규정하고 있는 스위스 가족법의 규정이 부와 자 사이의 이익을 충분히 고려하여 조화를 이루고 있는 입법례로 보인다.”라고 하였습니다(헌법재판소 1997. 3. 27. 선고 95헌가14, 96헌가7 결정). 그러나 이 규정에 대하여는 아직 개정이 이루어지지 않고 있습니다.

불륜행위한 처가 남편의 유산을 상속할 수 있는지

키포인트 상속권이 없습니다.

이렇게 ➡ 피상속인이 유언을 남기지 않고 사망한 경우 그의 배우자는 직계비속이 있는 경우에는 그 직계비속과 동순위로, 직계비속이 없는 경우에는 직계존속과 동순위로 공동상속인이 됩니다. 따라서 귀하는 상속인이 되지 못합니다(민법 제1003조).

한편, 민법 제1004조에서는 상속인의 결격사유를 규정하여 그러한 결격사유가 있는 상속인에 대해서는 상속권을 박탈하고 있는데, 가출 및 다른 남자와의 불륜행위만으로는 결격사유에 해당되지 않습니다.

결론적으로 아들의 유산인 주택과 대지는 며느리와 손자가 공동으로 상속하게 됩니다. 다만, 며느리가 지금까지의 소행으로 볼 때 손자의 보육 및 재산관리에 문제가 있다고 생각된다면 며느리의 그 동안의 비행사실을 주장·입증하여 손자에 대한 며느리의 친권상실(민법 제924조)이나 법률행위의 대리권과 재산관리권의 상실(민법 제925조)을 법원에 청구해보아야 할 것입니다.

참고로 친권상실선고에 있어 고려하여야 할 요소에 관한 판례를 보면, "친권은 미성년인 자의 양육과 감호 및 재산관리를 적절히 함으로로써 그의 복리를 확보하도록 하기 위한 부모의 권리이자 의무의 성격을 갖는 것으로서, 민법 제924조에 의한 친권상실선고사유의 해당 여부를 판단함에 있어서도 친권의 목적이 자녀의 복리보호에 있다는 점이 판단의 기초가 되어야 하고,설사 친권자에게 간통 등의 비행이 있어 자녀들의 정서나 교육 등에 악영향을 줄 여지가 있다 하더라도 친권의 대상인 자녀의 나이나 건강상태를 비롯하여 관계인들이 처해 있는 여러 구체적 사정을 고려하여 비행을 저지른 친권자를 대신하여 다른 사람으로 하여금 친권을 행사하거나 후견을 하게 하는 것이 자녀의 복리를 위하여 보다 낫다고 인정되는 경우가 아니라면 섣불리 친권상실을 인정하여서는 안되고, 자녀들의 양육과 보호에 관한 의무를 소홀히 하지 아니한 모의 간통행위로 말미암아 부가 사망하는 결과가 초래된 사실만으로써는 모에 대한 친권상실선고사유에 해당한다고 볼 수 없다."라고 하였습니다(대법원 1993. 3. 4. 자 93스3 결정).

　또한 과거에 다른 남자와 불의의 관계를 맺은 일이 있었
으나 현재는 이를 끊고 그 자녀의 감호·양육에 힘쓰고 있
는 경우에는 그러한 사실만으로 현저한 비행 또는 친권남
용이라 할 수 없다고 하였습니다(대법원 1959. 4. 16. 선고
4291민상659 판결).

상속회복청구의 소란 무엇인가?

키포인트 형을 상대로 위 부동산에 관한 등기말소청구의 소(상속회복 청구의 소)를 계기하면 됩니다.

이렇게 ➡ 상속이 개시되면 상속인은, 상속개시와 동시에 법률상 당연히 상속재산을 포괄적으로 승계합니다. 그러므로, 만일 진정한 상속인이 아닌 사람이 사실상 상속재산을 점유한다든지 하여 상속인의 권리를 침해할 때는, 진정한 상속인은 그 참칭(僭稱)상속인(상속인이 아닌 자가 자기가 상속인이라고 거짓으로 일컫는 것)을 상대로 상속재산의 반환이나 회복청구를 할 수 있습니다. 이것이 상속회복청구권입니다.

민법 제999조는 "상속권이 참칭상속권자로 인하여 침해된 때에는 상속권자 또는 그 법정대리인은 상속회복의 소를 제기할 수 있다"고 규정하고, 이러한 "상속회복청구권은 그 침해를 안 날부터 3년, 침해행위가 있은 날(2002. 1. 14. 개정 민법)부터 10년을 경과하면 소멸된다"고 규정하고 있습니다.

종전의 판례는 공동상속인들 사이에는 상속회복청구권을

인정하지 않고, 소유물반환청구권을 행사하면 된다고 하였습니다. 그러나 현재의 판례는 공동상속인들 사이의 반환청구권의 행사를 상속회복청구로 보고 있습니다(대판 1991. 12. 24. 90다5740 전원합의체 판결).

법원은 위 사례에 대해서 원고는 이 사건 청구원인으로서, 원고 등과 피고는 이 사건 부동산을 공동상속받았음에도 불구하고 피고는 재산분할협의도 하지 않은 채 임의로 위 부동산 전체에 관하여 재산상속을 원인으로 하여 피고의 단독명의로 소유권이전등기를 경료하였으니 그 소유권이전등기 중 피고의 상속지분을 넘어서는 지분에 해당하는 부분은 원인무효라고 주장하면서 피고에 대하여 원고의 소유지분인 20분의 1 지분에 관한 위 등기의 말소를 구하고 있는바, 이는 결국 이 사건 부동산에 대한 지분권이 상속을 원인으로 하여 원고에게 귀속되었음을 주장하고 단독명의로 소유권이전등기를 경료한 피고를 상대로 상속재산에 관한 등기의 일부 말소를 구하는 것이므로 민법 제999조의 상속회복청구의 소에 해당한다고 보아야 할 것이다라고 하였습니다(대판 2004. 7. 22. 2003다49832).

공동상속인 사이에 어떤 재산이 상속재산인지 확
인해 달라는 소를 제기할 수 있는가?

이럴땐 ➡ 공동상속인 사이에 어떤 재산이 피상속인의
상속재산에 속하는지 여부에 관하여 다툼이
있는 경우 법원에 이를 확인하여 달라고 소
를 제기할 수 있습니까?

키포인트 확인의 이익이 있으므로 소를 제기할 수 있
습니다.

이렇게 ➡ 공동상속인 사이에 어떤 재산이 피상속인의 상
속재산에 속하는지 여부에 관하여 다툼이 있어 일부 공동
상속인이 다른 공동상속인을 상대로 그 재산이 상속재산임
의 확인을 구하는 소를 제기한 경우, 이는 그 재산이 현재
공동상속인들의 상속재산분할 전 공유관계에 있음의 확인
을 구하는 소송으로서, 그 승소확정판결에 의하여 그 재산
이 상속재산분할의 대상이라는 점이 확정되어 상속재산분
할심판 절차 또는 분할심판이 확정된 후에 다시 그 재산이
상속재산분할의 대상이라는 점에 대하여 다툴 수 없게 되
고, 그 결과 공동상속인 간의 상속재산분할의 대상인지 여
부에 관한 분쟁을 종국적으로 해결할 수 있으므로 확인의
이익이 있습니다.

공동상속인이 다른 공동상속인을 상대로 어떤 재산이 상
속재산임의 확인을 구하는 소는 이른바 고유필수적 공동소
송이라고 할 것이고, 고유필수적 공동소송에서는 원고들
일부의 소 취하 또는 피고들 일부에 대한 소 취하는 특별

한 사정이 없는 한 그 효력이 생기지 않습니다(대판 2007.
8. 24. 2006다40980).

서류를 위조하여 상속등기를 한 사람이 참칭상속인에 해당하는가?

키포인트 참칭상속인으로 볼 수 없어 상속회복청구의
소를 제기할 수 없습니다.

이렇게 ➡ 사망자의 상속인이 아닌 자가 상속인인 것처럼
허위기재된 위조서류 등을 기초로 하여 상속인인 것처럼
꾸며 상속등기가 이루어진 사실만으로는 민법 제999조의
참칭상속인에 해당하지 않습니다(대판 1993. 11. 23. 93다
34848).

이 유 ➡ 상속회복청구의 소의 상대방은 참칭상속인(거짓
으로 상속인이라고 칭하는 자)입니다.

참칭상속인은 정당한 상속권이 없음에도 재산상속인인
것처럼 믿게 하는 외관을 갖추거나 스스로 상속인이라고
참칭하면서, 상속재산의 전부나 일부를 점유함으로써 진정
상속인의 재산상속권을 침해하고 있는 사람을 말합니다(대
판 1994. 3. 11. 93다24490 : 1993. 3. 27. 96다37398).

후순위, 상속인, 상속결격자, 혼인무효로 인해 배우자가
아닌 사람 등이 참칭상속인에 해당됩니다.

　공동상속인 중 1사람이 다른 공동상속인들을 임의로 제
외시키고 상속재산의 등기를 혼자서 자기 앞으로 경료하고
그 재산을 관리·지배하고 있는 경우 그 사람은 참칭상속
인이고, 제척기간이 적용됩니다. 그러나 등기원인이 매매
등인 경우는 참칭상속인이 아닙니다.

　법원은 상속인이 아닌 자가 상속인인 것처럼 서류를 위
조하여 상속인인 것처럼 상속등기가 이루어진 사실만으로
는 참칭상속인에 해당하지 않는다고 하였습니다. 이러한
사람을 참칭상속인이라고 인정한다면 민법 제999조의 제척
기간이 적용되어, 진정한 상속인이 상속권의 침해를 안 날
로부터 3년, 상속권침해행위가 있은 날부터 10년 내에 상
속회복청구권을 행사하지 않으면 상속회복청구를 할 수 없
게되기 때문입니다.

상속재산에 권리주장이 상속권 침해에 해당하는가?

키포인트 상속권 침해로 볼 수 없습니다.

이렇게 ➡ 상속재산에 대한 단순한 권리주장만으로는 상속권침해라고 볼 수 없습니다. 그 주장방법이 소유권이전등기말소 소송 등을 제기하면서 자신이 유일한 단독상속인이라고 주장하였더라도 마찬가지입니다(대판 1994. 11. 18. 92다33701).

이 유 ➡ 상속회복청구의 소를 제기하려면 정당한 상속권이 없음에도 상속인이라고 참칭하면서 상속재산의 전부나 일부를 점유함으로써 진정상속인의 재산상속권을 침해하고 있어야 합니다. 상속재산을 점유하지 않고 단지 상속권만을 다투는 경우에는 상속권을 침해하는 행위가 없다면 그러한 사람은 참칭상속인이라고 할 수는 없습니다(대판 1991. 2. 22. 90다카19470).

참칭상속인으로부터 상속재산을 전득한 제3자도 상속회복청구의 소의 상대방이 되는가?

키포인트 상속회복청구에 해당됩니다. 따라서 상속회복청구에 관한 제척기간이 적용됩니다.

이렇게 ➡ 참칭상속인으로부터 상속재산을 전득한 제3자에 대하여 상속인이 상속재산의 반환을 청구하는 경우에 이 소의 성질을 상속회복청구로 볼 것인가가 문제됩니다. 만약 이러한 소의 성질을 상속회복청구로 보지 않는다면 민법 제999조에 의한 제척기간이 적용되지 않으므로, 상속분을 침해당한 상속인은 제3자에 대하여 제척기간에 관계없이 물권적 청구권을 행사할 수 있게 될 것입니다. 법원은 과거에는 이러한 소의 성질을 상속회복청구로 보지 않았으나, 태도를 변경하여 종전의 판결을 폐기하고 상속회복청구로 보아야 한다고 판시하였습니다.

즉, "자신이 진정한 상속인임을 전제로 그 상속으로 인한 소유권또는 지분권 등 재산권의 귀속을 주장하면서 참칭상속인 또는 참칭상속인으로부터 상속재산에 관한 권리를 취득하거나 새로운 이해관계를 맺은 제3자를 상대로 소속재산인 부동산에 관한 등기의 말소 또는 진정명의 회복을 위한 등기의 이전 등을 청구하는 경우에는, 그 소유권 또는 지분권이 귀속되었다는 주장이 상속을 원인으로 하는 것인 이상 그 청구원인 여하에 불구하고 이는 상속회복청구의 소라고 해석함이 상당하다."고 하였습니다(대법원 1991. 1. 13. 선고 90다5740 전원합의체 판결, 2007. 4. 26. 선고 2004다5570).

상속개시 10년 후 상속권을 침해당한 경우 상속회복청구권

키포인트 가능합니다.

이렇게 ➡ 2002년 1월 14일부터 시행된 개정민법 제999조에 의하면 "① 상속권이 참칭상속권자로 인하여 침해된 때에는 상속권자 또는 그 법정대리인은 상속회복의 소를 제기할 수 있다. ② 제1항의 상속회복청구권은 그 침해를 안 날로부터 3년, 상속권의 침해행위가 있은 날부터 10년을 경과하면 소멸된다." 라고 규정하고 있습니다.

그러므로 상속권자는 자기의 상속권이 침해를 받은 경우 그 침해를 안 날부터 3년, 상속권의 침해행위가 있은 날부터 10년 내에 상속회복의 소를 제기할 수 있을 것입니다. 그런데 위 사안에서 을이 단독으로 상속등기를 한 행위의 무효를 원인으로 하는 갑의 말소등기청구소송이 위 규정상의 상속회복청구권으로 보아 위 10년의 제척기간을 적용할 수 있느냐가 문제됩니다.

이에 관하여 판례를 보면 "재산상속에 관하여 진정한 상속인임을 전제로 그 상속으로 인한 지분권 등 재산권의 귀속을 주장하고, 자기들만이 재산상속을 하였다는 일부 공동상속인을 상대로 상속재산인 부동산에 관한 등기의 말소 등을 청구하는 경우에 그 소유권 또는 지분권이 귀속되었다는 주장이 상속을 원인으로 하는 것인 이상 그 청구원인 여하에 불구하고 이는 구 민법(1990.1.13. 법률 제4199호로 개정되기 전의 것) 제999조 소정의 상속회복청구의 소로 보아야 한다."라고 하였습니다(대법원 1994. 10. 21. 선고 94다18249 판결).

따라서 위 갑이 단독으로 상속등기한 을을 상대로 갑의 상속지분에 상응하는 부분을 원인무효라고 주장하여 그 부분에 대한 을의 등기를 말소하라는 청구도 상속회복청구라고 보아야 할 것이고, 을이 상속개시일로부터 10년이 지난 시점에서 갑의 상속권을 침해한 경우라고 하더라도 상속권의 침해행위가 있은 날부터 10년이 지나지 않았고, 그 상속권 침해를 안 날로부터 3년이 지나지 않았다면, 갑이 을을 상대로 갑의 지분에 상응하는 을의 등기를 말소하라는 청구를 해볼 수 있을 것으로 보입니다.

상속회복청구의 소의 행사기간

키포인트 청구할 수 없습니다.

이렇게 ➡ 2003년 12월은 최초의 침해행위가 있었던 1993. 4.로부터 10년이 경과한 후이므로 위 근저당권설정등기의 말소로 청구할 수 없습니다.

이 유 ➡ 상속회복청구권은 그 침해를 안 날로부터 3년, 상속권의 침해행위가 있은 날로부터 10년을 경과하면 소멸합니다(민법 제999조 2항).

상속권의 침해를 안 날' 이라 함은 자기가 진정한 상속인임을 알고 또 자기가 상속에서 제외된 사실을 안 때를 가리키는 것으로서, 단순히 상속권 침해의 추정이나 의문만으로는 충분하지 않으며, 언제 상속권의 침해를 알았다고 볼 것인지는 개별적 사건에 있어서 여러 객관적 사정을 참작하고 상속회복청구가 사실상 가능하게 된 상황을 고려하여 합리적으로 인정하여야 됩니다(대판 2007. 10. 25. 2007다36223).

위 사례에서 동생이 형을 상대로 초과지분에 관한 근저당권설정등기의 말소를 구하는 것은 상속회복청구의 소에 해당되고, 상속회복청구권의 제척기간에 관한 민법 제999조 2항은 이 경우에도 적용됩니다(대판 1981. 1. 27. 78다854 전원합의체 판결).

진정상속인이 참칭상속인의 최초 침해행위가 있은 날로부터 10년의 제척기간이 경과하기 전에 참칭상속인에 대한 상속회복청구 소송에서 승소의 확정판결을 받았다고 하더라도 위 제척기간이 경과한 후에는 제3자를 상대로 상속회복청구 소송을 제기하여 상속재산에 관한 등기의 말소 등을 구할 수 없습니다(대판 2006. 9. 8. 2006다26694).

민법 제999조 2항의 '상속권의 침해를 안 날'의 의미

이럴땐 ➡ 공동상속인들 사이의 상속재산분할심판 사건에서 공동상속인 일부의 소송대리권이 흠결된 채 화해조서 또는 조정조서가 작성되고 그에 기하여 공동상속인 중 1인 명의로 소유권이전등기가 경료된 경우, 상속회복청구권의 제척기간은 어느 시점부터 기산됩니까?

키포인트 준재심의 재판이 확정된 때로 봅니다.

이렇게 ➡ 그 화해 조서나 조정조서가 준재심에 의해 취소되었다면 그 준재심의 재판이 확정된 때에 상속권이 침해된 사실을 알게 되었다고 봄이 상당하므로, 그 때부터 상속회복청구권의 제척기간이 기산됩니다.

상속회복청구권의 제척기간 기산점이 되는 민법 제999조 제2항 소정의 '상속권의 침해를 안 날'이라 함은 자기가 진정한 상속인임을 알고 또 자기가 상속에서 제외된 사실을 안 때를 가리키는 것으로서, 단순히 상속권 침해의 추정이나 의문만으로는 충분하지 않으며, 언제 상속권의 침해를 알았다고 볼 것인지는 개별적 사건에 있어서 여러 객관적 사정을 참작하고 상속회복청구가 사실상 가능하게 된 상황을 고려하여 합리적으로 인정됩니다. 공동상속인 중 1인이 나머지 공동상속인들을 상대로 제기한 상속재산분할심판 사건에서 공동상속인 일부의 소송대리권이 흠결된 채로 소송대리인 사이에 재판상 화해나 조정이 성립하여 화해조서 또는 조정조서가 작성되고, 그 조서에 기하여 공동상속인 중 1인 명의로 상속재산협의분할을 원인으로 한 소유권이전등기가 경료된 경우, 위와 같은 화해나 조정은 무효입니다. 다만, 그 조서에 확정판결과 같은 효력이 있는 이상 그 조서가 준재심에 의해 취소되기 전에는 당사자들로서는 위 화해나 조정의 무효를 확신할 수 없는 상태에 있다고 할 것이고, 그 후 소송대리권의 흠결 여부가 다투어진 끝에 준재심에 의해 화해조서나 조정조서가 취소되었다면, 나머지 공동상속인들은 그 준재심의 재판이 확정된 때에 비로소 공동상속인 중 1인에 의해 자신들의 상속권이 침해된 사실을 알게 되었다고 봄이 상당하므로, 상속회복청구권의 제척기간은 그때부터 기산됩니다(대판 2007. 10. 25. 2007다36223).

제정민법 시행(1960.1.1.) 전에 개시된 상속에 관한 구 관습법상 상속회복청구권의 행사기간

이럴땐 ➡ 저희 할아버지는 6. 25 사변 전에 돌아가셔서 아버지께서 할아버지의 부동산을 상속받았습니다. 그런데 작은 아버지가 자기 단독명의로 등기한 다음 A라는 사람에게 팔았습니다. 이에 저희 아버지께서는 아버지 지분에 관하여 A를 상대로 소유권이전등기 절차의 이행을 구하는 소를 제기하였습니다. 그런데 원심은 상속권의 침해사실을 안 때는 1993년이고 소를 제기한 것은 1998년이므로 이 소가 부적합하다고 기각하였습니다. 이것이 정당한 것입니까?

키포인트 정당하지 않습니다.

이렇게 ➡ 민법이 제정되어 시행되기 이전에 개시된 구 관습법상 상속권회복청구권의 행사기간은 상속인이 상속권의 침해를 안 때로부터 6년이므로 위 원심의 판결은 위법입니다(대판 2007. 4. 26. 2004다5570).

이 유 ➡ 진정한 상속인임을 전제로 상속으로 인한 재산권의 귀속을 주장하면서 참칭상속인 또는 참칭상속인으로부터 상속재산에 관한 권리를 취득하거나 새로운 이해관계를 맺은 제3자를 상대로 상속재산인 부동산에 관한 등기의 말소 또는 진정명의 회복을 위한 등기의 이전 등을 청구하는 경우, 그 청구원인 여하에 불구하고 상속회복청구의 소라고 해석하여야 합니다. 따라서 부동산을 전득한 A를 상대로 이 사건 부동산 중 피고의 지분에 관하여 진정명의 회복을 원인으로 하여 소유권이전등기절차의 이행을 구하는 이 사건 소가 상속회복청구의 소에 해당됩니다.

위 사례에 대해 대법원은 제정민법(1958. 2. 22. 법률 제471호로 공포되어 1960. 1. 1.부터 시행된 것) 부칙 제25조 제1항은 '본법시행일 전에 개시된 상속에 관하여는 본법시행일 후에도 구법의 규정을 적용한다.'라고 규정하고 있는 바, 제정민법 시행 전에 개시된 상속에 관한 상속회복청구권은 위 부칙 제25조 제1항에 의하여 제정 민법 시행 전의 구법인 구 관습법의 적용을 받고, 구 관습법상 상속회복청구권은 상속인이 상속권의 침해 사실을 안 때로부터 6년이 경과하면 소멸한다고 할 것이다라고 하였습니다(대법원 1981. 1. 27. 선고 80다1392 판결, 1998. 4. 24. 선고 96다8079 판결 등 참조).

원심판결 이유에 의하면, 소외 2가 6. 25 사변 전에 사망하여 제정 민법 시행 전에 상속이 개시된 사실을 알 수 있으므로, 이 사건 상속회복청구권은 구 관습법에 따라 원고들이 상속권의 침해사실을 안 때로부터 6년이 경과하여야 소멸한다고 할 것이다라고 하였습니다(대판 2007. 4. 26. 2004다5570).

상속회복청구권의 행사방법

키 포 인 트 상속회복청구는 반드시 소송에 의할 필요는 없습니다.

이런점 ➡ <상속회복청구권의 행사>

(1) 내용

원고는 상속인으로 상속재산의 반환을 청구할 수 있습니다. 그 반환의 내용은 인도청구·명도청구·재산반환·등기말소 등입니다.

(2) 행사방법

반드시 소송을 걸어서 하여야 하는 것은 아니고, 재판 외에서도 의사표시로 청구할 수 있습니다. 보통 상속인은 소유권이전등기(상속등기) 말소청구나 상속재산의 인도청구를 하게 되지만, 그 실질은 상속회복청구의 소입니다.

(3) 관할법원

상속회복청구를 소송을 걸어서 하는 때에는 민사소송법에 의한 소로써 하여야 합니다. 즉 이소는 가사사건이 아니고 민사사건이므로 피 상속인의 주소 관할 일반민사법원에 제소하여야 합니다. 종전에는 상속회복청구는 가정법원에 대한 심판청구로써 하였으

나, 1990년 가사소송법의 제정으로 가정법원의 관할
사항에서 제외되었습니다. 원고는 소장에서 청구의
목적물을 특정하여야 합니다.

(4) 거증책임

원고는 자기가 진정상속인이라는 것(상속권을 가지
는 사실)과 목적물(회복청구의 대상 재산)이 상속개
시 당시 망인의 점유하에 있었던 사실만을 주장·입
증하면 충분하고, 목적물에 대한 피상속인의 소유권,
임차권 기타 권리를 증명할 필요는 없습니다. 상대방
은 목적물에 대한 정당한 권원이 자신에게 있음을 입
증하여야 합니다.

(5) 행사의 효과

원고(진정상속인)가 승소하면 피고(참칭상속인)는 진
정상소인에게 상속재산을 반환(인도·명도·등기말소
등)하여야 합니다. 상대방이 공동상속인인 경우에는
상속재산의 분할청구에 응하여야 합니다. 원고가 여러
사람인 경우에는 그들의 상속분에 따라 반환합니다.

피고가 선의인 경우는 현존이익(現存利益)의 한도
내에서 반환할 수 있고, 악의인 경우는 취득한 재산
의 전부를 반환하여야 할 뿐만 아니라, 과실(이자 등)
과 사용한 이득도 반환하여야 하고, 나아가 손해가
있으면 그 손해도 배상하여야 합니다. 이 경우 피고
는 상속재산에 관하여 지출한 비용의 상환을 청구할
수 있습니다.

공동상속인 중의 1인이 상속재산인 건물에 거주함으로써 상속재산인 그 건물 부지를 사용·수익하고 있는데 이는 부당이득에 해당되는가?

키포인트 맞지 않습니다.

이렇게 ➡ 그 사용·수익이 공유지반 과반수의 결의에 기한 것이라고 하는 등의 특별한 사정이 없다면, 위 공동상속인은 건물뿐만 아니라 토지에 관하여도 다른 공동상속인의 공유지분에 해당하는 부분을 부당이득으로서 반환하여야 합니다(대판 2006. 11. 24. 2006다49307, 49314).

이 유 ➡ 공동상속인은 각자의 상속분에 따라 피상속인의 권리의무를 승계하나 분할할 때까지는 상속재산을 고유로 합니다(민법 제1007조, 제1006조). 따라서 공동상속인 증인 1인은 부동산의 공유자로서 협의 없이 공유물인 상속재산을 배타적으로 사용할 수 없습니다(대판 1982. 12. 28. 81다454).

공유자는 공유물 전부를 지분의 비율로 사용·수익할 수 있고 공유물의 관리에 관한 사항은 공유자의 지분의 과반수로써 결정하는 것이므로 공유물의 구체적인 사용·수익의 방법에 관하여 공유자들 사이에 지분 과반수의 합의 없이 공유자 중의 1인이 이를 배타적으로 점유·사용하고 있다면 다른 공유자에 대하여는 그 지분에 상응하는 부당이득을 하고 있는 것이 됩니다(대법원 2001. 12. 11. 선고 2000다13948 판결 참조).

위 사건에 대해서 법원은 '피고는 원고들의 공동상속인 중의 1인이면서도 이 사건 건물과 토지를 단순히 점유하는 데 그치지 아니하고 이 사건 건물에 거주함으로써 배타적으로 이 사건 건물과 토지를 사용·수익하고 있다고 할 것이므로, 그 사용·수익이 공유지분 과반수의 결의에 기한 것이라는 등의 특별한 사정이 없는 한, 피고는 이 사건 건물뿐만 아니라 토지에 관하여도 그 배타적 사용·수익으로 인한 이득 중 원고들의 공유지분에 해당하는 부분을 부당이득으로서 원고들에게 반환할 의무가 있다고 할 것이다'라고 하였습니다(대판 2006. 11. 24. 2006다49307, 49314).

피상속인의 무권대리인이 상속인이 된 경우 무권대리의 효력

> 이럴땐 ➡ 저는 갑의 아들인 을로부터 갑소유의 부동산을 매수하여 이전등기 하였는데, 갑은 을이 제시한 위임장, 매매계약서, 인감증명 등은 위조된 것이므로 무효라고 주장하며 저를 상대로 소유권이전등기말소청구소송을 제기하였습니다. 그러나 소송진행중 갑이 사망하자 을은 공동상속인 병과 정을 설득하여 소를 취하하겠다고 합니다. 소가 취하되면 위 부동산을 유효하게 취득할 수 있는지요?

키포인트 유효하게 취득할 수 있습니다.

이렇게 ➡ 위 사안은 무권대리인으로부터 상속할 때 법률행위의 효력이 어떻게 되느냐의 문제입니다. 민법상 무권대리란 대리권 없이 행한 대리행위를 말하며 무권대리인의 대리행위를 본인은 취소 또는 추인할 수 있는 권리를 가집니다.

위 사안에 있어서 자(子)가 부(父)의 무권대리인으로서 부의 재산을 처분하고, 부의 사망에 의하여 상속하는 경우와 같이 무권대리인이 본인을 상속하여 본인과 대리인의 자격이 동일인에게 귀속하는 경우 판례를 보면, "갑이 대리권 없이 을 소유 부동산을 병에게 매도하여 부동산소유권이전등기등에관한특별조치법에 의하여 소유권이전등기를 마쳐주었다면 그 매매계약은 무효이고 이에 터잡은 이전등기 역시 무효가 되나, 갑은 을의 무권대리인으로서 민법

제135조 제1항의 규정에 의하여 매수인인 병에게 부동산에 대한 소유권이전등기를 이행할 의무가 있으므로 그러한 지위에 있는 갑이 을로부터 부동산을 상속받아 그 소유자가 되어 소유권이전등기이행의무를 이행하는 것이 가능하게 된 시점에서 자신이 소유자라고 하여 자신으로부터 부동산을 전전매수한 정에게 원래 자신의 매매행위가 무권대리행위여서 무효였다는 이유로 정 앞으로 경료된 소유권이전등기가 무효의 등기라고 주장하여 그 등기의 말소를 청구하거나 부동산의 점유로 인한 부당이득금의 반환을 구하는 것은 금반언의 원칙이나 신의성실의 원칙에 반하여 허용될 수 없다."고 하였습니다(대판 1994. 9. 27. 94다20617).

그러나 무권대리인 이외에 공동상속인이 있는 경우에는 피상속인이 본인에게 가지는 추인권과 추인거절권은 상속인 전원에게 승계되므로 전원의 추인이 없으면 무권대리행위는 공동상속인에 대하여 유효로 되지 않습니다.

추인을 얻는다면 그의 무권대리행위가 유효하게 되므로 귀하는 부동산을 취득할 수 있을 것입니다.

제3장. 상속재산의 범위

제3장 상속재산의 범위

　상속재산이란 상속에 의하여 개개의 상속인이 계승하는 재산을 포괄적으로 말합니다.

　상속재산에는 피상속인이 가진 소유권·채권 등의 적극재산과 함께 피상속인이 지고 있던 채무·유증에 의한 채무 등의 소극재산도 포함합니다.

　상속재산은 보통 상속인의 고유한 재산과 혼동해 버리지만 상속의 한정승인·재산 분리·상속재산의 파산 등에 의하여 그 청산을 행할 경우는 상속인의 고유한 재산으로부터 분리된 일종의 특별재산으로 취급하게 됩니다.

　상속인이 수인이 있는 경우 분할 전의 상속재산은 공동으로 합니다. 이때에는 공동상속인 전원이 상속재산분할협의서를 작성하고, 인감도장을 날인하고 인감증명서를 첨부하여 상속을 원인으로 하는 소유권이전등기를 하여야 합니다. 첨부서면으로는 상속을 증명하는 서면, 상속인임을 증명하는 서면 그리고 협의서를 첨부하여야 합니다.

　상속재산은 유언에 의한 분할금지가 없는 한 언제든지 분할 할 수 있고, 그 분할금지도 5년을 넘지 못합니다.

저당권도 상속되는가?

키포인트 저당권 등 담보물권은 당연히 상속됩니다..

이렇게 ➡ 물권은 원칙적으로 전부 상속됩니다. 즉, 물건에 대한 소유권, 점유권, 전세권이나 임차권 등 용익물건 또는 저당권 등 담보물건 등은 당연히 상속됩니다.

상속으로 인한 부동산물권의 취득은 민법 제187조에 따라 등기를 필요로 하지 않고 동산의 경우 인도도 요하지 않습니다.

다만 농지의 경우에는 일단 상속에 의하여 그 소유가 인정되지만, 농지는 자기의 농업경영에 이용하거나 이용할 농지가 아니면 이를 소유할 수가 없기 때문에 농업경영을 하지 않는 자는 농지소유에 제한을 받습니다.

즉, 상속에 의하여 농지를 취득한 자로서 농업경영을 하지 아니하는 자는 그 상속 농지 중에서 1만제곱미터 이내의 것에 한하여 이를 소유할 수 있습니다(농지법 제6조, 제7조 1항).

피상속인의 점유가 타주점유인 경우 상속인의 점유도 타주점유인가?

키포인트 옳지 않습니다.

이렇게 ➡ 부동산을 매도하여 그 인도의무를 지고 있는 매도인(A)의 점유는 타주점유이고, 상속에 의해 그 점유권을 취득한 B의 점유도 타주점유이므로 B는 위 토지를 시효취득할 수 없습니다.

이 유 ➡ 점유권도 상속이 됩니다. 상속인이 승계하는 점유권은 피상속인의 점유권 그 자체이므로 그 성질이나 하자도 그대로 승계됩니다.

소유권이전등기가 경료되어 있는 경우에는 그 등기명의자는 제3자에 대하여서뿐 아니라 그 전 소유자에 대하여도 적법한 등기원인에 의하여 소유권을 취득한 것으로 추정됩니다(대법원 1982. 6. 22. 선고 81다791 판결 참조). 또한 부동산을 타인에게 매도하여 그 인도의무를 지고 있는 매도인의 점유는 특별한 사정이 없는 한 타주점유로 변경됩니다(대판 1996. 6. 28. 94다50595, 50601).

또한 상속에 의하여 점유권을 취득한 경우에는 상속인이 새로운 권원에 의하여 자기 고유의 점유를 시작하지 않는 한 피상속인의 점유를 떠나 자기만의 점유를 주장할 수 없습니다. 또 선대의 점유가 타주점유인 경우 선대로부터 상속에 의하여 점유를 승계한 자의 점유도 그 성질 내지 태양을 달리하는 것이 아니어서 특별한 사정이 없는 한 그 점유가 자주점유로 될 수 없고, 그 점유가 자주점유가 되기 위하여는 점유자가 소유자에 대하여 소유의 의사가 있는 것을 표시하거나 새로운 권원에 의하여 다시 소유의 의사로써 점유를 시작하여야 합니다.

그리고 점유취득시효가 완성되려면 20년 동안 평온·공연하게 자주점유를 하여야 합니다. 자주점유란 소유의 의사로 점유하는 것을 말하고, 타주점유란 자주점유 이외의 점유를 말하는 것으로 타인이 소유권을 가지고 있음을 전제로 하여 하는 점유를 말합니다.

위 사례에서 A의 점유는 타주점유이므로 이를 상속받은 B의 점유도 타주점유이므로 B는 위 토지를 시효취득할 수 없습니다(대판 1997. 12. 12. 97다40100).

상속인의 등기부취득시효의 요건

이럴땐 ➡ 저는 돌아가신 아버지의 부동산을 상속받았는데, 그 부동산을 아버지 명의로 10년 이상 소유권이전등기가 되어 있었습니다. 그런데 제가 이 부동산을 등기부취득시효하려면 10년 이상 점유하여야 합니까?

키포인트 점유하지 않아도 됩니다.

이렇게 ➡ 돌아가신 아버지 명의로 부동산소유권이전등기가 10년 이상 경료되어 있는 이상 상속인은 '부동산의 소유자로 등기한 자'에 해당하므로, 망인의 점유와 상속인의 점유가 합산하여 10년을 넘을 때에는 등기부취득시효를 할 수 있습니다(대판 1989. 12. 26. 89다카6140).

이 유 ➡ 부동산의 소유자로 등기된 자가 10년간 선의·무과실로 부동산을 점유하면 그 부동산의 소유권을 취득하는데, 이를 등기부취득시효라고 합니다.

상속인은 상속의 개시, 즉 피상속인의 사망에 의하여 피상속인의 재산에 관한 포괄적 권리의무를 승계하며, 부동산의 경우에도 등기를 하지 않아도 상속인에 의하여 곧바로 소유권을 취득합니다. 부동산에 관하여 피상속인 명의도 소유권이전등기가 10년 이상 경료되어 있는 이상 상속인은 부동산등기부취득시효의 요건인 '부동산의 소유자로 등기한 자'에 해당됩니다. 이 경우 피상속인과 상속인의 점

유기간을 합산하여 10년을 넘을 때에는 등기부취득시효기
간이 완성됩니다(대판 1989. 12. 26. 89다카6140).

등기부취득시효완성 후 그 등기명의가 불법 말소된 경우 소유권 상실여부

키포인트 소유권을 회복할 수 있을 것으로 보입니다.

이렇게 ➡ 등기부취득시효에 관하여 민법 제245조 제2항은 '부동산의 소유자로 등기한 자가 10년간 소유의 의사로 평온, 공연하게 선의이며 과실 없이 그 부동산을 점유한 때에는 소유권을 취득한다.'고 규정하고 있는데, 위 규정에 의하여 소유권을 취득한 자는 10년간 반드시 그의 명의로 등기되어 있어야 하는 것은 아니고 앞사람의 등기까지 아울러 그 기간동안 부동산의 소유자로 등기되어 있으면 된다고 할 것이고, 등기는 물권의 효력발생요건이고 효력존속요건이 아니므로 물권에 관한 등기가 원인 없이 말소된 경우에 그 물권의 효력에는 아무런 영향을 미치지 않는 것이므로, 등기부취득시효가 완성된 후에 그 부동산에 관한 점유자 명의의 등기가 말소되거나 적법한 원인 없이 다른 사람 앞으로 소유권이전등기가 경료되었다 하더라도 그 점유자는 등기부취득시효의 완성에 의하여 취득한 소유권을 상실하는 것은 아니다라고 하였습니다.(대법원 2001. 1. 16. 선고 98다20110 판결).

또한 "부동산의 소유자로 등기한 자가 10년간 소유의 의사로 평온, 공연하게 선의이며 과실 없이 그 부동산을 점유한 때에는 민법 제245조 제2항의 규정에 의하여 바로 그 부동산에 대한 소유권을 취득하는 것이므로, 등기부취득시효가 완성된 경우에는 별도로 이를 원인으로 한 소유권이전등기청구권이 발생할 여지가 없으므로, 등기부취득시효의 완성 후에 그 부동산에 관한 점유자 명의의 등기가 말소되거나 적법한 원인 없이 다른 사람 앞으로 소유권이전등기가 경료되었다 하더라도, 그 점유자는 등기부취득시효의 완성에 의하여 취득한 소유권에 기하여 현재의 등기부명의자를 상대로 방해배제청구를 할 수 있을 뿐이고, 등기부취득시효의 완성을 원인으로 현재의 등기명의자를 상대로 소유권이전등기를 구할 수는 없다."라고 하였습니다(대법원 1999. 12. 10. 선고99다25785 판결).

그러므로 위 사안에서 위 임야의 소유권은 비록 병으로부터 을에게로의 소유권이전등기가 원인무효라고 하여도 갑은 민법 제245조 제2항에 의한 등기부취득시효가 완성되어 그 소유권을 취득하였으며, 등기명의가 정에게로 불법적으로 이전되었다고 하여도 취득한 소유권을 상실하는 것은 아니라 할 것입니다. 또한 상속에 의한 부동산의 취득은 등기를 요하지 아니하므로 비록 갑의 상속인들이 위 임야의 상속등기를 하지 않았다고 하더라도 그 소유권을 취득하지 못하는 것은 아닙니다(민법 제187조).

따라서 갑의 상속인들은 소유권에 기한 방해배제로써 정에게로의 불법적인 소유권이전등기의 말소청구소송을 하여 승소 후 그 등기를 말소시킨 다음 상속등기를 할 수 있을 것으로 보입니다.

무채재산도 상속되는가?

키포인트 계약에서 상속인에게 승계하기로 약정하지 않은 이상 상속되지 않습니다.

이렇게 ➡ 공동광업권자의 지위는 조합계약에서 그 지위를 상속인이 승계하기로 약정하지 않은 이상, 상속인에게 승계되지 않습니다(대판 1981. 7. 28. 81다145).

무채재산권(지적 재산권)도 원칙적으로 상속됩니다.

지적인격권(공표권·성명표시권·동일성유지권)은 저작자의 일신에 전속하는 권리이므로 상속의 대상이 아닙니다.

저작재산권·출판권·저작인접권은 상속의 대상이 됩니다.

저작재산권은 저작자 사망 후 50년, 출판권은 설정행위에서 정한 기간(정함이 없으면 3년), 저작 인접권은 50년 동안만 존속합니다.

특허권·상표권·실용신안권·의장권 등 공업소유권(산업재산권)과 광업권·어업권 등도 당연히 상속됩니다. 다만, 공동광업권자의 지위는 조합계약을 한 것으로 간주되며, 조합계약에서 그 지위를 상속인이 승계하기로 약정하지 않는 이상 상속인에게 승계되지 않습니다(대판 1981. 7. 28. 81다145). 공동광업권자의 지위는 일신전속적인 권리의 무관계이기 때문입니다.

이혼시의 재산분할청구권이 상속되는가?

키포인트 원고의 사망으로 이혼소송이 종료되었다면 재산분할청구권이 상속되지 않습니다.

이렇게 ➡ 이혼시의 재산분할청구권에는 청산적 요소와 부양적 요소가 포함되어 있습니다. 재산분할청구권은 청구의 의사표시와 관계없이 당연히 승계되나, 부양적 요소에 해당하는 부분은 상속되지 않는다고 해석하는 것이 통설입니다.

재산분할청구권은 이혼의 성립을 전제로 하는 권리이므로, 원고의 사망으로 이혼소송이 종료되었다면 재산분할청구권이 발생하였다고 볼 수 없습니다. 따라서 재산분할청구권이 상속될 여지가 없습니다(대판 1994. 10. 28. 94므246).

또한 재산분할청구권은 협의 또는 심판에 의하여 구체적인 내용이 형성되기전까지는 그 범위 및 내용이 불명확·불확정하기 때문에 구체적인 권리로서 성립된 것이라고 볼 수는 없습니다(대판 1999. 4. 9. 98다58016). 따라서 이혼 후에 전 배우자가 재산분할을 청구하여 심판이 진행되고 있는 상태에서 사망한 경우에도 재산분할청구권은 상속되지 않습니다.

이혼으로 인한 위자료청구권도 상속이 가능한가?

이럴땐 ➡ 갑녀는 3년 전 을남과 혼인하였으나 을남의 부정행위로 인하여 혼인이 파탄에 이르게 되었습니다. 이에 갑녀는 을남을 상대로 이혼 및 위자료지급청구소송을 제기하여 '서로 이혼하고 을남은 갑녀에게 위자료 5000만원을 지급하라.'라는 확정판결을 받았습니다. 그러나 갑녀는 위자료를 지급 받지 못하고 심장마비로 사망하였는데, 이 경우 갑녀의 친정부모가 위 위자료청구권을 상속받을 수 있는지요?

키포인트 상속받을 수 있습니다.

이렇게 ➡ 민법 제806조 제3항에 의하면 "정신적 고통에 대한 배상청구권은 양도 또는 승계되지 못한다. 그러나 당사자간에 이미 그 배상에 관한 계약이 성립되거나 소를 제기한 후에는 그러하지 아니하다."라고 규정하여 약혼해제로 인한 위자료는 원칙적으로 양도·승계가 되지 않음을 명시하고 있으며, 이 규정을 재판상 이혼, 혼인의 무효·취소, 입양의 무효·취소, 파양을 원인으로 한 위자료에 관하여 준용하고 있습니다(민법 제825조, 제843조, 제897조, 제908조).

이에 관한 판례를 보면 "이혼위자료청구권은 상대방 배우자의 유책불법한 행위에 의하여 혼인관계가 파탄상태에 이르러 이혼하게 된 경우 그로 인하여 입게 된 정신적 고통을 위로하기 위한 손해배상청구권으로서 이혼시점에서 확정, 평가되고 이혼에 의하여 비로소 창설되는 것이 아니며, 이혼위자료청구권의 양도 내지 승계의 가능 여부에 관하여 민법 제806조 제3항은 약혼해제로 인한 손해배상청구권에 관하여 정신적 고통에 대한 손해배상청구권은 양도 또는 승계하지 못하지만 당사자간에 배상에 관한 계약이 성립되거나 소를 제기한 후에는 그러하지 아니하다고 규정하고 같은 법 제843조가 위 규정을 재판상 이혼의 경우에 준용하고 있으므로 이혼위자료청구권은 원칙적으로 일신전속적 권리로서 양도나 상속 등 승계가 되지 아니하나 이는 행사상 일신전속권이고 귀속상 일신전속권은 아니라 할 것인바, 그 청구권자가 위자료의 지급을 구하는 소송을 제기함으로써 청구권을 행사할 의사가 외부적 객관적으로 명백하게 된 이상 양도나 상속 등 승계가 가능하다."라고 하였습니다(대법원 1993. 5. 27. 선고 92므143 판결, 1994. 10. 28. 선고 94므246, 94므253 판결).

따라서 위 사안의 경우 갑녀는 위자료 5,000만원에 관한 확정판결문을 받아 둔 상태에서 사망하였으므로, 갑녀의 친정부모는 위 위자료청구채권을 상속받을 수 있다 할 것이고, 이에 승계집행문을 부여받아 을의 재산에 강제집행을 할 수 있을 것입니다.

주택임차권이 상속되는가?

키 포인트 응하지 않아도 됩니다.

이렇게 ➡ 그 임대아파트의 임차권은 귀하와 남편의 전처 소생의 아들이 공동으로 승계합니다. 따라서 귀하는 그 아파트에서 계속해서 거주할 수 있습니다.

임차인이 사망하면 임차권은 상속됩니다. 임차권은 재산적 가치가 있는 채권이기 때문입니다. 주택임대차보호법은 주택임차인이 사망한 경우에 임차인의 권리와 의무의 승계에 관하여 다음과 같이 규정하고 있습니다.

(1) 임차인이 상속권자 없이 사망한 경우

그 주택에서 가족공동생활을 하고 있던 사실혼의 배우자가 있으면 그 사람이, '사망한' 임차인의 권리·의무를 승계합니다(동법 제9조 1항). 임차인 사망 후 1개월(=제척기간) 이내에 그 승계권자가 임대인에 대하여 반대의사를 표시하여 임차권승계를 포기할 수 있습니다. 이러한 특칙이 없다면, 사실상 배우자는 상속재산

분여청구로도 이 문제를 해결할 수 있습니다(민법 1057조의2).

(2) 임차인이 상속권자와 동거하지 않고 사실혼 배우자와 동거 중 사망한 경우

임차인 사망 당시 상속권자가 있으나, 그 상속권자가 그 주택에서 공동생활을 하지 아니할 때는, 그 주택에서 같이 살던 사실혼 배우자와 2촌 이내의 친족은 망인의 권리·의무를 공동으로 승계합니다. 이때에도 임대인에게 임차권승계권자가 반대의사표시를 하여 승계를 포기할 수 있습니다(동법 제9조 2항).

(3) 임차인이 상속인과 동거 중 사망한 경우

임차인이 동거하던 가족 중에 상속인이 있을 뿐만 아니라 동거하지 아니하는 상속인도 있는 경우는 민법의 원칙으로 돌아가서 해결할 수 밖에 없습니다. 즉 상속인들이 임차권을 상속하게 됩니다.

생명침해로 인한 위자료청구권은 상속되는가?

키포인트 피해자가 즉사한 경우에도 위자료청구권은
당연히 상속됩니다.

이렇게 ➡ 통상의 손해배상청구권은 당연히 상속의 대상입
니다(민법 제1005조). 생명침해나 명예훼손 등을 원인으로
한 정신적 손해배상청구권 즉, 위자료청구권(민법 751조)이
상속되는가에 관해서는 의견이 엇갈립니다.

판례와 다수설은 '피해자가 이를 포기·면제하였다고 볼
수 있는 특별한 사정이 없는 이상', 생전 청구의 의사표시
유무에 관계없이 당연히 상속인에게 상속된다고 합니다(대
판 1966. 10. 18. 66다1335). 이는 피해자가 즉사한 경우에
도 마찬가지라고 합니다(대판 1969. 4. 15. 69다268).

생명침해의 경우에는 피해자가 생명을 잃음으로써 손해
배상을 청구할 권리주체성을 잃어버리므로 사망으로 생긴
피해자 자신의 위자료청구권은 논리적으로 성립할 수 없다
는 이론이 가능합니다.

판례는 상속성을 인정하는 이론적인 근거로서 '순간적이
라고 할지라도 피해자로서의 정신적 고통을 느끼는 순간이

있었다고 할 것'이라고 합니다(대판 1973. 9. 25. 73다1100).

피해자가 사망한 경우 그 유족에게는 고유의 위자료청구권이 생기는데(민법 제752조), 이러한 경우에 유족고유의 위자료청구권과 상속받은 위자료청구권은 함께 행사할 수 있습니다(대판 1969. 4. 15. 69다268).

생명침해로 인한 재산적 손해의 배상청구권은 상속되는가?

이럴땐 ➡ 제 아들은 15세인데, 동네 불량배들한테 맞아 사망하였습니다. 저희 부부는 아들이 살아있었으면 얻었을 수입에 대한 손해배상청구권을 행사할 수 있습니까?

키포인트 손해배상청구권을 행사할 수 있습니다.

이렇게 ➡ 아들의 장차 예상되는 수입은 불량배들의 불법행위로 인한 손해이고, 이에 대한 배상청구권은 상속인인 부모가 상속받으므로 손해배상을 청구할 수 있습니다.

생명침해의 경우 피해자가 생존하였더라면 얻을 수 있었을 수입을 잃게 되는데, 그 손해배상청구권은 먼저 피해자에게 발생하고 그것이 상속인에게 상속되는가(상속설), 아니면 일정범위의 사람에게 원시적으로 취득되는가(고유피해설)의 문제가 있습니다. 이에 대해 판례는 상속설을 채택하고 있습니다. 즉 판례는 타인의 불법행위로 인한 미성년자의 손해배상청구권을 부양의무자가 상속한다고 판시하고 있습니다(대판 1977. 2. 22. 76다2285).

판례는 피상속인이 미성년자인 경우에도 장차 예상되는 수입(도시일용근로자의 수입으로 신청합니다)을 계산하여 그것을 손해로 인정하며, 이에 대한 손해배상청구권을 상속인인 부모가 상속한다고 판시하였습니다. 피해자가 중상을 입었다가 사망한 경우에는 중상을 입음으로써 얻을 수 있었을 이익의 상실에 대하여 피해자가 손해배상청구권을 취득한 후에 사망하였으므로, 상속인이 피해자가 취득한 손해배상청구권을 상속하는 것은 당연합니다. 문제는 피해자가 즉사한 경우인데, 법원은 아무리 즉사라하여도 피해자가 치명상을 입을 때와 사망한 때 사이에는 시간적 간격이 있는 것이며, 피해자는 치명상을 입었을 때에 손해배상청구권을 취득하고, 피해자의 사망으로 그 청구권이 상속인에게 승계된다고 합니다(대판 1969. 4. 15. 69다268(.

생명보험금 청구권은 상속되는가?

키포인트 상속포기후 보험금을 수령하면 됩니다.

이렇게 ➡ 귀하가 수령한 보험금은 귀하의 고유재산이고, 상속재산에 속하지 않으므로(대판 2001. 12. 24. 2001다65755), 남편 채권자에게 변제하여야 할 책임이 없습니다.

생명보험금이 상속재산이 되느냐의 여부는 경우에 따라 다릅니다.

(1) 피상속인이 보험계약자(겸 피보험자)가 되고, 특정의 상속인을 보험수익자(수령인)으로 지정한 경우

보험계약자가 피보험자의 상속인을 보험수익자로 하여 맺은 생명보험계약에 있어서 피보험자의 상속인은 피보험자의 사망이라는 보험사고가 발생한 때에는 보험수익자의 지위에서 보험자에 대하여 보험금 지급을 청구할 수 있고, 이 권리는 보험계약의 효력으로 당연히 생기는 것으로서 상속재산이 아니라 상속인의 고유재산입니다(대판 2001. 12. 24 2001다

65755).

　　이 때 상속인이 한정승인을 하여도 보험금은 상속채권자에게 변제하여야 할 책임재산(상속재산)이 되지 않고, 상속포기를 하여도 보험청구에 영향이 없습니다. 위 사례가 여기에 해당됩니다.

(2) 피상속인이 보험수익자를 단지 '상속인'이라고 표시한 경우

　　이 경우에도, 이는 보험계약자의 상속인인 개인을 지정한 것으로 해석되므로 보험청구권은 역시 상속재산이 되지 않습니다(대판 2001. 12. 28. 2000다31502).

(3) 보험계약자(피상속인)가 자기를 피보험자로 하고, '상속인이 아닌' 제3자를 보험수익자로 지정한 경우

　　수익자가 보험사고 발생 전에 사망한 경우는 계약자는 다시 수익자를 지정할 수 있고, 이 지정권을 행사하지 않고 계약자가 사망한 경우에는 그 수익자(제3자)의 상속인을 보험수익자로 합니다(상 733조 3항). 이 경우의 보험금청구권의 취득도(타인을 위한 생명보험)의 효과이므로 상속재산은 아닙니다.

(4) 보험계약자(피상속인)가 "자기"를 보험수익자로 지정한 경우

　　이 경우에는 보험청구권은 상속재산에 속하며, 상속

인에 의하여 상속됩니다(대판 2002. 2. 8. 2000다
64502).

(5) 상속세 및 증여세법

상속세 및 증여세법은 상속인이 취득한 생명보험금
을 상속재산으로 간주하여 상속세금을 부과하고 있
습니다(상속세 및 증여세법 8조). 공동상속인들 사이
의 상속재산분할이 문제될 경우는 이러한 보험금을
수령한 상속인은 특별수익을 한 것으로 인정하고 처
리하여야 할 것입니다. 특별수익은 상속인들 사이의
내부적 공평을 도모하려는 제도이기 때문입니다.

상해의 결과로 사망하여 사망보험금이 지급되는 상해보험에 있어서 보험수익자가 지정되어 있지 않아 피보험자의 상속인이 보험수익자로 되는 경우 보험청구권이 상속인의 고유재산인가?

키포인트 위 보험금은 상속재산이 아니라 상속인의 고유재산입니다.

이렇게 ➡ 보험계약자가 피보험자의 상속인을 보험수익자로 하여 맺은 생명보험계약에 있어서 피보험자의 상속인은 피보험자의 사망이라는 보험사고가 발생한 때에는 보험수익자의 지위에서 보험자에 대하여 보험금 지급을 청구할 수 있고, 이 권리는 보험계약의 효력으로 당연히 생기는 것으로서 상속재산이 아니라 상속인의 고유재산입니다. 이는 상해의 결과로 사망한 때에 사망보험금이 지급되는 상해보험에 있어서 피보험자의 상속인을 보험수익자로 미리 지정해 놓은 경우는 물론, 생명보험의 보험계약자가 보험수익자의 지정권을 행사하기 전에 보험사고가 발생하여 상법 제733조에 의하여 피보험자의 상속인이 보험수익자가 되는 경우에도 마찬가지라고 보아야 합니다.

나아가 보험수익자의 지정에 관한 상법 제733조는 상법 제739조에 의하여 상해보험에도 준용되므로, 결국 이 사건과 같이 상해의 결과로 사망한 때에 사망보험금이 지급되는 상해보험에 있어서 보험수익자가 지정되어 있지 않아 위 법률규정에 의하여 피보험자의 상속인이 보험수익자가 되는 경우에도 보험수익자인 상속인의 보험금청구권은 상속재산이 아니라 상속인의 고유재산입니다(대판 2004. 7. 9. 2003디29463).

사망퇴직금은 상속재산인지 여부

키포인트 사망퇴직금은 상속재산이 아니라 수급권자의 고유재산으로 해석됩니다.

이렇게 ➡ 사망퇴직금은 근로계약의 존속 중에 근로자가 사망하여 받는 퇴직금을 말합니다.

사망퇴직금은 일반적으로 미지급임금인 동시에 유족의 생활보장에 충당하는 것이라는 성격을 갖습니다.

사망퇴직금의 수령권자의 범위나 순위는 단체협약이나 취업규칙, 회사의 내규 등에 정하여져 있습니다. 그리고 보통은 근로기준법시행령 제61조~63조가 그 기준이 되는 경우가 많습니다. 이러한 퇴직금 규정은 사용자와 근로자 사이의 '제3자를 위한 계약'으로 해석할 수 있습니다. 그러므로 수령권자(수급권자)가 그 고유의 권리로 사망퇴직금을 수령한다고 해석되므로, 퇴직금은 상속재산이 아닙니다.

상속세 및 증여세법은 사망퇴직금, 사망퇴직수당을 원칙적으로 상속재산으로보아 상속세를 부과하고 있습니다(동법 제10조). 그러나 연금에 대하여는 세금을 부과하지 않습니다.

부의금은 어떻게 분배하는가?

키포인트 부의금은 상속재산이 아니므로 상속인들이 각자의 상속분에 따라 분배합니다.

이렇게 ➡ 부의금의 귀속주체에 관한 판례를 보면, "사람이 사망한 경우에 부조금 또는 조위금 등의 명목으로 보내는 부의금은 상호부조의 정신에서 유족의 정신적 고통을 위로하고 장례에 따르는 유족의 경제적 부담을 덜어줌과 아울러 유족의 생활안정에 기여함을 목적으로 증여되는 것으로서, 장례비용에 충당하고 남는 것에 관하여는 특별한 다른 사정이 없는 한 사망한 사람의 공동상속인들이 각자의 상속분에 응하여 권리를 취득하는 것으로 봄이 우리의 윤리감정이나 경험칙에 합치된다고 할 것이다."라고 하였습니다(대법원 1992. 8. 18. 선고 92다2998 판결, 1966. 9. 20. 선고 65다2319 판결).

따라서 위 사안에 있어서도 장례비용에 충당하고 남는 부의금에 관하여는 달리 특별한 사정이 없는 한 공동상속인들이 각자의 상속분에 따라 그 권리를 취득한다고 하여야 할 것이므로, 그 상속분에 따라 배분하면 될 것으로 보입니다.

형의 운전 부주의로 동생 사망시 상속인인 부모의 손해배상청구권

이럴땐 ➡ 갑은 오래 전 남편과 사별하고 두 명의 아들 을·병을 키우며 살았는데, 형인 을의 운전부주의로 차량이 전복되면서 그 자동차에 동승하였던 을·병이 모두 사망하였습니다. 그런데 위 차량은 자동차보험에 가입되어 있었고 을과 병은 모두 미혼이었습니다. 이 경우 을의 과실로 인한 사고라는 이유로 보험회사로부터 병의 사망에 대한 보험금을 지급 받는데 지장이 없는지요?

키포인트 보험회사로부터 보험금을 받을 수 있습니다.

이렇게 ➡ 민법 제507조에 의하면 "채권과 채무가 동일한 주체에 귀속한 때에는 채권은 소멸한다. 그러나 그 채권이 제3자의 권리의 목적인 때에는 그러하지 아니하다."라고 규정하고 있습니다.

그리고 위 사안에 있어서 사고의 발생과 동시에 을은 병에 대하여 불법행위로 인한 손해배상채무를 지게 되고, 병은 그에 상응하는 손해배상청구권을 취득하게 되는데, 을·병이 모두 사망함으로 인하여 그들의 유일한 상속인 갑은 병의 채권과 을의 채무를 동시에 상속하게 되는 바, 이처럼 채권과 채무가 동일인에게 귀속하는 사실을 가리켜 혼동(混同)이라고 합니다.

그런데 위 사안과 관련된 판례를 보면, "민법 제507조가 혼동을 채권의 소멸사유로 인정하고 있는 것은 채권과 채무가 동일한 주체에 귀속한 때에 채권과 채무의 존속을 인정하여서는 안 될 적극적인 이유가 있어서가 아니고 그러한 경우에 채권과 채무의 존속을 인정하는 것이 별다른 의미를 가지지 않기 때문에 채권·채무의 소멸을 인정함으로써 그 후의 권리의무 관계를 간소화하려는 데 그 목적이 있는 것이라고 여겨지므로, 채권과 채무가 동일한 주체에 귀속하게 되더라도 그 채권의 존속을 인정하여야 할 특별한 이유가 있는 때에는 그 채권은 혼동에 의하여 소멸되지 아니하고 그대로 존속한다고 봄이 상당함에 비추어, 채권과 채무가 동일인에게 귀속되는 경우라도 그 채권의 존재가 채권자 겸 채무자로 된 사람의 제3자에 대한 권리행사의 전제가 되는 관계로 채권의 존속을 인정하여야 할 정당한 이익이 있을 때에는 그 채권은 혼동에 의하여 소멸하는 것이 아니라고 봄이 상당하다."라고 하였습니다.

그리고 "자동차 운행 중 교통사고가 일어나 자동차의 운행자나 동승한 그의 친족이 사망하여 자동차손해배상보장법 제3조에 의한 손해배상채권과 채무가 상속으로 동일인에게 귀속하게 되는 때에, 교통사고를 일으킨 차량의 운행자가 자동차 손해배상 책임보험에 가입하였다면, 가해자가 피해자의 상속인이 되는 등의 특별한 경우를 제외하고는 생존한 교통사고 피해자나 사망자의 상속인에게 책임보험에 의한 보험의 혜택을 부여하여 이들을 보호할 사회적 필요성이 있는 점은 다른 교통사고와 다를 바 없고, 다른 한 편 원래 자동차 손해배상 책임보험의 보험자는 상속에 의한 채권. 채무의 혼동 그 자체와는 무관한 제3자일 뿐 아니라 이미 자신의 보상의무에 대한 대가인 보험료까지 받고 있는 처지여서 교통사고의 가해자와 피해자 사이에 상속에 의한 혼동이 생긴다는 우연한 사정에 의하여 자기의 보상책임을 면할 만한 합리적인 이유가 없으므로, 자동차 책임보험의 약관에 의하여 피해자가 보험회사에 대하여 직접 보험금의 지급청구를 할 수 있는 이른바 직접청구권이 수반되는 경우에는 그 직접청구권의 전제가 되는 자동차손해배상보장법 제3조에 의한 피해자의 운행자에 대한 손해배상청구권은 상속에 의한 혼동에 의하여 소멸되지 아니한다."라고 하였습니다(대법원 2003. 1. 10. 선고 2000다41653, 41660 판결 1995. 5. 12. 선고 93다48373 판결, 1995. 7. 14. 선고 94다36698 판결).

따라서 위 사안에서도 갑은 을의 채무와 병의 채권을 동시에 상속받았다고 하여도 그 채권·채무가 혼동으로 소멸하지 않으므로 보험회사에 대하여 보험금의 지급을 청구할 수 있을 것입니다.

자동차보험금 수령을 위한 과거사실혼관계존재확인청구권

키포인트 사실혼관계존재확인의 소를 제기하십시오.

이렇게 ➡ 관련 판례를 보면, "일반적으로 과거의 법률관계는 확인의 소의 대상이 될 수 없으나, 혼인, 입양과 같은 신분관계나 회사의 설립, 주주총회의 결의무효, 취소와 같은 사단적 관계, 행정처분과 같은 행정관계와 같이 그것을 전제로 하여 수많은 법률관계가 발생하고 그에 관하여 일일이 개별적으로 확인을 구하는 번잡한 절차를 반복하는 것보다 과거의 법률관계 그 자체의 확인을 구하는 편이 관련된 분쟁을 일거에 해결하는 유효 적절한 수단일 수 있는 경우에는 예외적으로 확인의 이익이 인정된다. 사실혼관계에 있던 당사자 일방이 사망하였더라도, 현재적 또는 잠재적 법적 분쟁을 일거에 해결하는 유효 적절한 수단이 될 수 있는 한, 그 사실혼관계존부확인청구에는 확인의 이익이 인정되고, 이러한 경우 친생자관계존부확인청구에 관한 민법 제865조와 인지청구에 관한 민법 제863조의 규정을 유추적용하여, 생존 당사자는 그 사망을 안 날로부터 1년 내에 검사를 상대로 과거의 사실혼관계에 대한 존부확인청구를 할 수 있다고 보아야 한다.”라고 하였습니다(대법원 1995. 3. 28. 선고 94므1447 판결, 1995. 11. 14. 선고 95므694 판결).

그러나 교통사고로 인한 사망으로 보험회사가 지급하는 사망보험금과 사망한 자 명의의 예금은 상속의 대상이고 법률혼관계가 아닌 사실혼관계의 배우자는 상속인에 포함되지 아니하므로 사실혼관계가 인정된다 할지라도 귀하는 사망보험금과 예금을 지급 받을 수 없는 것입니다. 다만, 상속인이 전혀 없을 경우 특별연고자로서 민법 제1057조의2에 의하여 상속재산의 전부 또는 일부를 분여(分與)받을 수 있을 것입니다.

그리고 사실혼관계의 배우자임을 이유로 귀하 본인의 위자료를 보험회사에 대하여 청구할 수 있을 것이므로 그러한 위자료청구의 전제로서 검사를 상대로 사실혼관계존재확인의 소를 제기할 수 있을 것으로 보이지만, 직접 보험회사를 상대로 위자료를 구하는 소를 제기하여 그 소송절차 내에서 그 주장의 전제가 되는 갑과의 사실혼관계존재를 주장·입증하는 것이 간편한 방법일 것입니다.

교직원연금수령을 위한 과거사실혼관계존재확인청구권

이럴땐 ➡ 저는 1년 전 갑과 결혼한 후 결혼 전 각자 소유하고 있던 주택 등의 처리문제로 혼인신고는 하지 않았지만 주민등록상은 동거인으로 되어 있는 상태에서 갑이 질병으로 사망하였습니다. 그런데 갑은 사립학교 교원이어서 사립학교교원연금관리공단에서 상속인에게 연금이 지급되는 바, 갑에게는 자녀는 물론 부모도 없으므로 제가 연금지급신청을 하니 사실혼관계존재확인의 판결을 받아 오라고 하므로 이러한 판결이 가능한지요?

키 포 인 트 가능합니다.

이렇게 ➡ 사립학교교원연금법 제36조에 의하면 "급여를 받을 유족의 순위는 재산상속의 순위에 의한다."라고 정하고 있으며, 사립학교교원연금법 제2조 제1항 제2호 가목은 "유족 중 배우자를 사실상 혼인관계에 있던 자를 포함한다."라고 규정하고 있습니다.

따라서 위 공단에서 귀하에게 사실혼관계에 있었다는 것을 확인하기 위하여 사실혼관계존재확인판결을 받아오라고 하는 것으로 보입니다.

그런데 갑이 이미 사망한 상태에서 사실혼관계존재확인판결이 가능한 것인지 문제되는바, 판례는 "일반적으로 과거의 법률관계는 확인의 소의 대상이 될 수 없으나, 혼인, 입양과 같은 신분관계나 회사의 설립, 주주총회의 결의무효, 취소와 같은 사단적 관계, 행정처분과 같은 행정관계와 같이 그것을 전제로 하여 수많은 법률관계가 발생하고 그에 관하여 일일이 개별적으로 확인을 구하는 번잡한 절차를 반복하는 것보다 과거의 법률관계 그 자체의 확인을 구하는 편이 관련된 분쟁을 일거에 해결하는 유효 적절한 수단일 수 있는 경우에는 예외적으로 확인의 이익이 인정된다. 사실혼관계에 있던 당사자 일방이 사망하였더라도, 현재적 또는 잠재적 법적 분쟁을 일거에 해결하는 유효 적절한 수단이 될 수 있는 한, 그 사실혼관계존부확인청구에는 확인의 이익이 인정되고, 이러한 경우 친생자관계존부확인청구에 관한 민법 제865조와 인지청구에 관한 민법 제863조의 규정을 유추적용하여, 생존 당사자는 그 사망을 안 날로부터 1년 내에 검사를 상대로 과거의 사실혼관계에 대한 존부확인청구를 할 수 있다고 보아야 한다."라고 하였습니다(대법원 1995. 3. 28. 선고 94므1447 판결), 산업재해보상보험의 유족급여의 수급권과 관련된 사안에서 사실혼관계존재확인청구가 가능하다고 한 바 있습니다.

따라서 위 판례와 유사한 귀하의 경우에 있어서도 귀하와 갑사이에 사실혼관계가 존재한다는 확인청구가 가능할 것으로 보입니다.

그러나 사망자 사이 또는 생존하는 자와 사망한 자 사이에는 혼인이 인정될 수 없고, 혼인신고특례법과 같이 예외적으로 혼인신고의 효력의 소급을 인정하는 특별한 규정이 없는 한 그러한 혼인신고가 받아들여질 수 없으므로 위와 같은 사실혼관계존재확인의 판결을 받았을 경우에도 그 판결에 의하여 혼인신고를 할 수는 없을 것입니다(대법원 1991. 8. 13. 자91스6 결정).

참고로 사실혼배우자가 법률상 배우자가 아니면서 각종 급여를 받을 권리자로 규정되어 있는 경우를 보면, 산업재해보상보험법 제4조 제3호, 공무원연금법 제3조 제1항 제2호 가목, 선원법시행령 제29조 제1호, 근로기준법시행령 제44조 제1항 제1호, 군인연금법 제3조 제1항 제4호, 독립유공자예우에에관한법률 제5조 제1항 제1호, 국가유공자등예우및지원에관한법률 제5조 제1항 제1호 등이 있습니다.

신원보증인이 사망한 경우 상속인에게 그 보증책임이 있는가?

키 포인트 물어주어야 합니다.

이렇게 ➡ '신원보증계약은 신원보증인의 사망으로 종료됩니다.' (신원보증법 제7조). 따라서 신원보증인의 신원보증계약상의 지위는 신원보증인의 사망으로 상속인에게 상속되지 않습니다. 신원보증은 보증인과 피보증인 사이의 신용을 기초로 성립하는 일신 전속적인 채무이고, 보증책임의 범위가 불확정한 계속적 보증채무이기 때문입니다.

그러나 보증인의 생존 중에 이미 발생한 신원보증채무(예컨대, 공무원으로 임용된다고 신원보증하였더니 그 사람이 공금 1,000만원을 횡령한 경우)는 상속인에게 상속됩니다(대판 1972. 2. 29. 71다2747).

보증한도 정함 없는 계속적보증계약의 보증인사망시 상속인의 보증승계 여부

키포인트 사망전 채무에 대해서만 보증책임을 지게 됩니다.

이렇게 ➡ 채권자와 주채무자 사이의 계속적 거래관계로 인하여 현재 및 장래에 발생하는 불확정한 채무에 관하여 보증책임을 부담하기로 하는 보증계약을 이른바 '계속적 보증계약'이라고 합니다.

그런데 보증한도액이 정해진 계속적 보증계약의 보증인이 사망한 경우, 그 상속인들이 보증인의 지위를 승계 하는지에 관하여 판례를 보면, "보증한도액이 정해진 계속적 보증계약의 경우 보증인이 사망하였다 하더라도 보증계약이 당연히 종료되는 것은 아니고 특별한 사정이 없는 한 상속인들이 보증인의 지위를 승계한다고 보아야 한다.”라고 하였습니다(대법원 1999. 6. 22. 선고 99다19322, 19339 판결).

그러나 보증기간과 보증한도액의 정함이 없는 계속적 보증계약의 보증인이 사망한 경우, 그 상속인이 보증인의 지위를 승계하는지에 관하여는 “보증한도액이 정해진 계속적 보증계약의 경우 보증인이 사망하였다 하더라도 보증계약이 당연히 종료되는 것은 아니고 특별한 사정이 없는 한 상속인들이 보증인의 지위를 승계한다고 보아야 할 것이나, 보증기간과 보증한도액의 정함이 없는 계속적 보증계약의 경우에는 보증인이 사망하면 보증인의 지위가 상속인에게 상속된다고 할 수 없고 다만, 기왕에 발생된 보증채무만이 상속된다.”라고 하였습니다(대법원 2001. 6. 12. 선고 2000다47187 판결).

따라서 위 사안은 보증기간과 보증한도액의 정함이 없는 계속적 보증계약의 경우로서 정은 갑의 사망 이전에 발생된 채무에 대해서만 보증책임을 부담하게 될 것으로 보입니다.

상속을 원인으로 농지를 취득할 경우에도 농지취득자격증명이 필요한가?

이럴땐 ➡ 농지를 취득할 경우 농지법 제8조 소정의 소재지관서의 증명(농지취득자격증명)을 발급받아야 농지소유권이전이 가능하다고 하는데, 농지를 상속받을 경우에도 농지취득자격증명이 필요한지요?

키포인트 필요하지 않습니다.

이렇게 ➡ 농지법 제8조에 의하면 "농지를 취득하고자 하는 자는 농지의 소재지를 관할하는 시장(구를 두지 아니한 시의 시장을 말하며, 도농복합형태의 시에 있어서는 농지의 소재지가 동지역인 경우에 한함)·구청장(도농복합형태의 시의 구에 있어서는 농지의 소재지가 동지역인 경우에 한함)·읍장 또는 면장(이하 시·구·읍·면장이라고 함)으로부터 농지취득자격증명을 발급 받아야 한다."라고 규정하고 있습니다.

그러므로 토지취득의 경우 지목이 농지로 된 경우는 소재지 관청의 농지취득자격증명을 받아야 할 것입니다.

이와 같이 농지취득자격증명이 요구되는 '농지'에 관하여 판례는 "어떤 토지가 농지법 소정의 농지인지의 여부는 공부상의 지목 여하에 불구하고 당해 토지의 사실상의 현상에 따라 가려져야 할 것이고, 공부상 지목이 답인 토지의 경우 그 농지로서의 현상이 변경되었다고 하더라도 그 변경 상태가 일시적인 것에 불과하고 농지로서의 원상회복이 용이하게 이루어질 수 있다면 그 토지는 여전히 농지법에서 말하는 농지에 해당한다."라고 하였습니다(대법원 1999. 2. 23. 자 98마2604 결정).

그리고 농지법 제8조 제1항 단서에 해당되는 경우에는 농지취득자격증명을 발급 받지 아니하고 농지를 취득할 수 있는 예외가 인정됩니다.

즉, 농지법 제8조 1항 2호는 상속(상속인에게 한 유증포함)에 의하여 농지를 취득하여 소유하는 경우에는 농지취득자격증명을 요하지 않는다고 규정하고 있습니다.

제사용 재산의 승계가 상속에 해당하는가?

키포인트 정당하지 못한 주장입니다.

이렇게 ➡ 위 상속재산에 대해 소유권이전등기절차의 이행을 구하는 소는 상속회복청구의 소에 해당하므로, 민법 제999조 제2항의 제척기간이 적용됩니다. 따라서 큰 형은 1983년에 상속권침해의 사실을 알았다고 할 것이므로, 그로부터 3년이 훨씬 지난 2003년에 소를 제기한 것은 부적합 합니다(대판 2006. 7. 4. 2005다45452).

이 유 ➡ 분묘에 속한 1정보 이내의 금양임야와 600평 이내의 묘토인 농지, 족보와 제구의 소유권은 상속재산과 구별되어 제사를 주재하는 자가 이를 승계합니다.

즉, 제사용 재산은 일반재산과는 구별되는 특별재산으로서 대외적인 관계뿐만 아니라 상속인 상호간의 대내적인 관계에서도 재산상속인 중에서 제사를 주재하는 자가 승계하도록 되어 있습니다(민법 제1008조의 3). 이 제사용 재산의 승계는 상속과는 완전히 별개의 제도라고 볼 것이 아니라 본질적으로 상속에 속하는 것으로서 일가의 제사를 계속할 수 있게 하기 위하여 상속에 있어서의 한 특례를 규정한 것으로 보는 것이 상당하다 할 것이다. 따라서 그에 관하여 일반상속재산과는 다소 다른 특별재산으로서의 취급을 할 부분이 있기는 할 것이나, 상속을 원인으로 한 권리의무관계를 조속히 확정시키고자 하는 상속회복청구권의 제척기간 제도의 취지까지 그 적용을 배제하여야 할 아무런 이유가 없습니다.

그렇다면 이 사건에서 원고가 각 부동산이 제사용 재산인 '묘토인 농지'에 해당함을 전제로 자신이 그 단독승계인이라고 주장하면서, 법정상속분에 따라 일반재산상속을 원인으로 한 소유권이전등기를 마친 공동상속인이거나 일부 공동상속인으로부터 이를 다시 상속받은 피고들을 상대로 소유권 지분이전등기를 구하는 이 사건 소유권이전등기청구에 관한 소는 그 실질이 상속회복청구에 해당하여, 민법 제999조 제2항에 정한 제척기간이 적용된다고 할 것인바, 원고는 적어도 위 각 부동산에 대하여 상속인들 공동 명의로 상속등기가 마쳐진 1983. 5. 12. 그 침해의 사실을 알았다고 할 것이므로, 이 사건 소는 그로부터 역수상 3년이 경과하였음이 명백한 2003. 9.에야 제기된 것으로 부적법합니다(대판 2006. 7. 4. 2005다45452).

제사용 재산을 승계한 경우 상속분이 감소되는가?

이럴땐 ➡ 저는 장남으로서 아버지께서 돌아가셔서 제가
제사를 지내기로 하고 묘토 등을 승계받았습
니다. 이 경우 제 상속분은 감소됩니까?

키포인트 감소되지 않습니다.

이렇게 ➡ 분묘에 속한 1정보 이내의 금양임야와 600평 이
내의 묘토인 농지, 족보와 제구의 소유권은 상속재산과 구
별하여 제사를 주재하는 자가 이를 승계합니다.

'묘토인 농지'는 그 수익으로서 분묘관리의 제사의 비용
에 충당되는 농지를 말합니다. 단지 그 토지상에 분묘가
설치되어 있다는 사정만으로 이를 묘토인 농지에 해당한다
고 할 수는 없으며, 위 규정에 따라 망인 소유의 묘토인
농지를 제사주재자로서 단독으로 승계하였음을 주장하는
자는, 피승계인의 사망 이전부터 당해 토지가 농지로서 거
기에서 경작한 결과 얻은 수익으로 인접한 조상의 부묘의
수호 및 관리와 제사의 비용을 충당하여 왔음을 입증하여
야 합니다.

금양임야는 벌목을 금지하고 나무를 기르는 임야를 말하
는데, 금양임야 중 정보를 초과하는 부분은 제사용 재산이
아니므로 상속재산이 되고, 상속재산분할의 대상이 됩니다.
그리고 그 임야 내에 설치된 분묘의 기수가 몇 개이든 상
관없으나 최소한 1기의 분묘는 설치되어야 합니다.

족보는 조상 대대의 계통을 기록한 책이고, 제구는 조상의 제사에 사용되는 도구를 말합니다.

위와 같은 제사용 재산은 제사를 주재하는 자가 이를 승계합니다.

제사용 재산에 대하여는 압류가 금지되고, 상속세의 부과대상에서 제외됩니다(상속세및증여세법 제12조, 동 시행령 8조).

또한 상속인이 제사용재산을 승계한 경우 일반 상속재산에 대한 그 자신의 상속분이 감소되지 아니하며, 또 '제사를 지낸다'고 하여 특별한 상속분이 따로 주어지는 것도 아닙니다.

상속인이 상속포기를 하여도 그가 제사의 주재자라면, 이 제사용재산을 승계할 수 있다. 제사용재산은 상속재산이 아니기 때문입니다.

채권확보수단으로 받은 약속어음공증서의 소멸시효기간

이럴땐 ➡ 저는 갑에게 500만원을 빌려주면서 이자는 월 2푼으로 하여 10개월 후 돈을 받기로 하였으나 갑은 1년이 지나도 위 돈을 갚지 않았습니다. 그래서 저는 위 대금의 확보수단으로서 새로이 액면금 500만원인 약속어음을 공증 받아 두었으나, 그 지급기일인 3개월이 지난 후에도 갑의 재산이 없어서 강제집행을 할 수 없었습니다. 그러던 중 위 약속어음지급기일로부터 3년이 지난 최근에 갑이 아파트를 상속받았다고 하기에 이를 강제집행하려고 합니다. 그런데 위 약속어음공증서는 그 소멸시효기간이 경과되어 행사할 수 없다고도 하는데 타당한 것인지요?

키포인트 타당한 것으로 보입니다.

이렇게 ➡ 약속어음의 경우 발행인에 대한 청구권은 지급기일로부터 3년간 행사하지 않으면 시효로 인하여 소멸합니다(어음법 제77조, 제70조). 그런데 약속어음공정증서는 공정인이 일정한 금액의 지급이나 대체물 또는 유가증권의 일정한 수량의 급여를 목적으로 하는 청구에 관하여 작성한 공정증서로서 채무자가 강제집행을 승낙한 취지가 적혀 있는 것은 일종의 집행권원이 되므로 별도의 재판절차를 거치지 않고 이것을 가지고 곧바로 강제집행을 실시할 수 있습니다(민사집행법 제56조 제4호).

그러나 확정판결이나 재판상화해 등의 경우 그 권리의

소멸시효는 비록 단기의 소멸시효에 해당하는 채권에 관한 것이라도 소멸시효기간이 10년으로 되지만(민법 제165조), 공정증서의 경우에는 확정판결 등과 같이 기판력을 가지는 것은 아닙니다. 판례도 약속어음에 공증이 된 것이라고 하여 이 약속어음이 '판결과 동일한 효력이 있는 것에 의하여 확정된 채권'이라고 할 수 없고, 이 약속어음채권이 민법 제165조 제2항 소정의 채권으로서 10년의 소멸시효에 걸린다고 할 수 없다고 하였습니다(대법원 1992. 4. 14. 선고 92다169 판결).

따라서 공증된 채권의 소멸시효기간은 공정증서의 원인이 되는 채권의 성질에 따라 달라지는 것이고, 약속어음을 공증한 경우 소멸시효기간은 3년으로 보아야 할 것입니다. 그렇다면 위 사안의 경우 약속어음채권의 소멸시효기간은 경과되었다고 할 것입니다.

다만, 위 사안에서 약속어음은 갑에게 빌려준 대여금의 지급확보를 위하여 교부된 것으로 보아야 할 것이어서, 원인채권 즉, 대여금반환청구채권은 어음채권과 병존하게 되고(대법원 2001. 7. 13. 선고 2000다57770 판결, 1997. 3. 28. 선고 97다126, 133 판결, 1990. 5. 22. 선고 89다카13322 판결), 그 채권에 대한 소멸시효기간은 아직 경과되지 않았으므로 갑이 상속받은 아파트를 처분하기 전에 속히 가압류 등의 재산보전조치를 취한 후 원인채권인 대여금반환청구의 소를 제기하여 승소한다면 강제집행을 할 수 있을 것으로 보입니다.

제4장. 공동상속, 상속분

제4장 공동상속

1. 공동상속

　공동상속이란 같은 순위에 있는 둘 이상의 상속인이 공동으로 재산을 물려받는 것을 말합니다. 상속인들은 물려받은 재산을 공동으로 관리하거나 분할하게 됩니다.

　상속인이 여럿이 있는 경우에 상속재산을 그 상속분에 따라 분할하게 될 것이나 그 분할까지는 전 상속인의 공유로 되고(민법 제1006조), 상속인이 1인만 있는 경우에는 그 1인이 전상속재산을 승계합니다(단독상속). 그러나 실제에 있어서는 상속인이 수인있는 경우가 많습니다. 이 경우에는 상속재산은 그 상속인의 상속분에 따라 분할하게 되는데 그 분할까지는 전상속인의 공유로 합니다. 민법상 상속재산의 공동소유형태를 공유로 본다면 상속재산전체에 대한 공동소유관계는 성립될 수 없고, 개개의 상속재산에 대하여 각 공동상속인이 그 상속분에 따라 지분을 가지며 그 지분은 상속재산의 분할 전에 단독으로 자유처분할 수 있습니다. 또 채권채무도 그 목적이 可分(가분)하다면 법률상 당연히 각 공동상속인에게 분할되는 것이 원칙입니다.

　민법상 상속재산의 공동소유형태를 합유로 본

다면 공동상속인은 전상속재산에 대한 상속분을 가지므로, 개개의 상속재산에 대한 상속분을 가지지 못하고, 설사 가진다고 하더라도 그것을 임의로 처분할 수 없습니다. 또 채권채무는 상속재산이 분할되기까지 상속재산에 포함되어 공동상속인에게 불가분적(不可分的)으로 귀속되므로 공유설이 타당하다고 생각됩니다. 우리나라 판례도 분할할 수 없는 채권은 별도로 하고 분할가능한 예금채권 등은 상속분에 따라 분할 귀속된다고 해석하고, 대체로 「공유(共有)」로 보고 있습니다.

2. 상속분

상속분이란 동순위의 공동상속인 각자가 전(前)상속재산에 대하여 가지는 승계의 비율을 말합니다(민법 제1009조). 일반적으로는 그 비율을 말하지만 그 비율에 의하여 구체적인 수액인 지분을 상속분이라고도 합니다. 다만 어느 것이나 구체적인 재산이 아니고 추상적인 재산의 범위를 가리킨다. 상속분은 먼저 피상속인의 지정에 의하여 정해지지만(지정상속분), 지정이 없는 경우에는 민법의 규정에 의하여 정해집니다(법정상속분).

금전채무가 공동상속된 경우, 상속재산 분할의 대상이 되는가?

이럴땐 ➡ 아버지께서는 저희 3남매에게 A에 대한 빚 9천만원을 남기고 돌아가셨습니다. 이 채무도 상속재산분할의 대상이 됩니까?

키포인트 금전채무가 공동상속된 경우, 상속개시와 동시에 법정상속분에 따라 공동상속인에게 분할되어 귀속되므로 상속재산 분할의 대상이 될 여지가 없습니다.

이렇게 ➡ 채권·채무가 공동상속된 경우 그 채권 채무가 가분이냐 불가분이냐에 따라 효과가 달라집니다.

금전채무와 같이 급부의 내용이 가분인 채무가 공동상속된 경우, 이는 상속 개시와 동시에 당연히 법정상속분에 따라 공동상속인에게 분할되어 귀속되는 것이므로, 상속재산 분할의 대상이 될 여지가 없습니다.

상속재산 분할의 대상이 될 수 없는 상속채무에 관하여 공동상속인들 사이에 분할의 협의가 있는 경우라면 이러한 협의는 민법 제1013조에서 말하는 상속재산의 협의분할에 해당하는 것은 아니지만, 위 분할의 협의에 따라 공동상속인 중의 1인이 법정상속분을 초과하여 채무를 부담하기로 하는 약정은 면책적 채무인수의 실질을 가진다고 할 것이어서, 채권자에 대한 관계에서 위 약정에 의하여 다른 공동상속인이 법정상속분에 따른 채무의 일부 또는 전부를 면하기 위하여는 민법 제454조의 규정에 따른 채권자의 승낙을 필요로 하고, 여기에 상속재산 분할의 소급효를 규정하고 있는 민법 제1015조가 적용될 여지는 전혀 없습니다(대판 1997. 6. 24. 선고 97다8809).

불가분채권은 상속재산분할시까지 공동상속인 전원에게 불가분적으로 귀속됩니다. 각 공동상속인은 모든 상속인(채권자)들을 위하여 이행청구를 할 수 있으며, 수령한 급부는 공동으로 분배되어야 합니다.

불가분채무(연대채무 등)는 각 공동상속인에게 불가분적으로 귀속되고, 공동상속인 각자는 그 채무 전부에 관하여 연대채무를 부담하여 전부를 이행할 책임을 진다. 채권자는 공동상속인 중 한사람이나 모든 상속인에 대하여 동시나 순차로 채무 전부의 이행을 청구할 수 있습니다.

미성년자의 자와 함께 상속받은 재산을 모(母) 명의로 할 수 있는가?

이럴땐 ➡ 저는 미성년자인 아들·딸과 함께 죽은 공동상속인이자 아들·딸의 친권자입니다. 제가 자녀들과 함께 상속받은 남편 병의 사업체를 저의 단독명의로 변경하려고 하는데 어떤 절차를 거쳐야 하나요?

키 포인트 가정법원에 아들과 딸의 각 특별대리인 선임을 청구하여 그들이 명의변경에 동의하여야만 합니다.

이렇게 ➡ 법정대리인인 친권자가 그 자(子)와의 사이에 이해 상반되는 행위를 함에는 친권자는 법원에 그 자의 특별대리인의 선임을 청구하여야 합니다(민법 제921조 제1항).

위 사안과 관련된 판례를 보면, "민법 제921조의 "이해상반행위" 란 행위의 객관적 성질상 친권자와 자 사이 또는 친권에 복종하는 수인의 자 사이에 이해의 대립이 생길 우려가 있는 행위를 가리키는 것으로서 친권자의 의도나 그 행위의 결과 실제로 이해의 대립이 생겼는가의 여부는 묻지 아니하며, 공동상속재산분할협의는 행위의 객관적 성질상 상속인 상호간에 이해의 대립이 생길 우려가 있는 행위라고 할 것이므로 공동상속인인 친권자와 미성년인 수인의 자 사이에 상속재산분할협의를 하게 되는 경우에는 미성년자 각자마다 특별대리인을 선임하여 각 특별대리인이 각 미성년자인 자를 대리하여 상속재산분할의 협의를 하여야 하고, 친권자가 수인의 미성년자의 법정대리인으로서 상속재산분할협의를 한 것이라면 이는 민법 제921조에 위반된 것으로서 이러한 대리행위에 의하여 성립된 상속재산분할협의는 피대리자 전원에 의한 추인이 없는 한 무효이다."라고 하였습니다(대법원 1993. 4. 13. 선고 92다54524 판결, 2001. 6. 29. 선고 2001다28299 판결).

그런데 귀하가 상속재산인 사업체를 귀하의 명의로 변경할 경우는 갑과 을도 귀하와 공동으로 상속재산인 사업체에 상속지분을 가지고 있으므로, 상호간에 이익이 상반되는 것에 해당되어 귀하는 가정법원에 갑과 을의 각 특별대리인선임을 청구하여 그들로 하여금 위와 같은 명의변경에 동의하도록 하여야 할 것입니다.

친권자와 1인의 미성년인 자가 공동상속인이 되는 경우의 상속재산분할협의의 경우에도 역시 그 자의 특별대리인을 선임하여 상속재산분할협의를 하여야 할 것이지만(대법원 1993. 3. 9. 선고 92다18481 판결), 친권자는 상속인이 아니고 성년인 자와 미성년자인 자가 공동 상속인인 경우(이혼한 처가 친권자인 경우 등)에 성년인 자와 미성년인 자 사이의 이해가 상반되는 행위를 친권자가 하는 것은 이행상반행위에 해당하지 않습니다(대법원 1989. 9. 12. 선고 88다카28044 판결).

공동 상속인 중 1인이 실질적으로 단독 상속한 경우, 상속인에게 승계되는 피상속인의 국세 등에 관한 납부의무의 범위

이럴땐 ➡ 제 남편이 사망하여 저와 아들과 딸에 대해 상속이 이루어졌는데, 남편이 남긴 7천만원의 세금납부의무도 떠 안게 되었습니다. 상속은 실제로는 아들이 단독상속하였는데 세금채무도 아들이 전부 부담하여야 하는 것 아닙니까?

키포인트 아들의 세금채무는 자기의 상속분에 따라 안분계산한 2천만원입니다.

이렇게 ➡ 상속인이 2인 이상인 경우에 그 중의 한 사람이 피상속인의 재산을 실질적으로 단독 상속하였다고 하더라도 그 상속인에게 승계되는 피상속인의 국세 등에 관한 납부의무는 민법 제1009조, 제1010조 및 제1012조 등의 규정에 의한 자기의 상속분에 따라 안분계산한 금액 범위에 한정됩니다(대판 1997. 10. 24. 선고 96누9973).

즉, 망인이 남긴 국세 등 채무도 상속인들의 상속분에 따라 나누어집니다. 상속인 중 1인이 실질적으로 재산을 단독으로 상속하였다 하여도 동일합니다.

위 사례에서 세금이 7,000만원이고, 상속인이 3명(처와 자녀)이면 처는 3,000만원, 자녀는 각각 2,000만원의 범위 내에서 세금채무를 승계한 것이 됩니다.

상속재산에 관한 협의분할에 의하여 고유의 상속
분을 초과하는 재산을 취득한 경우, 그 초과분은
다른 공동상속인으로부터 증여받은 것으로 보아
야 하는지 여부

키포인트 증여세 부과대상이 아닙니다.

이렇게 ➡ 공동상속인 상호간에 상속재산에 관하여 협의분
할이 이루어짐으로써 공동상속인 중 일부가 고유의 상속분
을 초과하는 재산을 취득하게 되었다고 하여도 이는 상속
개시 당시에 소급하여 피상속인으로부터 승계받은 것으로
보아야 하고 다른 공동상속인으로부터 증여받은 것으로 볼
수 없으므로(대판 1996. 2. 9. 선고 95누15807), 증여세를
부과할 수 없습니다.

이 유 ➡ 공동상속인 상호간에 상속재산에 관하여 협의분
할이 이루어짐으로써 공동상속인 중 일부가 고유의 상속분
을 초과하는 재산을 취득하게 되었다고 하여도 이는 상속
개시 당시에 소급하여 피상속인으로부터 승계받은 것으로
보아야 하고 다른 공동상속인으로부터 증여받은 것으로 볼

수 없습니다. 상속세및증여세법 제31조 제3항에서 "상속개시 후 상속재산에 대하여 등기·등록·명의개서 등에 의하여 각 상속인의 상속분이 확정되어 등기 등이 된 후 그 상속재산에 대하여 공동상속인 사이의 협의에 의한 분할에 의하여 특정상속인이 당초 상속분을 초과하여 취득하는 재산가액은 당해 분할에 의하여 상속분이 감소된 상속인으로부터 증여받은 재산에 포함한다."고 규정하고 있는 것은 각 상속인의 상속분이 확정되어 등기 등이 된 후 상속인들 사이의 별도 협의에 의하여 상속재산을 재분할하는 경우에 적용됩니다(대판 2002. 7. 12. 선고 2001두441).

위 사례의 경우 이 사건 부동산에 관하여 당초 상속인들의 법정 상속분에 따른 소유권이전등기가 경료된 바 있기는 하나, 이는 상속인들 사이의 상속재산 분할에 관한 분쟁의 와중에서 분할에 관한 상속인들 사이의 합의 이전에, 또는 합의 이후에 그 합의내용에 반하여 피상속인의 장남인 소외 신정호에 의하여 일방적으로 이루어진 것이므로, 법 제31조 제3항 소정의 각 상속인의 상속분이 확정되어 등기된 경우라고 볼 수 없고, 따라서 그 후 상속재산의 협의분할에 따라 이 사건 부동산에 관하여 원고의 법정 상속분을 초과하여 소유권경정등기가 경료되었다 하더라도 그 초과부분을 다른 상속인들로부터 증여받은 것으로 볼 수는 없습니다.

공동상속인 1인이 자기의 지분에 근저당을 설정할 수 있는가?

이럴땐 ➡ 저는 아버지의 유산을 어머니, 형제 2명과 공동으로 상속하였습니다. 얼마 전 등기부등본을 확인해보니 형님이 자기지분에 저당권을 설정하고 돈을 빌렸습니다. 형님의 행위가 적법한지요?

키포인트 적법합니다.

이렇게 ➡ 공동상속인은 각자의 상속분에 응하여 피상속인의 권리의무를 승계하나(민법 제1007조), 분할한 때까지는 상속재산을 공유로 한다고 규정하고 있습니다(민법 제1006조).

상속재산의 공유의 성질에 관하여 합유설과 공유설이 있습니다.

합유설에 의하면 상속지분은 합유가 되어 개개의 상속재산에 대한 지분은 처분이 불가하며, 채권채무는 분할될 때까지 공동상속인에게 연대적으로 귀속되지만, 공유설에 의하면 각자 개개의 상속재산에 대하여 상속분에 따라 물권적 지분을 가지고 그 지분을 양도 및 용익물권(用益物權)의 설정도 무방합니다.

합유설은 상속인의 의사에 충실하는 것이 되며, 공유설은 제3자의 거래안전보호를 목적으로 하고 있습니다. 위의 두 학설에서 우리 민법은 상속을 가산의 승계로 보지 않고, 개인적으로 각 상속인에게 재산이 취득되는 원인으로 보기 때문에 공유설이 다수설이며 판례의 태도이기도 합니다.

따라서 상속재산을 공유로 본다면 공유는 공유지분의 처분을 공유자의 자유의사에 맡기기 때문에 형님의 저당권설정행위는 적법하다고 볼 수 있습니다.

공동상속인의 일부가 상속등기에 협력하지 않을 경우

키포인트 청구할 수 있습니다.

이렇게 ➡ 민법 제265조에 의하면 "공유물의 관리에 관한 사항은 공유자의 지분의 과반수로써 결정한다. 그러나 보존행위는 각자가 할 수 있다."라고 규정하고 있습니다.

그러므로 공유물의 보존행위는 공유자 각자가 단독으로 할 수 있을 것입니다. 위 사안에서도 상속재산에 대한 상속인 전원의 공유등기를 공유물의 보존행위로 본다면 공유자 각자가 단독으로 청구할 수 있다 할 것입니다.

이와 관련된 판례를 보면. "공동상속재산은 상속인들의 공유이고, 또 부동산의 공유자인 한 사람은 그 공유물에 대한 보존행위로서 그 공유물에 관한 원인 무효의 등기 전부의 말소를 구할 수 있다."라고 하여 상속재산에 관한 말소등기사무가 보존행위임을 확인하고 있습니다(대법원 1996.

2. 9. 선고 94다61649 판결).

또한 등기예규에 의하면, "상속개시 후 상속권을 한정승인 또는 포기할 수 있는 기간이 경과한 후에 공동상속인 중 일부가 공동상속등기에 협력하지 않는다 하여 일부 상속등기는 할 수 없고 상속등기를 하고자 하는 상속인이 상속등기에 협력하지 아니하는 상속인의 상속등기까지 이를 신청할 수 있다 할 것이며 귀문과 같이 조부 소유의 부동산을 부가 상속등기를 하지 아니하고 사망한 경우에는 현재 상속인이 피상속인 조부 및 부 모두를 표시하여 직접 그 상속등기를 신청할 수 있다."라고 하였으며(1984. 7. 4. 등기예규 제535호), 등기선례도 공동상속인 중 일부가 법정상속분에 의하여 부동산에 대한 상속등기를 신청할 수 있는지에 관하여 "공동상속의 경우 상속인 중 1인이 법정상속분에 의하여 나머지 상속인들의 상속등기까지 신청할 수 있고 이러한 경우 등기신청서에는 상속인 전원을 표시하여야 한다."라고 하였습니다(1996. 10. 7. 등기선례5-276).

따라서 상속이 개시되어 상속권을 한정승인 또는 포기할 수 있는 기간이 경과한 후에도 공동상속인 중 일부가 공동상속등기에 협력하지 않는다면 공동상속인 중 1인이 단독으로 다른 상속인의 지분을 포함한 전체에 대한 상속등기를 신청할 수 있을 것입니다.

이 경우 부담할 세금과 관련하여 판례는 "공유재산에 관한 취득세와 재산세를 공유자의 한 사람이 이를 부담하였

다면 특단의 사정이 없는 한 다른 공유자에게 그 분담부분
에 대하여 구상채권을 갖는다고 할 것이다."라고 하였는바
(대법원 1984.11.27. 선고 84다카317,318 판결), 만일 귀하가
공유의 상속등기를 하면서 부담한 세금이 있다면 다른 상
속인의 각 지분비율에 따른 세금부담분을 각 상속인에게
청구할 수 있다고 할 것입니다.

수탁자의 공동상속인에 대한 신탁해지의 방법

키 포인트 사실입니다.

이렇게 ➡ 민법 제547조 제1항에 의하면 "당사자의 일방 또는 쌍방이 수인인 경우에는 계약의 해지나 해제는 그 전원으로부터 또는 전원에 대하여 하여야 한다."라고 규정하고 있습니다.

그러나 판례는 "수탁자의 사망으로 인하여 수탁자의 지위가 공동상속되었을 때 신탁해지의 의사표시가 그 공동상속인 일부에게만 이루어졌다면 신탁해지의 효과는 그 일부 상속인에게만 발생하는 것이고, 이때에는 해제권의 불가분에 관한 민법 제547조의 규정은 그 적용이 없고 그 일부에 한하여 신탁해지의 효과가 발생하는 것일 뿐 수탁자나 수탁자의 지위를 승계한 사람이 수인이라 하여 그 전원에게 신탁해지의 의사표시를 동시에 하여야만 그 효과가 발생하는 것은 아니라 할 것이다."라고 하였습니다(대법원 1992.

6. 9. 선고 92다9579 판결, 1999. 8. 20. 선고 97다50930 판결, 1979. 5. 22. 선고 73다467 판결, 1968. 2. 20. 선고 67다18686 판결).

따라서 위 사안의 경우에도 갑문중의 병에 대한 명의신탁해지의 의사표시는 병에게는 그 효력을 발생할 것이므로 병의 공유지분에 대하여는 명의신탁해지의 효력이 발생될 수 있을 것입니다. 다만, 정의 공유지분에 대하여는 명의신탁해지의 효력이 발생되지 않을 것입니다.

그리고 갑문중이 병과 정을 상대로 명의신탁해지로 인한 소유권이전등기청구소송을 제기하여 그 소장부본이 정에게도 송달된다면 그때부터 정의 공유지분에 대하여도 명의신탁해지의 효력이 발생할 것으로 보입니다.

공동상속인 중 1인의 행방불명시 소유권이전등기 방법

키포인트 실종선고를 신청하여야 합니다.

이렇게 ➡ 매매에 의한 부동산에 대한 소유권이전등기는 등기의무자(공동상속인)와 등기권리자(귀하)가 공동하여 신청하여야 하기 때문에(부동산등기법 제28조), 공동상속재산에 관한 등기이전은 공동상속인 전부의 협력이 있어야 귀하에게 완전한 소유권이전등기가 될 수 있습니다.

왜냐하면 상속재산은 공동상속인의 공유이고, 공유물의 처분에는 다른 공유자 전부의 동의를 얻어야 하기 때문입니다(민법 제264조).

따라서 귀하가 위 가옥의 완전한 소유권을 취득하기 위해서는 공동상속인 전원의 동의가 필요한데, 매도인인 공동상속인 중 행방불명자 을이 있으므로 현재로서는 행방불명된 사람의 상속지분을 제외한 나머지의 지분을 이전받을 수 밖에 없을 것입니다.

　그런데 민법 제27조에 의하면 "① 부재자의 생사가 5년 간 분명하지 아니한 때에는 법원은 이해관계인이나 검사의 청구에 의하여 실종선고를 하여야 한다. ② 전지(戰地)에 임한 자, 침몰한 선박중에 있던 자, 추락한 항공기 중에 있던 자 기타 사망의 원인이 될 위난을 당한 자의 생사가 전쟁종지 후 또는 선박의 침몰, 항공기의 추락 기타 위난이 종료한 후 1년간 분명하지 아니한 때에도 제1항과 같다." 라고 규정하고 있으며, 민법 제28조에 의하면 "실종선고를 받은 자는 전조(前條)의 기간이 만료한 때에 사망한 것으로 본다."라고 규정하고 있습니다.

　그러므로 행방불명된 을에 대하여 위와 같은 실종선고의 요건이 갖추어져 이해관계인(을의 법률상 사망으로 인하여 직접적으로 신분상 또는 경제상의 권리를 취득하거나 의무를 면하게 되는 사람 : 대법원 1986. 10. 10. 자 86스20 결정) 또는 검사의 청구에 의하여 실종선고가 된다면 을이 사망한 것으로 간주되어 위 가옥 중 을의 지분이 을의 상속인들에게 다시 상속지분별로 상속될 것이므로, 그들로부터 각 지분의 등기명의이전에 관하여 협력을 받아 위 가옥 중 을의 지분에 해당하는 부분의 공유지분권이전등기를 할 수 있을 것입니다.

공동상속인 중 주소불명인 자가 있는 경우 상속 등기절차

키포인트 이민간 재외기관의 확인서를 받아 신청하면 됩니다.

이렇게 ➡ 상속재산의 협의분할에 관하여 판례를 보면 "협의에 위한 상속재산의 분할은 공동상속인 전원의 동의가 있어야 유효하고 공동상속인 중 일부의 동의가 없거나 그 의사표시에 대리권의 흠결이 있다면 분할은 무효이다."라고 하였으며(대법원 2001. 6. 29. 선고 2001다28299 판결, 1990. 8. 27. 예규번호 : 등기선례3-392), 법원의 등기실무에서도 재산상속으로 인한 소유권이전등기신청시 상속을 증명하는 서면의 일부로서 공동상속인 연명으로 작성한 상속재산분할협의서를 첨부서류로 요구하고 있습니다.

그러므로 공동상속인 중 일부의 행방을 알 수 없는 경우에는 그 행방불명된 상속인에 대한 실종선고를 받지 않는 한 협의분할을 할 수 없지만, 공동상속의 경우 상속인 중 1인이 법정상속분에 의하여 나머지 상속인들의 상속등기까지 신청할 수 있고, 이러한 경우 등기신청서에는 상속인 전원을 표시하여야 합니다(1996. 10. 7. 등기선례5-276, 1996. 10. 4. 예규번호 : 등기선례5-275).

그런데 현행 부동산등기법은 상속등기시에 신청인의 주소를 증명하는 서면을 제출하게 하고 있으므로, 상속인 중 외국에 거주하는 자가 있는 경우 그 자의 주소를 증명하는 서면을 제출하지 아니하고는 상속등기신청을 할 수 없는데, '외국인재외국민의국내부동산처분등에따른등기신청절차 (2000. 4. 10. 등기예규 제992호)'에 따르면 '재외국민(대한민국에 현재하지 아니한 자로서 국외로 이주를 하여 주민등록이 말소되거나 처음부터 없는 자를 뜻하며, 단지 해외여행자는 이에 포함되지 않음)'의 주소를 증명하는 서면에 관하여 외국주재 한국 대사관 또는 영사관에서 발행하는 재외국민거주사실증명 또는 재외국민등록부등본을 첨부해야 하고, 다만 주재국에 본국 대사관 등이 없이 그와 같은 증명을 발급받을 수 없을 때에는 주소를 공증한 서면으로 갈음할 수 있으며, 재외국민이 귀국하여 국내 부동산을 처분하는 경우에 주소를 증명하는 서면은 국내거소신고사실증명으로도 가능하다고 하였습니다. 그러나 '외국인(대한민국의 국적을 보유하고 있지 아니한 자)'의 경우에 주소를 증명하는 서면에 관하여는 "① 본국 관공서의 주소 증명서 또는 거주사실증명서(예를 들어 일본, 독일, 프랑스, 대만 등의 경우)를 첨부하여야 한다. ② 본국에 주소증명서 또는 거주사실증명서를 발급하는 기관이 없는 경우(예를 들어 미국, 영국 등의 경우)에는 주소를 공증한 서면을 첨부하여야 한다. 다만, 이 경우에도 주소증명서에 대신할 수 있는 증명서(예컨대, 운전면허증 또는 신분증 등)를 본국 관공서에서 발급하는 경우, 관할등기소의 등기관에게 그 증명서 및 원본과 동일하다는 취지를 기재한 사본을 제출하여 원본과 동일함을 확인 받은 때 또는 그 증명서의 사본에 원본과 동일하다는 취지를 기재하고 그에 대하여 본국 관공서의 증명이나 공증인의 공증 또는 외국주재 한국대사관이나 영사관의 확인을 받은 때에는 그 증명서의 사본으로 주소를 증명하는 서면에 갈음할 수 있다."라고 하였습니다.

위 사안은 귀하의 사망한 누님의 상속분을 직계비속 2명이 대습상속(代襲相續)을 하는데, 그 중 외국인과 결혼하여 이민간 1인의 소재를 알 수 없어 그 주소를 증명하는 서면을 첨부할 수 없다는데 상속등기의 어려움이 있습니다.

그런데 대위상속등기의 경우 등기선례를 보면, "공동상속인중 다른 1인이 재외국민이어서 그의 현주소를 알 수 없을 때에는 그 상속인의 주소를 증명하는 서면으로서 재외국민거주사실증명 등의 서면 대신 국외 이주되어 말소된 주민등록표등본을 제출하고 그 주민등록표등본에 나타나는 최후의 주소를 그 상속인의 주소지로 할 수 있다고 생각되나, 이 경우 위 재외국민인 상속인의 현주소를 알 수 없다는 사실은 신청인이 제출한 소명자료에 의하여 당해 등기

공무원이 판단할 사항이다.”라고 하였으므로(1994. 6. 3. 등
기선례4-148 등기선례4-268), 귀하는 누나의 직계비속이
이민간 국가에 주재한 우리 대사관 또는 영사관측에서 소
재를 확인할 수 없다는 확인서를 발급 받아 법정상속분에
의한 상속등기신청을 하면 당해 등기공무원의 판단하에 상
속등기가 가능할 수도 있을 듯 합니다.

공동상속재산을 혼자 점유하다가 임의로 처분한 경우 횡령죄가 성립하는가?

키포인트 큰 오빠에게는 토지에 대한 처분권능이 없어 횡령죄가 성립하지 않습니다.

이렇게 ➡ 횡령죄는 타인의 재물을 보관하는 자가 그 재물을 횡령하거나 그 반환을 거부한 때에 성립하고 5년 이하의 징역 또는 1,500만원 이하의 벌금에 처하게 됩니다(형법 제355조 제1항).

그런데 위 사안에 있어서 큰 오빠가 타인의 재물을 보관하는 자의 지위에 있는지가 문제되는바, 판례를 보면, "부동산에 관한 횡령죄에 있어서 타인의 재물을 보관하는 자의 지위는 동산의 경우와는 달리 부동산에 대한 점유의 여부가 아니라 부동산을 제3자에게 유효하게 처분할 수 있는 권능의 유무에 따라 결정하여야 하므로, 부동산을 공동으로 상속한 자들 중 1인이 부동산을 혼자 점유하던 중 다른 공동상속인의 상속지분을 임의로 처분하여도 그에게는 그 처분권능이 없어 횡령죄가 성립하지 아니한다."라고 하였습니다(대법원 2000. 4. 11. 선고 2000도565 판결).

따라서 위 사안에서 큰 오빠의 위와 같은 행위가 A에
대하여 사기죄가 성립될 수 있을 것인지는 별론으로 하고,
큰 오빠를 다른 공동상속인에 대한 횡령의 죄로 처벌하기
는 어려울 것으로 보입니다.

채무명의에 표시된 가분채무가 여러 사람에게 공동상속된 경우 승계집행문 부여의 방법 및 그 효력범위

키포인트 유효합니다.

이렇게 ➡ 상속분의 비율을 기재하지 않았다고 하더라도 그 승계집행문을 각 공동상속인에 대하여 각 상속분에 따라 분할된 채무 금액에 한하여 효력이 있습니다(대판 2003. 2. 14. 2002다64810).

이 유 ➡ 채무명의에 표시된 채무가 여러 사람에게 공동상속된 경우에 그 채무가 가분채무인 경우에는 그 채무는 공동상속인 사이에서 상속분에 따라 분할되는 것이고, 따라서 이 경우 부여되는 승계집행문에는 상속분의 비율 또는 그에 기한 구체적 수액을 기재하여야 하며, 비록 그와 같은 기재를 누락하였다고 하더라도 그 승계집행문은 각 공동상속인에 대하여 각 상속분에 따라 분할된 채무 금액에 한하여 효력이 있는 것으로 보아야 할 것이고, 또한 이 경우 승계집행문 부여의 적법 여부 및 그 효력의 유무를 심사함에 있어서도 각 공동상속인 별로 개별적으로 판단하여야 합니다(대판 2003. 2. 14. 선고 2002다64810).

집행채권자가 집행채무자의 상속인들에 대하여 승계집행

문을 부여받았으나 상속인들이 적법한 기간 내에 상속을
포기함으로써 그 승계적격이 없는 경우에 상속인들은 그
집행정본의 효력 배제를 구하는 방법으로서 구 민사소송법
(2002. 1. 26. 법률 제6626호로 전문 개정되기 전의 것) 제
484조의 집행문 부여에 대한 이의신청을 할 수 있는 외에
같은 법 제506조의 집행문 부여에 대한 이의의 소를 제기
할 수도 있습니다.

상속금액은 어떻게 계산하는가?

키포인트 배우자는 3천만원, 자녀는 각각 2천만원씩
상속받습니다.

이렇게 ➡ 2사람 이상의 상속인들이 공동으로 재산을 상속하는 경우, 각 상속인이 물려받을 재산의 몫(비율이나 가액)을 상속분이라고 합니다. 상속인이 1사람뿐이라면 그가 혼자서 상속하므로(전 재산을 몽땅 단독상속), 상속분이라는 것이 필요없고, 상속분은 언제나 공동상속의 경우에만 됩니다.

상속분에는 추상적 상속분과 구체적 상속분이 있습니다. 공동상속인의 숫자에 따라 "1/3이다 1/5이다"하면서 나눈 지분이 추상적 상속분입니다. 그리고 구체적으로 계산하여 나온 상속금액을 구체적 상속분이라고 합니다. 구체적 상속분은 상속재산 총액 × 각자의 추상적 상속분 = 구체적인 액수의 방식으로 계산합니다.

위 사례의 경우에서 배우자의 상속금액은

7천만원 × $\dfrac{3}{7}$ = 3천만원이고, 각 자녀의 상속금액은

7천만원 × $\dfrac{2}{7}$ = 2천만원입니다.

그리고 법정상속분의 비율을 실례를 들어 설명하면 다음

과 같습니다.

① 부가 사망한 경우

　　상속인 : 처·장녀·장남·차남·차녀

　　상속분 : 1.5=③·1=②·1=②·1=②

　　분배율 : $\dfrac{3}{11}$·$\dfrac{2}{11}$·$\dfrac{2}{11}$·$\dfrac{2}{11}$·$\dfrac{2}{11}$

② 처가 사망한 경우

　　상속인 : 처·장녀·장남·차녀

　　상속분 : 1.5=③·1=②·1=②·1=②

　　분배율 : $\dfrac{3}{9}$·$\dfrac{2}{9}$·$\dfrac{2}{9}$·$\dfrac{2}{9}$

③ 혼인한 장남이 사망한 경우

　　상속인 : 부·모·처

　　상속분 : 1=②·1=②·1.5=③

　　분배율 : $\dfrac{2}{7}$·$\dfrac{2}{7}$·$\dfrac{3}{7}$

증여를 받은 자의 상속분

키포인트 큰형은 이미 6천만원을 받았으므로 2천만을 상속받고 나머지 두 동생은 8천만원씩 받게 됩니다.

이렇게 ➡ 공동상속인 중에 피상속인으로부터 재산의 증여 또는 유증을 받은자(특별수익자)가 있는 경우에 그 수증재산이 자기의 상속분에 달하지 못한 때에는 그 부족한 부분의 한도에서 상속분이 있습니다(민법 제1008조).

위 사례에서 큰 형에 대한 생전증여(결혼자금으로 6천만원을 받은 것)를 고려하지 않고 상속재산을 법정상속분에 따라 나눈다면 3형제는 각각 6천만원씩 상속하게 될 것입니다. 그러나 큰 형은 이미 자기 상속분에서 미리 6천만원을 받았으므로, 이 생전증여의 가액을 고려하여 공평하게 상속분을 조정할 필요가 있습니다.

상속분의 계산은 다음과 같이 합니다.

상속재산 1억 8천만원에 큰 형이 받은 증여의 가액(결혼자금으로 받은 금액) 6천만원을 합하여 2억 4천만원을 상속재산으로 보고 3형제의 상속분을 계산합니다. 3형제는 공동상속인으로 균분상속을 하게 되므로, 각각의 상속분은 8천만원이 됩니다. 그런데 큰 형은 이미 6천만원을 받았으므로 자기의 상속분(8천만원)에 부족한 부분인 2천만원만 더 받으면 됩니다.

이와 같이 피상속인으로부터 증여 또는 유증을 받은 자가 있을 때에, 이러한 증여 또는 유증을 상속의 선급으로 보고 형실의 상속분의 산정에서 이를 참작토록 하는 것을 수증자 또는 유증을 받는 자의 반환의무라고 합니다. 물론 실제로 가액을 상속재산의 가액에 합산합니다.

대습상속의 상속분

키포인트 손자들은 각각 2,250만원씩 상속하고, 외손자는 4천5백만원을 상속 받습니다.

이렇게 ➡ 대습상속인의 상속분은 피대습자(즉, 사망 또는 상속결격된 자)의 상속분에 의합니다(민법 제1010조 제1항). 그리고 피대습자의 직계비속이 수인인 때에는 그 상속분은 피대습자의 상속분의 한도에서 법정상속분(민법 제1009조)에 의하여 정해집니다. 배우자가 대습상속하는 경우에도 마찬가지입니다.

위 사례의 경우 피대습자의 상속분을 그대로 상속하므로, A의 자녀 2명은 A의 상속분 4,500만원(=9,000만원× 1/2)을 2명이 나누어 상속하므로 1/4씩 즉 2,250만원을 상속하고, B의 자녀는 1명이라서 B의 상속분 1/2, 즉 4,500만원을 그대로 상속합니다.

<대습상속의 경우 법정상속분의 비율>

① 부가 피상속인인 경우

상속인 : 모·장남(사망…대습…처·자)·장녀

상속분 : 1.5=⑮ · 1=⑩(0.6=⑥ · 0.4=④) · 1=⑩

분배율 : $\dfrac{3}{7}$ · $\dfrac{2}{7}$ · ($\dfrac{6}{35}$ · $\dfrac{4}{35}$) · $\dfrac{2}{7}$

② 모가 사망한 경우

상속인 : 부 · 장남 · 장녀(사망…대습…부 · 자) · 차녀

상속분 : 1.5=⑮ · 1=⑩ · 1=⑩(0.6=⑥ · 0.4=④) · 1=⑩

분배율 : $\dfrac{3}{9}$ · $\dfrac{2}{9}$ · $\dfrac{2}{9}$ · ($\dfrac{6}{45}$ · $\dfrac{4}{45}$) · $\dfrac{2}{9}$

수증자의 반환의무의 대상이 되는 증여재산

키포인트 증여가 아닌 상속재산이 됩니다.

이렇게 ➡ 아직 증여계약이 이행되지 아니하여 소유권이 피상속인에게 그대로 남아 있는 상태로 상속이 개시된 재산은 '피상속인의 상속개시의 재산'에 포함됩니다.

공동상속인 중에 피상속인으로부터 증여 또는 유증을 받은 자를 특별수익자라고 하고, 증여 또는 유증의 상속분의 선급으로 봅니다. 그리고 이러한 증여 또는 유증의 가액을 상속재산의 가액에 합산하여 상속분을 산정하는데, 이를 수증자 또는 유증받은 자의 반환의무라고 합니다.

증여의 시기는 상속개시 이전의 것으로서 아무리 오래 전의 것이라도 상관없고, 시기상 특별한 제한이 없습니다. 증여인 이상 생전증여이든 사인증여이든 불문합니다. 여기서 증여재산이란 '상속개시 전에 이미 증여계약이 이행되어 소유권이 수증자에게 넘어간 재산'을 가리키는 것이고, 아직 증여계약이 이행되지 아니하여 소유권이 피상속인에게 그대로 남아있는 상태로 상속이 개시된 재산은 당연히 「피상속인의 상속개시시의 재산」에 포함됩니다(대판 1996. 8. 20. 96다13682).

특별수익의 범위

키포인트 장남만 대학교육과 외국유학을 한 경우 그 학비는 특별수익으로 보아 상속분 산정시 참작할 수 있습니다.

이렇게 ➡ 민법은 반환의무의 대상이 되는 특별수익의 범위에 대해서는 명문규정을 두지 않고 있습니다.

사람들이 살아가면서 부자간·모자간에 수시로 증여가 이루어지고 있는데, 그러한 모든 증여를 일일이 계산하기는 매우 어렵습니다. 특별수익으로 인정하려면 일정한 범위로 제한할 필요가 있습니다. 그래서 보통 수익이 아니고 "특별한"수익이라야 합니다.

결혼자금이나 생계의 자본으로서 받은 것, 사업자금, 주택구입비 등을 받은 경우 특별수익에 해당됩니다.

고등교육(대학, 대학원)을 위한 학비는 특별수익인가가 문제되는데, 공동상속인들이 모두 대학교육을 받은 경우는 학비에 차이가 나더라도 그 학비를 특별수익으로 볼 수 없습니다. 그러나 상속인 중 일부의 사람(예컨대, 장남)에게만 대학교육이나, 외국유학을 시킨 경우 그 학비는 특별수익이 된다고 할 것입니다.

증여나 유증이 특별수익에 해당하는지는 피상속인과 상속인들의 자산·수입·생활수준·가정상황 등을 종합 참작하여야 하고 공동상속인들 사이의 형평도 고려하여야 합니다(대판 1998. 12. 8. 97므513, 520, 97스12).

특별수익의 평가시기와 방법

이럴땐 ➡ 공동상속인 중에 반환의 대상이 되는 증여 또는 유증을 받은 자가 있는 경우에 그 증여액의 산정시기는 어느 때를 기준으로 합니까?

키포인트 상속개시를 기준으로 증여액을 산정합니다.

이렇게 ➡ 공동상속인 중에 반환의 대상이 되는 증여 또는 유증을 받은 자가 있는 경우에는 그 증여액을 산정하여야 비로소 상속분의 산정이 가능합니다. 그런데 민법은 증여재산의 산정시기에 관하여 규정하고 있지 않으므로 견해가 대립되는데, 상속재산분할시설과 이행시(증여시)설이 대립합니다. 판례는 상속개시시설을 따르고 있습니다.

즉, 판례는 "공동상속인 중에 피상속인으로부터 재산의 증여 또는 유증 등의 특별수익을 받은 자가 있는 경우에는 이러한 특별수익을 고려하여 상속인별로 고유의 법정상속을 수정하여 구체적인 상속분을 산정하게 되는데, 이러한 구체적인 상속분을 산정함에 있어서는 상속개시를 기준으로 상속재산과 특별수익 재산을 평가하여 이를 기초로 하여야 할 것"이라고 판시하였습니다. 다만 법원이 실제로 상속재산분할을 함에 있어 분할의 대상이 된 상속재산 중 특정의 재산을 1인 및 수인의 상속인의 소유로 하고, 그의 상속분과 그 특정의 재산의 가액과의 차액을 현금으로 정산할 것을 명하는 방법(소위 대상분할의 방법)을 취하는 경우에는, 분할의 대상이 되는 재산을 그 분할시를 기준으로 재평가하여 그 평가액에 의하여 정산하여야 한다고 합니다(대결 1997. 3. 21. 96스62).

특별수익자의 상속분

키포인트 맞지 않습니다.

이렇게 ➡ 민법 제1008조에 의하면 "공동상속인 중에 피상속인으로부터 재산의 증여 또는 유증을 받은 자가 있는 경우에 그 수증재산(受贈財産)이 자기의 상속분에 달하지 못한 때에는 그 부족한 부분의 한도에서 상속분이 있다."라고 규정하고 있기 때문에 특별수익자가 있는 경우에 상속재산을 분할함에 있어서 그 전제로서 각 상속인이 현실로 상속하여야 할 비율을 확정할 필요가 있습니다. 특별수익자는 수증재산이 상속분을 초과한 경우에는 그 초과부분을 반환하여야 하지만, 수증자가 상속포기를 하면 반환의무를 지지 않습니다.

이에 판례를 보면, "민법 제1008조는 공동상속인 중에 피상속인으로부터 재산의 증여 또는 유증을 받은 자가 있는 경우에 그 수증재산이 자기의 상속분에 달하지 못한 때에는 그 부족한 부분의 한도에서 상속분이 있다고 규정하고 있는바, 이는 공동상속인 중에 피상속인으로부터 재산의 증여 또는 유증을 받은 특별 수익자가 있는 경우에 공동상속인들 사이의 공평을 기하기 위하여 그 수증재산을 상속분의 선급으로 다루어 구체적인 상속분을 산정함에 있어 이를 참작하도록 하려는 데 그 취지가 있는 것이므로, 어떠한 생전 증여가 특별수익에 해당하는지는 피상속인의 생전의 자산, 수입, 생활수준, 가정상황 등을 참작하고 공동상속인들 사이의 형평을 고려하여 당해 생전 증여가 장차 상속인으로 될 자에게 돌아갈 상속재산 중의 그의 몫의 일부를 미리 주는 것이라고 볼 수 있는지에 의하여 결정하여야 할 것이다."라고 하였으며(대법원 1998. 12. 8. 선고 97므513, 520, 97스12 판결). "공동상속인 중에 특별수익자가 있는 경우의 구체적인 상속분의 산정을 위하여는, 피상속인이 상속개시 당시에 가지고 있던 재산의 가액에 생전 증여의 가액을 가산한 후, 이 가액에 각 공동상속인별로 법정상속분율을 곱하여 산출된 상속분의 가액으로부터 특별수익자의 수증재산인 증여 또는 유증의 가액을 공제하는 계산방법에 의하여 할 것이고, 여기서 이러한 계산의 기초가 되는 "피상속인이 상속개시 당시에 가지고 있던 재산의 가액"은 상속재산 가운데 적극재산의 전액을 가리키는 것으로 보아야 옳다."라고 하여(대법원 1995. 3. 10. 선고 94다16571 판결, 1998. 12. 8. 선고 97므513, 520, 97스12 판결) 특별수익자가 있는 경우의 상속재산범위와 그 부여방법을 제시하고 있습니다.

위 판례에 의하여 특별수익자가 있는 경우의 구체적인 상속분계산 방식을 보면, ① 상속재산분배액=(상속재산의 가액+생전증여)×상속분율-(생전증여+유증)이며, ② 구체적인 상속분=상속재산의 분배액+생전증여 또는 유증입니다. 즉, 위 사안의 경우 상속분은 어머니 1.5, 형님 1, 누나 1, 귀하 1이 되며, 상속재산의 분배율은 어머니 3/9, 형님 2/9, 누나 2/9, 귀하 2/9가 되어 현재 남아있는 부동산(시가 6,000만원)의 상속재산분배액은 다음 표와 같습니다.

상속인	법정 상속인	각 공동상속인의 상속분잔액	구체적 상속분	상속재산 분배액	상속 이익
어머니	3/9	(6천만원+2천만원+1천만원)×3/9=3천만원	3/6	6천만×3/6 =3천만원	3천만원
형 님	2/9	(6천만원+2천만원+1천만원)×2/9-2천만원=0	0	0	2천만원
누 나	2/9	(6천만원+2천만원+1천만원)×2/9-1천만원 =1천만원	1/6	6천만×1/6 =1천만원	2천만원
본 인	2/9	(6천만원+2천만원+1천만원)×2/9=2천만원	2/6	6천만×2/6 =2천만원	2천만원
계		6천만원	1	6천만원	9천만원

특별수익자가 없는 경우 공동상속인간에 상속채무는 어떻게 부담되는가?

키포인트 귀하와 여동생이 1억원씩 분담합니다.

이렇게 ➡ 공동상속인 중에 특별수익자가 있는 경우의 공동상속인간에 상속채무는 어떻게 부담되는가가 문제됩니다. 민법 제1008조(특별수익자의 상속분)에 따라 산출된 각 공동상속인의 구체적인 상속분에 따라 분담한다는 견해도 있을 수 있으나 법원은 특별수익자가 있는 경우에는 상속채무는 공동상속인 사이에 법정상속분의 비율(민법 제1009조)로 나누어 승계되었다고 합니다(대판 1995. 3. 10. 94다16571).

즉, 법원은 '전세보증금반환채무와 은행에 대한 대출금채무 등은 상속개시와 동시에 상속인들에게 법정상속분에 따라 당연히 분할 승계되므로 특별수익을 산정하면서 이러한 채무를 상속재산 가액에서 공제할 필요는 없다'고 판시하였습니다(전주지법 군산지원 2001. 4. 12. 98느10 심판).

특별수익자가 있는 경우의 상속분 산정방법

이럴땐 ➡ 제 남편은 유산으로 1억 4천만원을 남기고 사망하였는데, 상속인으로는 저와 장남, 차남, 딸 등이 있습니다. 남편은 생전에 저에게는 유증으로 2천7백만원을, 장남에게는 결혼자금으로 2천만원을, 차남에게는 사업자금으로 2천만원을 주었습니다. 이 경우 각자의 구체적인 상속액은 얼마입니까?

키 포 인 트 귀하는 4천2백만원, 장남은 천6백만원, 차남은 천6백만원, 딸은 6천만원을 상속받습니다.

이렇게 ➡ 공동상속인 중에 특별수익자가 있는 경우의 구체적인 상속분의 산정을 하기 위해서는, 피상속인이 상속개시 당시에 가지고 있던 재산의 가액에 생전증여의 가액을 가산한 후, 이 가액에 각 공동상속인별로 법정상속분을 곱하여 산출된 상속분의 가액으로부터 특별수익자의 수증재산인 증여 또는 유증의 가액을 공제하는 계산방법으로 합니다. 그리고 여기서 이러한 재산의 기초가 되는 '피상속인이 상속개시 당시에 가지고 있던 재산의 가액'은 상속재산 가운데 적극재산의 전액을 가리킵니다(대판 1995. 3. 10. 94다16571).

구체적인 계산방법은 다음과 같습니다.

처 ：(1억4천만원+2천만원+2천만원+2천7백만원)$\times\frac{3}{9}$-2천7백만원=4천2백만원

장남 ：(1억4천만원+2천만원+2천만원+2천7백만원)×$\dfrac{2}{9}$ -3천
만원=천6백만원

차남 ：(1억4천만원+2천만원+2천만원+2천7백만원)×$\dfrac{2}{9}$ -2천
만원=천6백만원

딸 ：(1억4천만원+2천만원+2천만원+2천7백만원)×$\dfrac{2}{9}$ - 0 =
6천만원

피상속인 재산의 증가에 기여한 상속인의 기여분

키포인트 가능합니다.

이렇게 ➡ 기여분이란 공동상속인 중에서 상당한 기간 동거·간호·그 밖의 방법으로 피상속인을 특별히 부양하거나 피상속인재산의 유지 또는 증가에 관하여 특별히 기여한 자가 있을 경우에는 이를 상속분의 산정에 고려하는 제도입니다.

즉, 공동상속인 사이에 실질적인 공평을 꾀하려는 제도입니다. 피상속인의 상속개시 당시에 가지고 있던 재산의 가액에서 기여상속인의 기여분을 공제한 것을 상속재산으로 보고 상속분을 산정하여 이 산정된 상속분에다 기여분을 보탠 액을 기여상속인의 상속분으로 합니다(민법 제1008조의2 제1항).

그리고 기여분을 주장할 수 있는 자는 공동상속인에 한하므로 공동상속인이 아닌 자는 아무리 피상속인의 재산의 유지 또는 증가에 기여하였더라도 기여분의 청구를 할 수 없습니다. 예컨대, 사실상의 배우자, 포괄적 수증자 등은 상속인이 아니므로 기여분 권리자가 될 수 없습니다.

기여의 정도는 통상의 기여가 아니라 특별한 기여이어야 되며, 특별한 기여라 함은 본래의 상속분에 따라 분할하는 것이 기여자에게 불공평한 것으로 명백히 인식되는 경우로서 예를 들어 수인의 아들 가운데 한 사람이 무상으로 부(父)의 사업을 위하여 장기간 노무를 제공한 경우는 이에 해당하나 배우자의 가사노동은 배우자 서로간 부양의무가 있으므로 특별한 기여에 해당한다고 볼 수는 없다고 하겠습니다.

기여분은 공동상속인 협의 또는 가정법원의 심판으로 결정됩니다. 가정법원은 협의가 되지 아니하거나 협의할 수 없는 때에는 기여자의 청구에 의해 기여의 시기, 방법 및 정도와 상속재산의 액, 기타의 사정을 참작하여 기여분을 정합니다(민법 제1008조의2 제3항).

기여분은 상속이 개시된 때에 피상속인의 재산가액에서 유증의 액수를 공제한 액을 넘지 못하며(민법 제1008조의2 제3항), 이 제한은 기여분 보다는 유증을 우선시키기 위한 것입니다.

이상에서 살펴본 바와 같이 귀하의 경우에는 기여분에 대하여 보호를 받을 수 있으며, 보호방법으로는 공동상속인끼리 협의를 하고, 협의가 되지 않거나 협의가 불가능한 경우에 가정법원에 청구하여 기여분을 보호받을 수 있습니다.

어느 정도로 부모님을 부양하여야 다른 형제들보다 상속을 더 받을 수 있는가?

키포인트 둘째 언니는 기여분이 인정되므로 기여분을 가산한 금액을 상속받을 수 있습니다.

이렇게 ➡ 공동상속인 중에서 상당한 기간 동거, 간호 또는 그 밖의 방법으로 피상속인을 특별히 부양하는 자가 있을 때(상속인의 특별한 부양)에는 기여분이 인정되어 상속분 산정에 있어서 기여분을 보탠 금액을 상속분으로 합니다(민법 제1008조의2 제1항). 이 경우 상속인의 특별한 부양은 그 자체로서 기여분의 요건을 충족시키므로, 부양을 통하여 피상속인의 재산의 유지나 증가에 기여할 필요가 없습니다.

기여의 정도는 통상의 기여가 아니라 특별한 기여가 아니면 안됩니다.

요양·간호는 친족간의 통상의 부양의무를 넘는 정도의 것이라야 하고 민법에는 "특별히"부양한 자라고 규정하고 있습니다.

「상속인이 직접 피상속인을 간호하였기 때문에 직업적 간호인에게 지급하였어야 할 요양비 등의 지출을 면하게 함으로써 재산이 감소되지 않게 한 경우」를 의미합니다. 공동상속인 중 1사람이 다른 형제자매와 상의하지 않고 부모를 부양한 경우는 부양료의 구상문제일 뿐이고 기여의 문제는 아닙니다. 「자신의 가옥을 매각하고, 직장도 포기하고 부모를 부양·요양·간호한 경우」는 기여로 인정됩니다.

딸이 결혼한 이후 친정 부모의 사망시까지 30년 정도 동거하였다는 사정만으로는 특별기여로 볼 수 없다는 판례도 있습니다(서울가판 1996. 7. 24 95드74936, 74943).

「4녀 중 둘재 딸이 성년이 된 후 부양의무의 존부(存否)나 순위에 구애됨이 없이 스스로 장기간 그 부모와 동거하면서 생계유지의 수준을 넘어, 부양자 자신과 같은 생활수준 정도의 부양을 한 경우」 기여분을 인정하고 있습니다(대판 1998. 12. 8. 97므513, 520).

교통사고를 당한 남편을 아내가 간병한 경우 이를 특별한 기여로 볼 수 있는가?

키포인트 교통사고를 당한 남편을 아내가 간병한 경우 이는 부부간의 부양의무 이행의 일환일 뿐이고, 이를 특별한 기여로 볼 수 없습니다.

이렇게 ➡ 상속인이 피상속인의 재산의 유지나 증가에 특별히 기여한 경우에도 기여분이 인정됩니다. 이 경우에는 상속인의 기여가 상속재산의 유지나 증가로 이어질 것이 요구됩니다. 그리고 기여의 정도는 통상의 기여가 아니라 특별한 기어야 합니다.

판례는 위 사례에 대해서 부동산의 취득과 유지에 있어 처로서 통상 기대되는 정도를 넘어 특별히 기여한 경우에 해당하지 않는다고 하였습니다.

즉, '망인(남편)은 공무원으로서 종사하면서 적으나마 월급을 받아 왔고, 교통사고를 당하여 치료를 받으면서 처로부터 간병을 받았다고 하더라도 이는 부부간의 부양의무 이행의 일환일뿐, 망인의 상속재산취득에 특별히 기여한 것으로 볼 수 없으며, 또한 처가 위 망인과는 별도로 쌀소매업, 잡화상, 여관업 등의 사업을 하여 소득을 얻었다고 하더라도 이는 위 망인의 도움이 있었거나 공동으로 경영한 것'이라고 판시하였습니다(대결 1996. 7. 10. 95스31).

다만, 이 사안에서는 아내가 계쟁 부동산보다 더 많은 부동산을 취득하여 그 명의로 등기를 마친 점 등을 고려하고 있습니다.

기여분의 결정방법

키포인트 상속재산분할의 심판청구가 없음에도 단지 유류반환청구가 있다는 사유만으로는 기여분 청구가 허용되지 않습니다.

이렇게 ➡ 기여분은 공동상속인의 협의 또는 가정법원의 심판으로 결정합니다.

1. 협의로 정하는 방법

기여분을 결정하기 위해서는 우선 공동상속인 전원이 협의하여야 합니다(민법 제1008조의2 제1항).

공동상속인들은 상속개시 후 언제든지 누구나(기여자 아닌 사람도) 기여분 산정을 하자고 제의할 수 있고, 상속인 '전원의 협의로' 기여분을 정할 수 있습니다. 기여분은 금전으로 정할 수 있고, 현물(동산, 부동산 등)로 정할 수도 있으며 기여액수도 자유로이 정할 수 있습니다.

일단 상속인들 사이에 기여분에 관한 협의가 성립되면 이는 상속인 전원의 동의가 없으면 이를 변경할 수 없고, 법원에 기여분청구를 하더라도 각하됩니다.

2. 법원의 심판에 의하는 방법

공동상속인들(당사자) 사이에 협의가 되지 아니하거나

협의할 수 없는 경우는 당사자(기여자)의 청구로 가정법원에서 기여분을 정합니다(민법 제100조의2 제2항).

이 심판은 조정전치주의가 적용됩니다(가사소송법 제50조).

민법 제1008조의2 제4항, 제1013조 제2항, 제1014조는 기여분결정의 심판청구는 상속재산의 분할청구가 있는 경우 또는 피인지자, 재판의 확정에 의하여 공동상속인이 된 자의 상속분에 상당한 가액의 지급청구가 있는 경우에 할 수 있다고 규정하고 있습니다.

따라서, 기여분은 상속재산분할의 전제문제로서의 성격을 갖는 것이므로 상속재산분할의 청구나 조정신청이 있는 경우에 한하여 기여분결정청구를 할 수 있고 다만 예외적으로 상속재산분할 후에라도 피인지자나 재판의 확정에 의하여 공동상속인이 된 자의 상속분에 상당한 가액의 지급청구가 있는 경우에는 기여분의 결정청구를 할 수 있다고 해석되며, 상속재산분할의 심판청구가 없음에도 단지 유류분반환청구가 있다는 사유만으로는 기여분결정청구가 허용되지 않습니다(대결 1999. 8. 24. 자 99스28).

13년동안 친정 집안살림을 전담하면서 친정아버지 병수발까지 한 딸의 상속분은 얼마인가?

키포인트 위 사례에 대해 법원은 딸의 기여분을 직계비속상속분의 5할로 판단하였습니다.

이렇게 ➡ 기여분 산정에 있어서는 기여의 시기·방법 및 정도와 상속재산의 액수 기타의 사정을 참작하여야 합니다(민법 제1008조의2 제2항). 위 사례에 대해서 서울가정법원은 '딸은 비록 이 사건 상속재산을 형성하는데 직접적으로 기여한 바는 없으나, 출가한 후에 친정아버지와 친정어머니가 이혼하게 되자 친정에 들어가 살면서 친정어머니를 대신하여 집안살림을 돌보고 동생들을 뒷바라지 함으로써 위 상속재산의 유지 및 감소방지에 기여하였다'고 하였습니다. 또한 '친정아버지가 투병생활을 할 때에도 수년간 지속적으로 간병함으로써 통상 기대되는 수준 이상의 특별한 부양·간호를 하였다고 할 것이다'라고 하면서 기여분의 액수에 관하여 '이 사건 상속재산의 시가, 이용상황, 기여행위의 내용, 특히 딸이 13년 동안 친정어머니의 역할을 대신하여 왔고, 민법상 피상속인의 배우자의 법정상속분은 직계비속의 5할을 가산하도록 규정되어 있는 점 등을 참작하여 딸의 기여분은 1억 5천만원(직계비속상속분의 5할)으로 정함이 상당하다'고 하였습니다(서울가정법원 1998. 9. 24. 97느83490 · 97느8350). 이 판결은 1998. 12. 8. 97므513으로 확정되었습니다.

공동상속인은 자기의 상속분을 제3자에게 양도할 수 있는가?

이럴땐 ➡ 저희 3남매는 임야를 상속받았는데, 큰 누나가 임야에 대한 상속지분을 A에게 양도하였습니다. 저희 형제들은 이것을 되찾아 올 수 있습니까?

키 포인트 상속분의 양도가 아니고 상속임야에 대한 공유지분을 양도한 것에 불과하여 상속분 양수권을 행사할 수 없습니다.

이렇게 ➡ 상속이 개시되어 상속재산이 분할되기까지는 상당한 시간이 걸리는 것이 보통입니다. 그 동안에 공동상속인 중에는 자기의 상속분을 매각하여 금전을 가지고자 하는 사람이 나올 수 있습니다. 이런 이유에서 민법은 상속분의 양도를 인정하고 있습니다.

즉, 민법 제1011조 제1항은 "공동상속인 중 그 상속분을 제3자에게 양도한 자가 있는 때에는 다른 공동상속인은 그 가액과 양도비용을 상환하고 그 상속분을 양수할 수 있다."고 규정하고 있는바, 여기서 말하는 '상속분의 양도'란 상속재산분할 전에 적극재산과 소극재산을 모두 포함한 상속재산 전부에 관하여 공동상속인이 가지는 포괄적 상속분, 즉 상속인 지위의 양도를 의미하므로, 상속재산을 구성하는 개개의 물건 또는 권리에 대한 개개의 물권적 양도는 이에 해당하지 않습니다.

그리고 상속재산이 제3자에게로 넘어가면 가산이 분산될 우려가 있으므로, 민법은 상속재산의 양도가 있는 경우 다른 공동상속인은 그 가액과 양도비용을 상환하고 그 상속분을 도로 찾아올 수 있도록 하는데, 이것을 상속분의 양수라고 합니다.

위 사례에 대해 법원은 공동상속인 중 일부가 상속재산인 임야 중 자신들의 상속지분을 양도한 경우, 이는 민법 제1011조 제1항에 규정된 '상속분의 양도'에 해당하지 아니하고 상속받은 임야에 관한 공유지분을 양도한 것에 불과하여, 다른 공동상속인에게 민법 제1011조 제1항에 규정된 상속분 양수권이 있다고 볼 수 없다고 판시하였습니다(대판 2006. 3. 24. 선고 2006다2179).

제5장. 상속재산분할, 상속의 승인과 포기

제5장 상속재산분할, 상속의 승인과 포기

I. 상속재산분할

　　공동상속의 경우에 일단 그 상속인의 공유가 된 유산을 상속분에 따라 분할하여 각 상속인의 재산으로 하는 것입니다. 상속재산의 분할요건은 ① 상속재산에 대하여 공동소유관계, ② 공동상속인이 확정, ③ 분할의 금지가 없을 것 입니다.

　　피상속인은 유언으로 상속재산의 분할방법을 정하거나, 또는 이를 정할 것을 제3자에게 위탁할 수 있는데 이 경우 공동상속인의 협의에 의하나, 협의가 조정되지 않으면 가정법원에 분할청구를 신청합니다. 그러나 피상속인 또는 법원은 일정기간, 즉 상속개시의 날로부터 5년을 초과하지 않는 기간 내에서만 상속재산의 분할을 금지할 수 있습니다.

　　분할을 청구할 수 있는 자는 상속을 승인한 공동상속인이며, 포괄적 수증자도 분할을 청구할 수 있습니다. 공동상속인의 대습상속인 또는 상속분을 양도받은 제3자 및 상속인의 채권자도 상속인에 대위하여 분할 청구를 할 수 있습니다.

분할은 상속재산에 속하는 물건·권리의 종류 및 성
질·각 상속인의 직업 그밖의 모든 사정을 참작하여
행하게 됩니다. 따라서 일반의 공유물의 분할과 같이
현물분할의 원칙으로 하는 것이 아니라 어느 자가 전
답을 취하고, 다른 자가 현금을 취한다는 가격분할이
라도 무방합니다.

분할의 효력은 상속개시된 때에 소급하나 그 때
까지는 제3자가 취득할 권리는 해하지 못합니다.

상속재산을 분할하는 방법

① 지정분할 : 피상속인은 유언으로 상속재산의
　　　　　　　분할방법을 정하거나 이를 정할
　　　　　　　것을 제3자에게 위탁할 수 있습
　　　　　　　니다.
② 협의분할 : 공동상속인은 피상속인에 의한
　　　　　　　지정분할이 없을 때에는 분할요
　　　　　　　건이 갖추어져 있는 한, 언제든
　　　　　　　지 그 협의에 의하여 분할을 할
　　　　　　　수 있습니다.
③ 법정분할 : 상속재산의 분할방법에 관하여
　　　　　　　협의가 성립되지 않는 경우에는
　　　　　　　전부 또는 일부의 공동상속인은
　　　　　　　가정법원에 그 분할을 청구할 수
　　　　　　　있습니다. 또한 상속재산을 현물
　　　　　　　로써 분할 할 수 없거나 분할로
　　　　　　　인하여 현저히 그 가액이 멸손될
　　　　　　　염려가 있을 때에는 법원은 그

물건의 경매를 명할 수 있습니
다.

2. 상속의 승인

상속의 승인이란 상속개시 후에 상속인이 상속을 수락하는 의사표시를 하는 것을 말합니다. 상속은 사람의 사망에 의하여 당연히 개시되지만 유산이 채무초과인 경우에는 상속인에게 불이익하게 되므로 민법은 상속의 승인·포기를 상속인의 의사에 의하여 선택시키고 있습니다. 상속의 승인에는 상속인이 아무런 이의 없이 피상속인의 채무에 대하여 무한책임을 지는 단순승인과 피상속인의 채무에 대하여 상속에 의하여 얻은 재산을 한도로 하는 유한책임을 지는데 그치는 한정승인의 두 가지가 있습니다. 상속의 승인은 법률행위이므로 상속인이 무능력자인 경우에는 법정대리인이 동의하여야 하며, 동의 없는 승인은 나중에 취소할 수 있습니다. 또 승인은 상속재산의 전부에 대하여 하며, 그 일부에 대해서만 하는 것은 허용되지 않습니다. 또 승인은 상속개시있음을 안 날로부터 원칙으로 3개월 이내에 하여야 하며, 승인을 할 때까지는 자기의 고유재산에 대하는 것과 동일한 주의로써 상속재산을 관리하여야 합니다.

3. 상속의 포기

상속의 포기란 상속이 개시된 후에 상속인이 행하는 상속거부의 의사표시를 말합니다. 민법은 상속재산이 채무초과인 경우를 고려하여 상속의 승인이나 포기를 상속인에게 선택하게 하고 있습니다. 상속의 포기를 할 수 있는 자는 상속권이 있고, 상속순위상에 해당하는 자에 한합니다.

상속인이 상속을 포기한 때에는 이해관계인 또는 검사 등에 의하여 가정법원에 대한 기간연장의 청구가 없는 한, 상속개시된 것을 안 날로부터 3개월 내에 가정법원에 포기의 신고를 하여야 하며, 상속의 포기는 상속이 개시된 때에 소급하여 그 효력이 발생합니다. 따라서 상속포기자는 상속개시당초부터 상속인이 아닌 것으로 확정되게 됩니다.

포기한 상속재산의 귀속은 상속인이 수인인 경우에는 그 상속분은 다른 상속인의 상속분의 비율로 그 상속인에게 귀속됩니다.

상속재산의 분할방법

키포인트 배우자 1.5에 자녀 1의 비율로 균등분할 하면 됩니다.

이렇게 ➡ 재산상속은 피상속인의 사망으로 개시되며, 재산상속인이 수인인 때에는 상속재산은 그 공동상속인의 공유로 됩니다(민법 제997조 및 제1006조). 상속재산의 분할이라 함은 상속개시로 인하여 생긴 공동상속인간에 상속재산의 공유관계를 종료시키고 각 상속인에게 그의 상속분을 확정·배분시키는 일종의 청산행위입니다.

상속재산을 분할하는 방법에는 세 가지가 있습니다.

첫째, 유언에 의한 분할입니다. 피상속인은 유언으로 상속재산의 분할방법을 정하거나 이를 정할 것을 제3자에게 위탁할 수 있고, 상속개시의 날로부터 5년을 초과하지 아니하는 기간내의 그 분할을 금지할 수 있습니다(민법 제1012조).

둘째, 협의에 의한 분할입니다. 공동상속인은 유언에 의한 분할방법의 지정이나 분할금지가 없으면, 언제든지 그 협의에 의하여 상속재산을 분할할 수 있습니다(민법 제

1013조 제1항). 협의는 공동상속인 전원의 동의가 있어야 하며(대법원 2001. 6. 29. 선고 2001다28299), 그 분할되는 몫은 반드시 각자의 법정상속분에 따르지 않아도 됩니다.

그러나 상속인 중에 미성년자와 그 친권자가 있는 경우에는 친권자가 그 미성년자의 주소지를 관할하는 가정법원에 특별대리인 선임신청을 하여 그 선임된 특별대리인과 분할의 협의를 하여야 합니다(민법 제921조).

셋째, 법원에 의한 분할입니다. 공동상속인 사이에서 상속재산분할의 협의가 성립되지 아니한 때에는 각 공동상속인은 가정법원에 분할을 청구할 수 있습니다(민법 제1013조 제2항). 여기에서 '협의가 성립되지 아니한 때'에는 분할방법에 관해서 뿐만 아니라 분할여부에 관하여 의견이 일치하지 않는 경우도 포함됩니다. 이런 경우에는 각 공동상속인은 먼저 가정법원에 조정을 신청하여야 하며(가사소송법 제2조 제1항 마류사건 제10호), 조정이 성립되지 않으면 심판을 청구할 수 있는데, 심판에 의한 분할방법은 현물분할을 원칙으로 하며, 가정법원은 현물로 분할할 수 없거나 분할로 인하여 현저히 그 가액이 감소될 염려가 있는 때에는 물건의 경매를 하기도 합니다. 이상에서 살펴본 바와 같이 귀하의 경우에 상속재산의 분할에 관하여 부친이 특별히 유언을 남기지 않고 돌아가셨다면 우선 가족(공동상속인)간의 원만한 협의에 의하여 해결하도록 하고, 협의가 성립되지 아니하는 때에는 나머지 공동상속인을 상대로 그

들의 보통재판적 소재지(상대방의 거주지를 말함)나 부동
산 소재지에 있는 법원에 조정신청을 할 수 있으며, 조정
에 관하여 조정을 하지 아니하기로 하는 결정이 있거나,
조정이 성립되지 아니한 경우에는 제소신청에 의한 방법으
로 상속재산을 분할할 수 있습니다.

상속재산분할협의 불성립시 상속재산분할 방법

키포인트 할 수 없습니다.

이렇게 ➡ 상속재산의 분할은 상속개시로 인하여 생긴 공동상속인간에 있어서 상속재산의 공유관계를 종료시키고 상속분에 응하여 그 배분·귀속을 목적으로 하는 일종의 청산행위를 말하며, 각 공동상속인은 언제든지 협의로 상속재산을 분할할 수 있습니다. 재산상속의 협의분할은 공동상속인 전원이 참가하지 않으면 안되므로, 상속인의 일부를 제외하고 협의분할을 하거나 무자격자인 상속인이 참가한 협의분할은 원칙상 무효입니다.

이에 판례를 보면, "상속재산의 협의분할은 공동상속인간의 일종의 계약으로서 공동상속인 전원이 참여하여야 하고 일부상속인만으로 한 협의분할은 무효이다."라고 하였습니다(대법원 1995.4.7. 선고 93다54736 판결).

또한, 법원의 등기실무에서도 재산상속으로 인한 소유권

이전등기신청시 상속을 증명하는 서면의 일부로서 공동상속인 연명으로 작성한 상속재산분할협의서를 첨부서류로 요구하고 있습니다.

따라서 귀하의 경우에도 모친과 동생의 지분을 장남이 상속받으려면 나머지 상속인 전원이 함께 모여 이에 동의하는 협의분할서를 작성하지 못한다면 그 지분만의 등기를 할 수는 없고, 만약 귀하의 모친과 남동생 그리고 귀하의 법정상속지분만에 관하여 상속으로 인한 소유권이전등기신청을 한다면 이는 사건이 등기할 것이 아닌때에 해당하므로 위 신청은 부동산등기법 제55조 제2호에 의하여 각하되게 됩니다(1984. 7. 24. 등기선례 1-227, 307).

판례도 등기공무원의 결정에 대한 이의의 제기에서 "공동상속인중 일부 상속인의 상속등기만은 경료할 수 없다."라고 결정한 바 있습니다(대법원 1995. 2. 22. 자 94마2116 결정).

그러므로 공동상속인간의 협의가 이루어지지 않을 때에는 공동상속인 중 1인이 법정상속지분으로 공동상속등기를 신청할 수 있으며, 이 경우 신청서에는 상속인 전원의 법정상속분이 표시되어야 합니다. 이와 같이 법정상속분의 상속등기를 필한 후 모친과 동생의 소정 법정지분을 귀하에게 이전하는 절차를 밟아야 할 것입니다. 다만, 이 경우 이전 등에 따른 양도소득세 혹은 증여세 등이 부과될 수도 있습니다.

순차적으로 이루어진 상속재산 협의분할의 효력

키 포 인 트 반드시 한자리에서 이루어질 필요는 없고 순
차적으로 이루어질 수도 있습니다.

이렇게 ➡ 상속재산의 협의분할은 공동상속인 간의 일종의
계약으로서 공동상속인 전원이 참여하여야 하고 일부 상속
인만으로 한 협의분할은 무효라고 할 것이나(대판 1995. 4.
7. 93다54736), 반드시 한 자리에서 이루어질 필요는 없고
순차적으로 이루어질 수도 있으며(대판 2001. 11. 27. 2000
두9731), 상속인 중 한사람이 만든 분할 원안을 다른 상속
인이 후에 돌아가며 승인하여도 무방합니다(대판 2004. 10.
28. 선고 2003다65438, 65445).

상속인 중에 미성년자와 친권자가 있는 경우에는, 분할
협의는 이른바 '이해상반행위'가 되므로, 미성년자를 위하
여 특별대리인을 선임하여야 합니다(민법 제921조).

구술에 의한 협의도 유효하지만, 분할 후의 사무적 처리
에 대처할 필요가 있으므로 '상속재산분할협의서'가 작성되
는 것이 일반적입니다.

채무도 상속재산분할 협의의 대상이 될 수 있는가?

키 포 인 트 채권자는 1천만원씩을 3남매 각자에게 청구하여야 합니다.

이렇게 ➡ 금전채무와 같은 가분채무는 상속개시와 동시에 법정상속분에 따라 각 상속인에게 분할하여 귀속되므로, 상속재산분할협의의 대상이 될 여지가 없습니다

공동상속인(가령, 3인) 중 1인이 그 상속분을 초과하여 채무(금 3,000만원 모두)를 부담하기로 하는 합의약정은 면책적(免責的) 채무인수(2명의 상속인은 채무를 면함)의 성질을 가진 것이고, 위 약정에 의하여 다른 공동상속인이 법정상속분에 따른 채무의 일부 또는 전부를 면하기 위하여는 민법 제454조의 규정에 따른 채권자의 승낙을 받아야 합니다. 여기에 상속재산 분할의 소급효를 규정하고 있는 민법 제1015조가 적용될 여지가 없습니다(대판 1997. 6. 24. 선고 97다8809).

판례의 취지는 채권자는 1,000만원씩을 상속인 각자에게 청구할 수 있고, 상속인들 사이에 합의하여 그 중 한 사람

이 3,000만원의 채무전액을 부담하기로 약정(상속재산분할
협의)하여도 채권자의 승낙이 없으면 이로써 채권자에게
대항할 수 없다는 뜻입니다.

상속재산분할협의에 이미 상속을 포기한 자가 참여한 경우, 그 협의는 효력이 있는가?

키포인트 맞지 않습니다.

이렇게 ➡ 상속을 포기한 자가 참여하였다 하더라도 상속재산분할에 관한 실질적인 협의에 영향을 미치지 않은 경우라면 그 협의는 효력이 있다고 볼 수 없습니다.

상속재산분할협의에 참여하여야 할 자는 공동상속인입니다. 분할의 협의는 공동상속인간의 일종의 계약이므로, 공동상속인 전원이 참여하여야 합니다. 포괄적 수증자, 분할 전의 상속분의 양수인 등도 참가할 수 있습니다.

만일 공동상속인 전원의 동의가 없이, 일부러 사람이 제외되어 누락되었거나 그 의사를 무시하거나, 또는 그 의사표시에 대리권의 흠결 등 하자가 있든지 일부의 상속만으로는 또는 무자격 상속인이 참가하여 한 협의분할은 무효입니다(대판 1987. 3. 10. 85므80 ; 1995. 4. 7. 93다54736).

이 경우 진정한 상속인은 의사표시의 취소나 분할무효 또는 재분할을 청구할 수 있습니다.

위 사례에 대해 판례는 "상속재산분할협의에 이미 상속을 포기한 자가 참여하였다 하더라도 그 분할협의의 내용이 이미 포기한 상속지분을 다른 상속인에게 귀속시킨다는 것에 불과하여 나머지 상속인들 사이의 상속재산분할에 관한 실질적인 협의에 영향을 미치지 않은 경우라면 그 상속재산분할협의는 효력이 있다고 볼 수 있다."고 하였습니다 (대판 2007. 9. 6. 선고 2007다30447).

상속재산협의분할이 반사회질서행위가 될 수 있는가?

키포인트 위 상속재산분할협의는 무효이므로 A의 상속지분에 관하여 이전등기를 청구할 수 있습니다.

이렇게 ➡ 공동상속인 중 1인이 상속부동산을 제3자에게 매도한 후 그 이전등기 전에 공동상속인들이 협의분할을 하여 그 부동산을 다른 상속인의 단독소유로 하는 합의를 한 경우, 이미 매도사실을 알고도 당초 매도인의 배임행위(협의분할)를 유인, 교사한 결과 그러한 합의를 한 것이라면 당초 매도인의 상속분에 관한 부분은 민법 제103조 소정의 반사회질서의 법률행위에 해당합니다(대판 1996. 4. 26. 95다54426, 54433). 위 사례의 경우 상속부동산의 매수인은 당초 매도인의 상속지분에 관한 부분에 관하여는 이전등기를 청구할 수 있습니다.

상속재산분할의 효과

키포인트 상속재산분할의 소급효는 제3자의 권리를 침해할 수 없으므로, 그 매각행위는 유효입니다.

이렇게 ➡ 상속재산이 분할되면 상속개시로 소급하여 그 효력이 생깁니다(민법 제1015조 본문). 보통의 공유물 분할에 있어서는 분할을 한 때부터 그 효력이 생기지만(이전주의), 상속의 경우에는 상속이 개시된 때부터 상속재산이 분할되어 승계된 것으로 됩니다(선언주의).

즉, 공동상속인 상호간에 상속분의 이전이 생기는 것은 아니고, 상속개시 당시에 이미 그 재산이 상속인의 단독소유인 것으로 취급됩니다. 이를 선언주의라고 합니다.

위 사례의 경우 3남매가 상속재산인 부동산, 동산 및 채권을 공유하고 있다가 분할에 의하여 첫째가 채권을, 둘째가 부동산을, 셋째가 동산을 가지게 되면, 그 결과 상속개시시부터 첫째가 채권, 둘째가 부동산, 셋째가 동산을 각각 상속한 것이 됩니다. 즉 상속재산을 직접 피상속인으로부터 상속한 것이 되어 그 재산에 대한 3남매의 공유상태는 존재하지 않았던 것으로 됩니다. 그러므로 첫째인 장남은 부동산에 대해 공유자가 아니었던 것이 되기 때문에, 장남의 부동산에 대한 공유지분의 매각은 무효가 된다는 결론에 이르게 됩니다. 그러나 이는 부당하므로 민법 제1015조 단서는 상속재산분할의 소급효는 제3자의 권리를 침해할 수 없다고 규정하고 있습니다.

따라서 장남이 부동산에 대한 공유지분을 매각한 행위는 결과적으로 유효합니다.

상속재산분할 후 인지된 자가 있는 경우

키 포인트 갑·을·병을 상대로 2억원의 4인분의 1인
6천만원을 청구할 수 있습니다.

이렇게 ➡ 피상속인의 사망 후 혼인 외의 출생자가 인지되
는 경우가 있습니다. 인지의 효력은 출생시에 소급하므로
(민법 제860조) 피인지자도 당연히 상속개시당시부터 상속
인의 지위를 갖게 됩니다.

따라서 상속개시 후에 인지 또는 재판의 확정에 의하여
공동상속인이 된 자도 아직 상속재산분할 전이면 당연히
상속인의 한 사람으로서 다른 공동상속인과 함께 상속재산
분할에 참가할 권리가 주어집니다. 그러나 인지 또는 재판
의 확정 이전에 이미 다른 공동상속인이 분할 기타 처분을
한 경우에는 분할을 다시 할 것인가의 문제가 생깁니다.

그러나 다시 분할을 하게 되면 제3자에게 해를 줄 염려
가 있으므로, 민법은 인지 또는 재판의 확정에 의하여 공
동상속인이 된 자에게 다른 공동상속인에 대하여 가액에
의한 지급을 청구할 수 있는 권리를 인정하였습니다(민법

제1014조).

따라서 위 사례에서 인지된 자는 갑·을·병을 상대로 6천만원을 청구할 수 있고, 갑·을·병은 각각 2천만원씩을 주어야 합니다.

그리고 이 가액은 상속재산을 사실심변론종결시의 시가로 평가하여 이에 대한 자기의 상속분을 산출하여 이를 각 공동상속인에 안분한 것입니다(대판 2002. 11. 26. 2002므1398). 예를 들어서 A의 상속인(직계비속) 갑, 을, 병이 상속재산인 2억 4천만원을 분할하였는데, 그로부터 2년 후 사후인지청구에 의하여 상속권을 취득한 자가 법원에 대하여 갑, 을, 병을 상대로 상속분에 상당한 가액의 지급청구를 하였는데, 사실심변론종결시에는 상속재산의 가액이 4억원으로 상승해 있었다고 한다면 사실심변론종결시 상속재산의 가액인 4억원의 4분의 1인 1억원의 지급을 청구할 수 있습니다.

상속재산의 분할협의가 채권자취소권의 대상이 되는가?

키포인트 채권자취소권을 행사할 수 있습니다.

이렇게 ➡ 채권자취소권은 채무자가 채권자를 해함을 알면서 자기의 일반재산을 감소시키는 행위(사해행위)를 한 경우에 채권자가 소송으로 그 행위를 취소하고 재산을 원상으로 회복시키는 권리를 말합니다(민법 제406조).

상속재산의 분할협의는 상속이 개시되어 공동상속인 사이에 잠정적 공유가 된 상속재산에 대하여 그 전부 또는 일부를 각 상속인의 단독소유로 하거나 새로운 공유관계로 이행시킴으로써 상속재산의 귀속을 확정시키는 것으로 그 성질상 재산권을 목적으로 하는 법률행위이므로 사해행위 취소권 행사의 대상이 될 수 있습니다.

채무초과 상태에 있는 채무자가 상속재산의 분할협의를 하면서 상속재산에 관한 권리를 포기함으로써 결과적으로 일반 채권자에 대한 공동담보가 감소되었다 하더라도, 그 재산분할결과가 채무자의 구체적 상속분에 상당하는 정도

에 미달하는 과소한 것이라고 인정되지 않는 한 사해행위
로서 취소되어야 할 것은 아니고, 구체적 상속분에 상당하
는 정도에 미달하는 과소한 경우에도 사해행위로서 취소되
는 범위는 그 미달하는 부분에 한정됩니다(대판 2001. 2. 9.
2000다51797). 이 때 지정상속분이나 기여분, 특별수익 등
의 존부 등 구체적 상속분이 법정상속분과 다르다는 사정
은 채무자(상속인)가 주장·입증하여야 할 것입니다.

공동상속인의 담보책임

키포인트 두 외삼촌에게 각각 2천만원씩 손해배상으로 청구할 수 있습니다.

이렇게 ➡ 공동상속인은 다른 공동상속인이 분할로 인하여 취득한 재산에 대하여 상속분에 응하여 매도인과 같은 담보책임이 있습니다(민법 제1016조).

그리고 각 공동상속인이 담보책임을 지게 되는 사유는 상속개시 전부터 존재하는 사유이건 분할당시에 존재하였던 사유이건 묻지 않습니다. 매도인과 같은 담보책임의 내용으로서는 단지 손해배상의 책임뿐만 아니라 분할계약의 전부 또는 일부의 해제권을 포함합니다. 즉 분할의 목적물에 숨은 하자가 있는 경우에는 그것을 취득한 공동상속인은 다른 공동상속인에 대하여 손해배상을 청구할 수 있는 이외에 그 하자 때문에 분할계약을 한 목적을 달성할 수 없는 때에는 계약해제도 할 수 있습니다.

또한 분할에 의하여 채권을 받은 공동상속인이 채무자의 무자력으로 인하여 그 채권을 회수할 수 없을 경우에는,

다른 공동상속인은 그 상속분에 응하여 분할당시의 채무자의 자력을 담보합니다(민법 제1017조 1항).

위 사례에서 어머니가 채무자의 무자력으로 채권을 회수할 수 없었을 때에는 두 외삼촌이 각각 어머니에게 손해배상으로 2천만원을 지급해야 합니다. 분할에 의하여 받은 채권은 상속채권인 한, 지명채권이건, 지시채권이건, 또는 유가증권상의 채권이건 묻지 않습니다. 또 공동상속인인 담보책임을 지기 위해서는 채무자의 무자력이 채권자인 상속인의 책임에 기인하지 않을 것과 채무자의 자력이 다른 공동상속인 이외의 자에 의하여 담보되고 있지 않은 경우라야 합니다.

다만, 금전채권과 같은 가분채권은 상속개시와 동시에 당연히 각 상속인의 상속분에 따라 분할, 귀속되므로, 후에 공동상속인 사이에서 분할이 될 여지가 없고, 불가분채권만이 상속재산분할의 대상이 될 수 있습니다.

사망한 부모의 빚을 물려받지 않을 수 있는지

키포인트 상속포기를 신청하시면 됩니다.

이렇게 ➡ 상속에 관하여 민법 제997조에 의하면 "상속은 사망으로 인하여 개시된다."라고 규정하고 있고, 민법 제1005조에 의하면 "상속인은 상속 개시된 때로부터 피상속인의 재산에 관한 포괄적 권리의무를 승계한다. 그러나 피상속인의 일신에 전속한 것은 그러하지 아니하다."라고 규정하고 있습니다.

그러므로 일반적으로 부모의 사망과 동시에 자식들은 상속인이 되어 부모명의의 토지나 집과 같은 부동산이나 은행예금 등의 적극적 재산은 물론, 부모가 다른 사람에 대하여 부담하고 있는 차용금채무, 보증채무 등의 소극적 재산도 상속받게 되는 것입니다. 즉, 일신전속적인 권리를 제외하고는 부모가 가지고 있던 모든 권리·의무를 포괄적으로 물려받게 됩니다.

그러나 부모가 남긴 상속재산 중 적극적 재산보다 소극적 재산이 더 많아 자식들이 이와 같은 권리·의무의 승계, 즉 상속을 받지 않으려면 상속개시 있음을 안 날로부터 3월내에 피상속인의 최후 주소지 관할 법원에 상속포기 신고를 하면 됩니다(민법 제1019조 제1항).

상속포기를 하면 피상속인의 사망으로 일단 발생한 상속의 효력, 즉 권리·의무의 승계는 부인되고 처음부터 상속인이 아니었던 것과 같이 되며, 일단 상속을 포기한 후에는 이를 다시 취소하지 못합니다(민법 제1024조 제1항, 제1042조).

또 다른 방법으로는 부모가 남겨놓은 적극적 재산의 한도 내에서 부모의 채무를 변제할 것을 조건으로 상속을 승인하는 한정승인신청을 할 수도 있습니다. 이 신청도 역시 상속개시 있음을 안 날로부터 3월내에 상속재산의 목록을 첨부하여 법원에 한정승인의 신고를 하여야 효력이 발생합니다(민법 제1028조, 제1030조).

따라서 귀하의 경우와 같이 부친이 빚만 남겨두고 돌아가셨고, 상속포기신고기간 등이 아직 경과하지 않았다면 조속히 관할 법원에 상속포기신고 또는 한정승인신고를 함으로써 상속채무에 대한 면책을 주장할 수 있을 것입니다.

다만, 주의할 것은 상속포기나 한정승인의 신청을 한 경우에도 상속인이 그 신청 후 상속재산을 은닉 또는 부정소비 하거나 고의로 재산목록에 기입하지 아니하는 등의 행위를 한 때에는 상속인이 단순승인을 한 것으로 간주될 수 있습니다(민법 제1026조).

상속포기는 언제 하는가?

키포인트 상속개시 전에 한 상속포기약정은 효력이 없습니다.

이렇게 ➡ 상속의 개시에 의하여 피상속인의 재산상의 모든권리의무는 일신전속적인 것을 제외하고, 상속인의 의사와 관계없이 또 상속인이 알건 모르건, 법률상 당연히 포괄적으로 상속인에게 승계됩니다(민법 제1005조). 그러나 개인주의사회에서 개인의 의사를 무시하고 권리의무의 승계를 강제할 수는 없고, 특히 상속재산에 채무가 많을 때에는 상속은 상속인에게 큰 피해를 줄 수 있습니다. 이와 같은 사정을 고려하여 상속인의 보호를 위하여 민법은 상속의 포기를 인정하고 있습니다.

그러나 상속채권자 등 이해관계인을 보호하기 위하여 민법은 상속인이 상속개시 있음을 안 날로부터 원칙적으로 3월 이내에 포기를 하고, 가정법원에 대한 신뢰로써 하여야 한다고 규정하고 있습니다(민법 제1019조, 제1041조).

상속의 포기는 상속이 개시된 후 일정한 기간 내(상속개시 있음을 안 날로부터 3월 이내)에만 가능하고 가정법원에 신고하는 등 일정한 절차와 방식을 따라야만 그 효력이 있으므로, 상속개시 전에 한 상속포기약정은 그와 같은 절차와 방식에 따르지 아니한 것으로 효력이 없습니다.

　따라서 상속인 중의 1인이 피상속인의 생존시에 피상속인에 대하여 상속을 포기하기로 약정하였다고 하더라도, 상속개시 후 민법이 정하는 절차와 방식에 따라 상속포기를 하지 아니한 이상, 상속개시 후에 자신의 상속권을 주장하는 것은 정당한 권리행사로서 권리남용에 해당하거나 또는 신의칙에 반하는 권리의 행사라고 할 수 없습니다(대판 1987. 7. 24. 98다9021).

　상속개시사실을 안 날로부터 3개월이 지난 후에 포기신고를 한 것은 부적법하므로 각하됩니다(대결 2001스38).

상속의 승인과 포기의 방식

키포인트 상속의 승인과 포기는 포괄적·무조건적으로
하여야 하고, 특정재산에 대하여 선택적으로
할 수 없습니다.

이렇게 ➡ 상속은 피상속인의 재산상의 권리의무가 일신전
속적인 것을 제외하고 포괄적으로 상속인에게 승계되므로
(민법 제1005조), 그 승인·포기도 상속재산에 대하여 포괄
적으로 하여야 하며, 특정재산에 대하여 선택적으로 할 수
없습니다(대결 1995. 11. 14. 95다27554).

즉, 상속의 승인과 포기는 포괄적·무조건적으로 하여야
합니다. 예컨대, 적극재산 또는 특정재산은 상속승인하고
채무는 포기한다는 식의 상속승인·포기("달면 삼키고 쓰
면 뱉는다"는 식)는 허용되지 않습니다. 포기서에 재산목록
을 붙이지 아니하여도 모든 상속재산에 대한 포기의 효과
가 생깁니다. 다만, '재산의 범위내 에서 채무를 승인한다.
또는 채무는 모두 승계하되 변제책임재산을 적극재산에 한
정한다.'는 의미의 한정승인은 유효합니다.

한정승인도 상속재산의 포괄적 승계라는 점에서는 단순
승인과 다르지 않으며, 다만 상속채무의 변제책임을 한정
시킬 뿐입니다.

상속포기를 위한 고려기간의 기산점

이럴땐 ➡ 제 가족들(어머니와 형제들)은 돌아가신 아버지의 채무가 너무 많아 그 채무를 상속받지 않기 위해서 상속포기를 하였습니다. 그러나 채권자들이 제 아이들을 상대로 하여 소송을 제기하여, 제 가족들은 급히 아이들의 이름으로 상속한정승인신고를 하였습니다. 그런데, 원심은 이 한정승인신고가 상속개시 있음을 안 날부터 3월을 경과한 후에 이루어졌다는 이유로 상속한정승인의 항변을 배척하였습니다. 이것은 정당합니까?

키포인트 정당합니다.

이렇게 ➡ 피상속인의 처와 자녀가 상속을 포기하여 그 다음 순위의 손자녀가 상속인이 되는 경우 손자녀는 자신이 상속인이 된 사실을 알기 어려운 특별한 사정이 있다고 볼 수 있으므로 위 상속한정승인신고는 적합합니다(대판 2006. 2. 10. 2004다33865·33872).

이 유 ➡ 상속인은 상속개시 있음을 안 날로부터 3월 내에 상속의 포기를 할 수 있는바(민법 제1019조 제1항), 여기서 상속개시 있음을 안 날이라 함은 상속개시의 원인이 되는 사실의 발생을 알고 이로써 자기가 상속인이 되었음을 안 날을 말합니다.

선순위 상속인으로서 피상속인의 처와 자녀들이 모두 적법하게 상속을 포기한 경우 누가 상속인이 되는지는 상속의 순위에 관한 민법 상속의 순위에 관한 민법 제1000조

제1항 제1호, 제2항과 상속포기의 효과에 관한 민법 제
1042조 내지 제1044조의 규정에 따라서 정해지는데, 일반
인의 입장에서 피상속인의 처와 자녀가 상속을 포기한 경
우 피상속인의 손자녀가 이로써 자신들이 상속인이 되었다
는 사실까지 안다는 것은 오히려 이례에 속한다고 할 것이
다. 따라서 이와 같은 과정에 의해 피고들이 상속인이 된
이 사건에 있어서는 상속인이 상속개시의 원인사실을 아는
것만으로 자신이 상속인이 된 사실을 알기 어려운 특별한
사정이 있다고 보는 것이 상당하다는 것이 법원의 태도입
니다. 따라서 이러한 때에는 법원으로서는 '상속개시 있음
을 안 날'을 확정함에 있어 상속개시의 원인사실뿐 아니라
더 나아가 그로써 자신의 상속인이 된 사실을 안 날이 언
제인지까지도 심리·규명하여야 마땅하다 합니다(대판 2005.
7. 22. 2003다43681 판결).

위 사례에 대해 법원은 "1순위 상속인인 처와 자녀들은
망인의 채무가 과다함을 알고 그 채무가 상속되는 일을 막
고자 상속포기를 하였는데, 그들의 상속포기로 인하여 다
음 순위 상속인인 그들의 자녀들이 그 채무를 상속하게 될
것이므로 종국적으로 채무상속방지의 목적을 달성하기 위
해서는 당연히 그들의 자녀인 피고들 이름으로도 상속포기
신고를 하여야 하는데도 그 조치까지 나아가지 않은 사실,
그 후 망인의 처 및 자녀들이 상속을 포기한 사실을 알게
된 원고가 망인의 손자녀인 피고들을 상대로 하여 이 사건

 제5장 상속재산분할, 상속의 승인과 포기

전세보증금반환청구 소송을 제기하자, 망인의 자녀로서 이미 상속을 포기했던 피고들의 법정대리인들이 부랴부랴 자녀인 피고들의 이름으로 다시 상속한정승인신고를 한 사실을 알 수 있는바, 상속의 과정에서 종국적인 상속인이 누구인지 즉각 알기 어려운 특별한 사정이 인정되는 이 사건에 있어, 경험칙에 비추어 상속포기로써 채무 상속을 면하고자 하는 사람이 그 자녀 이름으로 상속포기 내지 상속한정승인신고를 다시 하지 않으면 그 채무가 고스란히 그들의 자녀에게 상속될 것임을 알면서도 이를 방치하지는 않았으리라는 점, 피고들의 법정대리인들이 피고들을 상대로 하여 이 사건 소송이 제기된 사실을 알게 된 후 바로 상속한정승인신고를 하였다는 점 등을 종합하여 보면, 피고들의 법정대리인들은 당초 망인의 처, 그리고 법정대리인 자신들을 포함한 망인의 자녀들이 상속포기를 함으로써 그 다음 상속순위에 있는 피고들이 상속인이 된다는 사실을 알지 못하고 있다가 원고의 이 사건 소제기에 의하여 비로소 이를 알게 되어 그제야 피고들 이름으로 상속한정승인신고를 한 것이라고 볼 여지가 충분히 있다."고 판시하였습니다(대판 2006. 2. 10. 선고 2004다33865, 33872).

특별한정승인제도란 무엇인가?

키포인트 한정승인을 할 수 있습니다.

이렇게 ➡ 2002년 민법일부개정에 의하여, 상속인이 중대한 과실없이 상속채무의 초과사실을 알지 못하고 단순승인을 한 경우에는 한정승인을 할 수 있는 제도가 신설되었습니다. 이를 특별한정승인제도라고 합니다. 즉, 상속인이 상속채무가 적극재산을 초과하는 사실을 중대한 과실없이 제1019조 제1항의 기간(상속개시 있음을 안 날로부터 3월) 내에 알지 못하고 단순승인(제1026조 제1호 및 제2호에 의하여 단순승인한 것으로 보는 경우를 포함한다)한 경우에는 그 사실을 안 날로부터 3월내에 한정승인을 할 수 있습니다(민법 제1019조 제3항).

민법 제1019조 제3항은 상속채무 초과사실을 중대한 과실 없이 민법 제1019조 제1항의 기간 내에 알지 못하고 단순승인을 한 경우뿐만 아니라 민법 제1026조 제1호 및 제2호의 규정에 의하여 단순승인을 한 것으로 간주되는 경우에도 상속채무 초과사실을 안 날로부터 3월 내에 한정승인을 할 수 있다고 규정하고 있으므로, 설사 상속인들이 상

속재산 협의분할을 통해 이미 상속재산을 처분한 바 있다
고 하더라도 상속인들은 여전히 민법 제1019조 제3항의 규
정에 의하여 한정승인을 할 수 있습니다(대판 2006. 1. 26.
2003다29562).

한정승인을 할 수 있는 기간

키 포인트 한정승인을 할 수 있습니다.

이렇게 ➡ 개정민법 부칙 제3항은 "1998년 5월 27일부터 개정법이 시행되기 전까지 상속개시가 있음을 안 자 중 상속채무가 상속재산을 초과하는 사실을 중대한 과실없이 제1019조 제1항의 기간 내에 알지 못하다가 개정법 시행 전에 그 사실을 알고도 한정승인신고를 하지 않은 자는 개정법 시행일(2002년 1월 14일)로부터 3월 내에 제1019조 제3항의 개정규정에 의한 한정승인을 할 수 있다"고 규정하고 있었는데 이 규정에 대해서는 헌법재판소가 "1998년 5월 27일부터 이 법 시행 전까지 상속개시가 있음을 안 자 중" 부분은 1998년 5월 27일 전에 상속개시 있음을 알았지만, 이 날 이후 상속채무초과사실을 안 자를 포함하지 않는 범위에서 헌법에 합치하지 않는다고 결정하였습니다(헌재결 2004. 1. 29. 2002헌가 22 등).

　이에 따라 개정된 민법(2005. 12. 29. 법률 제7765호)은 민법 부칙 제4항을 신설하여 '1998년 5월 27일 전에 상속개시가 있음을 알았으나 상속채무가 상속재산을 초과하는 사실을 중대한 과실 없이 제1019조 제1항의 기간 이내에 알지 못하다가 1998년 5월 27일 이후 상속채무의 사실을 안 자는 제1019조 제3항의 규정에 의한 한정승인을 할 수 있다'고 규정하였습니다.

　따라서 1998. 5. 27. 이전에 상속개시가 있음을 알았으나 상속채무가 상속재산을 초과하는 사실을 중대한 과실 없이 민법 제1019조 제1항의 기간 내에 알지 못하다가 1998. 5. 27. 이후에야 비로소 알게 되었다면 개정 민법의 시행일(2005. 12. 29.)로부터 3월 이내에 한정승인신고를 할 수 있습니다(대판 2006.1.12. 선고 2003다28880).

상속포기를 위한 고려기간의 기산점

키포인트 '상속개시 있음을 안 날'이란 상속개시의 원인이 되는 사실의 발생을 알고, 이로써 자기가 상속인이 되었음을 안 날을 말합니다.

이렇게 ➡ 상속의 승인·포기는 '상속개시 있음을 안' 날로부터 3개월 내에 하여야 합니다(민법 제1019조 1항 본문). 상속인이 피상속인의 재산상태를 조사하고 또 승인이나 포기여부에 관하여 생각할 여유를 주어야 하므로 민법은 상속인에게 포기·승인신고에 앞서서 상속재산을 조사할 수 있도록 하였습니다(동조 2항).

이 3개월의 기간을 고려기간 또는 숙려기간이라고 합니다. 여기서 상속개시 있음을 안 날이라 함은 상속개시의 원인이 되는 사실의 발생을 앎으로써 자기가 상속인이 되었음을 안 날을 말하는 것으로 해석되는 것이므로(당원 1984. 8. 23. 84스17-25 결정 참조) 상속재산 또는 상속채무의 존재를 알아야만 위 고려기간이 진행되는 것은 아닙니다.

법원은 고려기간의 기산점에 관하여 상속인이 상속개시의 사실과 자기가 상속인이 된 사실을 안 날로 하면서

'상속재산이 있음을 안 날'이나 '상속재산의 유무를 안 날이나 상속포기제도를 안 날' 또는 '상속재산 또는 상속채무의 존재를 안 날'을 말하는 것이 아니라고 해석하고 있습니다(대결 1984. 8. 24. 84스17~25 ; 대결 1991. 6. 11. 91스1 등).

'피상속인의 사망으로 인하여 상속이 개시되고 상속의 순위나 자격을 인식함에 별다른 어려움이 없는 통상적인 상속의 경우에는 상속인이 상속개시의 원인사실을 앎으로써 그가 상속인이 된 사실까지도 알았다고 보는 것이 합리적이나, 종국적으로 상속인이 누구인지를 가리는 과정에 사실상 또는 법률상의 어려운 문제가 있어 상속개시의 원인사실을 아는 것만으로는 바로 자신의 상속인이 된 사실까지 알기 어려운 특별한 사정이 존재하는 경우도 있으므로, 이러한 때에는 법원으로서는 '상속개시 있음을 안 날'을 확정함에 있어 상속개시의 원인사실뿐 아니라 더 나아가 그로써 자신의 상속인이 된 사실을 안 날이 언제인지까지도 심리, 규명하여야 마땅하다.'고 판시하였습니다(대판 2005. 7. 22. 2003다43681).

실종선고와 고려기간

키포인트 실종선고의 심판이 확정된 사실, 이로 인하여 자신이 상속인이 된 사실을 안 날로부터 기산하여야 할 것입니다.

이렇게 ➡ 민법 제28조에 의하면 실종선고를 받은 자는 실종의 기간이 만료한 때에 사망한 것으로 본다고 규정하여 실종자는 보통실종의 경우는 5년, 특별실종의 경우는 1년의 기간이 만료된 때에 사망한 것으로 간주됩니다. 그러나 상속포기의 고려기간을 계산하는 경우는 실종선고로 상속을 받을 상속인이 실종선고의 심판이 확정된 사실, 이로 인하여 자신이 상속인이 된 사실을 안 날로부터 기산하여야 할 것입니다. 실종선고로 인하여 상속이 개시되는 경우는 실종선고일을 상속개시일로 규정하고 있습니다(동법 제1조 1항).

미성년자의 상속포기 또는 한정승인권 행사기간

이럴땐 ➡ 저는 이혼하면서 당시 아들 을의 양육은 전남편 갑이 돌보기로 하여 따로 살고 있었습니다. 그런데 6개월 전 갑은 사망하였고, 그의 채권자들이 아직 미성년자인 아들 을에게 채무변제를 독촉하고 있다는 사실을 알게 되었습니다. 이 경우 을이 상속책임을 면할 수 있는 방법이 없는지요?

키포인트 친권자로서 사망사실을 알게된 3개월 이내에 상속포기를 하면 됩니다.

이렇게 ➡ 상속은 피상속인의 사망으로 하여금 개시되고 (민법 제997조), 상속재산에는 적극적 재산은 물론 소극적 재산(채무)도 모두 포함됩니다. 그러므로 상속인은 피상속인의 채무가 과다한 경우에는 가정법원에 상속포기 또는 한정승인을 신청하여 수리(심판)됨으로써 그 책임을 면할 수 있을 것입니다.

상속포기 또는 한정승인에 관하여 민법 제1019조에 의하면 "① 상속인은 상속개시 있음을 안 날로부터 3월내에 단순승인이나 한정승인 또는 포기할 수 있다…③ 제1항의 규정에 불구하고 상속인은 상속채무가 상속재산을 초과하는 사실을 중대한 과실 없이 제1항의 기간 내에 알지 못하고 단순승인(제1026조 제1호 및 제2호의 규정에 의하여 단순승인 한 것으로 보는 경우를 포함)을 한 경우에는 그 사실을 안 날부터 3월내에 한정승인을 할 수 있다."라고 규정하고 있고, 민법 제1020조에 의하면 "상속인이 무능력자인 때에는 전조(前條) 제1항의 기간은 그 법정대리인이 상속개시 있음을 안 날로부터 기산한다."라고 규정하고 있습니다.

그리고 '상속개시 있음을 안 날'이란 상속개시의 원인 되는 사실의 발생을 앎으로써 자기가 상속인이 되었음을 안 날을 말하는 것이므로, 상속재산 또는 상속채무의 존재를 알아야만 위와 같은 것이므로, 상속재산 또는 상속채무의 존재를 알아야만 위와 같은 기간이 진행되는 것은 아니며(대법원 1991. 6. 11. 자 91스1 결정), 위 사안에서 귀하는 갑과 이혼하여 별거를 하였고 갑이 을의 친권행사자로 지정되어 을을 양육하다가 별거를 하였고 갑이 을의 친권행사자로 지정되어 을을 양육하다가 사망하였는데, 친권은 부모로서의 고유의 권리이자 의무이므로 부모의 일방을 친권행사자로 지정하는 것은 다른 일방의 친권행사를 정지시키는 것일 뿐이고 그의 친권을 소멸시키는 것은 아니므로, 친권자 중 그 행사권자인 갑은 사망하였으나 모(母)가 있는 경우에는 후견인 개시되지 않고 귀하가 당연히 친권자로서 을의 법정대리인이 되는 것입니다.

따라서 무능력자인 미성년자 을의 상속포기 또는 한정승인기간은 법정대리인인 귀하가 아들 을이 갑의 상속인이 되었음을 안 날(사망사실을 안 날)로부터 4개월 이내라 할 것이고, 아직 그 기간이 경과되지 않았다면 귀하는 을의

친권자로서 을을 대리하여 가정법원에 상속포기 또는 한정
승인을 하여 수리(심판)됨으로써 을이 상속책임을 면할 수
있을 것입니다.

상속개시 전 상속포기의 효력

이럴땐 ➡ 저는 형이 서울에 살고 있어 혼자가 된 아버지를 모시고 살고 있었으나, 최근 아버지께서 논 3,000평을 남기고 돌아가셨습니다. 형은 아버지 생전에 매달 저에게 아버지의 생활비로 50만원을 보내주었지만 제가 아버지를 모시고 있었으므로 아버지 재산에 대한 상속권은 모두 포기했었습니다. 그러나 아버지가 돌아가시자 형이 자신의 상속권을 주장합니다. 형의 상속권주장이 타당한지요?

키포인트 타당합니다.

이렇게 ➡ 상속의 포기는 상속이 개시된 후(아버지가 사망한 후) 일정기간내에 가능하고, 가정법원에 신고하는 등 일정한 절차와 방식을 따라야만 그 효력이 있으므로, 상속개시 전에 한 상속포기의 약정은 그와 같은 절차의 방식에 따르지 아니한 것으로 법적 효력이 없다 하겠습니다(민법 제1041조).

또한, 상속인이 피상속인인 아버지의 생존시에 상속을 포기하기로 약정하였다고 하더라도 상속개시 후 민법이 정하는 절차와 방식에 따라 상속포기를 하지 아니한 이상 상속개시 후에 자신의 상속권을 주장하는 것은 정당한 권리행사로서 권리남용에 해당하거나 신의성실의 원칙에 반하는 권리의 행사라고 할 수도 없을 것입니다.

판례도 "유류분을 포함한 상속의 포기는 상속이 개시된

후 일정한 기간 내에만 가능하고 가정법원에 신고하는 등
일정한 절차와 방식을 따라야만 그 효력이 있으므로, 상속
개시 전에 한 상속포기약정은 그와 같은 절차와 방식에 따
르지 아니한 것으로 효력이 없고, 상속인 중의 1인이 피상
속인의 생존시에 피상속인에 대하여 상속을 포기하기로 약
정하였다고 하더라도, 상속개시 후 민법이 정하는 절차와
방식에 따라 상속포기를 하지 아니한 이상, 상속개시 후에
자신의 상속권을 주장하는 것은 정당한 권리행사로서 권리
남용에 해당하거나 또는 신의칙(信義則)에 반하는 권리의
행사라고 할 수 없다.”라고 하였습니다(대법원 1998. 7. 24.
선고 98다9021 판결).

따라서 형의 상속권주장은 법률상으로는 하자가 없다고
하겠습니다.

제1순위 상속인이 상속을 포기한 경우 상속순위

키포인트 맞습니다.

이렇게 ➡ 결론적으로 말씀드리면 귀하의 자(子)는 귀하 선친의 모든 채무를 부담해야 합니다. 왜냐하면 민법은 ① 피상속인의 직계비속, ② 피상속인의 직계존속, ③ 피상속인의 형제자매, ④ 피상속인의 4촌 이내의 방계혈족의 순으로 재산상속순위를 정하고, 동순위 상속인이 수인일 경우에는 최근친(最近親)을 선순위로 한다고 규정하고 있기 때문입니다(민법 제1000조).

즉, 귀하 및 귀하의 아들은 선친의 직계비속으로서 제1순위 상속인이거나 귀하와 선친사이의 1촌이고, 선친과 귀하의 아들 사이는 2촌이기 때문에 귀하가 최근친으로서 선순위 상속인이 되는 것이고, 귀하가 상속을 포기하였을 경우의 다음 순위의 상속인은 귀하의 아들이 되는 것입니다.

판례도 또한 채무자인 피상속인이 그의 처와 동시에 사망하고 제1순위 상속인인 자(子)전원이 상속포기한 경우에 상속포기한 자는 상속개시시부터 상속인이 아니었던 것과 같은 지위에 놓이게 되므로 같은 순위의 다른 상속인이 없어 그 다음 근친 직계비속인 피상속인의 손(孫)들이 차순위의 본위 상속인으로서 피상속인의 채무를 상속하게 된다고 하였으며(대법우너 1995. 9. 26. 선고 95다27769 판결), 제1순위상속권자인 처와 자들이 모두 상속을 포기한 경우에도 손(孫)이 직계비속으로서 상속인이 된다고 하여(대법원 1995. 4. 7. 선고 94다11835 판결), 이를 확인하고 있습니다.

따라서 위 사안의 경우에도 제1순위 중 최근친이자 단독상속인인 귀하가 상속포기 하였으므로 제1순위 상속인 중 다음 근친은 귀하의 미성년인 아들(즉, 피상속인의 손자)이 상속인이 되기 때문에 법정대리인인 귀하가 미성년인 귀하의 아들의 상속포기나 한정승인을 하지 않고 오랜 기간이 지났으므로 선친의 채무를 귀하의 아들이 부담해야 합니다.

이에 관하여 판례를 보면, "상속인 자신이 한정승인 또는 포기를 할 수 있는 기간내에 상속등기를 한때에는 상속의 단순승인으로 인정된 경우가 있을 것이나 상속등기가 상속재산에 대한 처분행위라고 볼 수 없으니 만큼 채권자가 상속인을 대위하여 상속등기를 하였다 하여 단순승인의 효력을 발생시킬 수 없고 상속인의 한 정승인 또는 포기할 수 있는 권한에는 아무런 영향도 미치는 것이 아니므로 채권자의 대위권행사에 의한 상소등기를 거부할 수 없다."라고 하였습니다(민법 제997조, 제1005조, 대법원 1964. 4. 3.
63마54 결정).

그러므로 위 사안에서도 을이 상속권을 한정승인 또는
상속포기 할 수 있는 기간이 경과되지 않은 상태에서도 갑
의 대위상속등기가 가능할 것으로 보입니다.

참고로 2002년 1월 14일부터 법률 제6591호로 공포·시
행된 개정민법 부칙 제3조 제3항에 의하면 "1998년 5월 27
일부터 이법 시행 전까지 상속개시가 있음을 안 자 중 상
속채무가 상속재산을 초과하는 사실을 중대한 과실 없이
제1019조 제1항의 기간(상속개시일부터 3월)내에 알지 못
하다가 이 법 시행 전에 그 사실을 알고도 한정승인 신고
를 하지 아니한 자는 이 법 시행일로부터 3월내에 제1019
조 제3항에 의한 한정승인을 할 수 있다. 다만, 당해 기간
내에 한정승인을 하지 아니한 경우에는 단순승인을 한 것
으로 본다."라고 규정하고 있습니다.

상속포기기간 만료 전 상속인의 채권자가 대위상속등기를 할 수 있는지

키포인트 가능할 것으로 보입니다.

이렇게 ➡ 채권자대위권(債權者代位權)에 관하여 민법 제404조에 의하면, "① 채권자는 자기의 채권을 보전하기 위하여 채무자의 권리를 행사할 수 있다. 그러나 일신에 전속한 권리는 그러하지 아니하다. ② 채권자는 그 채권의 기한이 도래하기 전에는 법원의 허가 없이 전항의 권리를 행사하지 못한다. 그러나 보존행위는 그러하지 아니하다."라고 규정하고 있으며, 민법 제1019조 제1항에 의하면 "상속인은 상속개시 있음을 안 날로부터 3월내에 단순승인이나 한정승인 또는 포기를 할 수 있다. 그러나 그 기간은 이해관계인 또는 검사의 청구에 의하여 가정법원이 이를 연장할 수 있다."라고 규정하고 있고, 민법 제1019조 제3항에 의하면, "상속인은 상속채무가 상속재산을 초과하는 사실을 중대한 과실 없이 상속개시일부터 3월의 기간 내에 알지 못하고 단순승인(제1026조 제1호 및 제2호<다음 각 호의 사유가 있는 경우에는 상속인이 단순승인을 한 것으로 본다, 1. 상속인이 상속재산에 대한 처분행위를 한 때, 2. 상속인이 제1019조 제1항의 기간 내에 한정승인 또는 포기를 하지 아니한 때>의 규정에 의하여 단순승인 한 것으로 보는 경우를 포함함)을 한 경우에는 그 사실을 안 날부터 3월내에 한정승인을 할 수 있다."라고 규정하고 있습니다.

그러므로 채권자는 자기의 채권을 보전하기 위하여 채무자의 일정한 권리를 행사할 수 있고, 상속인은 상속개시 있음을 안 날로부터 3월내에 단순승인이나 한정승인 또는 포기를 할 수 있으며, 또한 상속채무가 상속재산을 초과하는 사실을 중대한 과실 없이 상속개시일부터 3월의 기간 내에 알지 못하고 단순승인을 한 경우에는 그 사실을 안 날로부터 3월내에 한정승인을 할 수 있습니다.

그런데 위 사안과 같이 상속인이 상속권을 한정승인 또는 포기를 할 수 있는 기간 내에도 대위상속등기가 가능한지 문제가 됩니다.

상속포기서 목록에 상속재산이 누락된 경우 상속포기의 효력

이럴땐 ➡ 저는 부친이 빚을 많이 남긴 채 사망하여 가정법원에 상속포기신고를 하였고 이는 수리되었습니다. 그런데 상속포기서에 첨부된 재산목록에서 누락된 부동산이 있는바, 그 부동산에는 상속포기의 효력이 미치지 않는가?

키포인트 효력이 미칩니다.

이렇게 ➡ 재산상속의 포기는 상속인이 상속개시 있음을 안 날로부터 3월내에 가정법원에 상속포기신고를 하여야 하는바, 그 효력은 처음부터 상속인이 아니었던 것으로 됩니다(민법 제1042조).

그런데 위 사안의 경우는 상속포기서에 첨부된 재산목록에서 누락된 상속재산에도 상속포기의 효력이 미치는지에 관한 것으로 이에 관한 판례는, "상속의 포기는 상속인이 법원에 대하여 하는 단독의 의사표시로서 포괄적·무조건적으로 하여야 하므로, 상속포기는 재산목록을 첨부하거나 특정할 필요가 없다고 할 것이고, 상속포기서에 상속재산의 목록을 첨부했다 하더라도 그 목록에 기재된 부동산 및 누락된 부동산의 수효 등과 제반 사정에 비추어 상속재산을 참고 자료로 예시한 것에 불과하다고 보여지는 이상, 포기 당시 첨부된 재산 목록에 포함되어 있지 않은 재산의 경우에도 상속포기의 효력은 미친다."라고 하였습니다(대법원 1995. 11. 14. 선고 95다27554 판결).

　따라서 위 사안의 경우에는 상속포기신고서에 첨부된 재산목록에서 제외된 부동산에 대하여도 상속포기효력은 미친다고 하여야 할 것입니다.

법정단순승인이란 무엇인가?

키포인트 부정소비에 해당하지 않을것으로 보입니다.

이렇게 ➡ 상속부동산에 대하여 이미 상당한 금액의 근저당권이 설정되어 있어서 일반 상속채권자들에게는 강제집행을 통하여 배당될 금액이 전혀 없거나 그 지목이 하천 및 제방이어서 강제집행의 실익이 없는 것이라면, 상속인들이 한정승인의 신고 후에 그 중 1인에게만 상속부동산에 대하여 협의분할에 의한 소유권이전등기를 하였다고 하더라도, 이를 상속재산의 부정소비에 해당한다고 할 수 없습니다(대판 2004. 12. 9. 2004다52095).

이 유 ➡ 상속인인 상속재산을 자기의 고유재산과 혼합하거나 상속재산을 처분한 후에 한정승인 또는 상속포기를 하면 상속채권자와 후순위 상속인이 손해를 입을 염려가 있으므로, 이러한 사유가 있을 때에는 상속인은 한정승인도 상속포기도 못하게 함으로써 당연히 단순승인이 된 것으로 하는데, 이를 법정단순승인이라고 합니다.

다음과 같은 경우에는 상속인이 단순승인을 한 것으로 봅니다.

(1) 상속인이 상속재산에 대한 처분행위를 한 때(처분행위 : 민법 제1026조 1호)

상속개시사실을 알고 그것이 상속재산이라는 것을 알고 재산처분행위를 하여야 합니다. 처분행위가 아닌 관리행위나 보존행위는 이에 해당되지 않습니다.

본호가 적용되는 것은 한정승인 또는 포기를 하기 이전의 처분에 관한 것이며, 그 이후의 처분은 민법 제1026조 3호의 문제가 됩니다.

(2) 상속인이 승인 또는 포기를 하여야 할 기간(고려기간) 내에 한정승인 또는 포기를 하지 않은 때(고려기간 경과 : 민법 제1026조 2호)

(3) 상속인이 한정승인 또는 포기를 한 후에 상속재산을 은닉하거나 부정소비하거나 고의로 재산목록을 기입하지 않은 때(배신행위 : 민법 제1026조 3호)

은닉이란 그 재산의 존재를 알 수 없게 만드느 것을 말합니다.

'상속재산의 부정소비'라 함은 정당한 이유 없이 상속재산을 써서 없앰으로써 그 재산적 가치를 상실시키는 행위를 의미한다(대판 2004. 3. 12. 선고 2003다63586).

위 사례에 대해서 대법원은 '이 사건 부동산들에 관하여 상속이 있기 전에 이미 상당한 금액의 근저당권이 설정되어 있어서 위 협의분할에 기한 소유권이전등기를 하지 않았더라도 어차피 원고 등 다른 상속채권자들에게는 강제집행을 통하여 배당될 금액이 전혀 없거나 그 지목이 하천 및 제방으로서 강제집행의 실익이 없는 것이라면, 공동상속인 중 1인 앞으로만 위 소유권이전등기를 한 것이 실질적으로 상속채권자들의 강제집행 등을 통한 권리행사에 어떤 불이익을 주거나 일부의 특정 상속채권자 등이 부당한 이득을 얻는 것도 아니어서, 이를 두고 정당한 이유 없이 상속재산을 써서 없앰으로써 그 재산적 가치를 상실시킨 때에 해당한다고 보기 어렵다 할 것이므로, 원심이 같은 취지에서 피고 등의 이 사건 협의분할에 기한 소유권이전등기가 상속재산의 부정소비에 해당한다는 원고의 주장을 배척한 것은 옳다'고 판시하였습니다(대판 2004. 12. 9. 2004다52095).

단순승인을 한 것으로 간주되는 상속인의 '처분행위'

키포인트 상속재산의 처분행위에 해당되지 않습니다.

이렇게 ➡ 민법 제1026조 1호는 '상속인이 상속재산에 대한 처분행위를 한 때'에는 상속인이 단순승인을 한 것으로 간주합니다.

여기서 처분이란 관리에 대립되는 관념으로서 재산의 현상 또는 그 성질을 변하게 하는 사실적 처분행위(예 : 가부의 파괴) 및 재산의 변동을 생기게 하는 법률적 처분행위(예 : 산림의 매각, 주식의 질권설정 등)를 포함합니다. 상속인의 법정대리인이 상속인에 갈음하여 고려기간 중에 상속재산을 처분한 경우에도 단순승인의 효과가 생깁니다.

법원은 망인의 소유이던 주권에 대하여 상속인이 주권반환청구의 소를 제기한 것은 법정단순승인사유인 상속재산의 처분행위에 해당하지 않는다고 판시하였습니다(대판 1996. 10. 15. 96다23283).

그 외에도 법원이 상속재산의 처분행위로 볼 수 없다고 한 경우는, 상속인의 채권자가 상속인을 대위하여 상속등기를 한 사실(대결 1964. 4. 3. 63마54), 상속포기 신고 후

협의분할에 의한 상속을 원인으로 한 소유권이전등기를 한 것(서울북부지방법원 1996. 7. 4. 95가합13955) 등이 있습니다. 공동재산상속인들이 협의하여 상속재산을 분할한 때는 '상속재산에 대한 처분행위'를 한 때에 해당되어 이는 단순승인을 한 것이 됩니다.

한정승인의 효과

키포인트 매수인에 대해 소유권이전등기의무를 부담합니다.

이렇게 ➡ 상속인은 한정승인신고를 하면 상속받은 재산의 한도 내에서만 피상속인의 채무와 유증을 변제하면 됩니다.

그러나 이는 상속인이 채권자나 유증을 받은 자에 대하여 자기의 고유재산으로 변제할 책임이 없다는 의미일 뿐이며, 채무의 전액을 승계하고 있는 것입니다. 따라서 채권자는 한정승인자에 대하여 채권의 전액을 청구할 수 있으며, 법원도 상속채무 전액에 대하여 이행판결을 선고하게 되지만, 상속재산의 한도에서만 집행할 수 있다는 취지를 명시하여야 합니다.

즉, 한정승인의 효과는 '상속인의 책임이 상속재산의 범위 내에 한정'될 뿐이고, 그 상속채무 자체가 축소되거나 소멸되는 것은 아닙니다. 그러므로, 피상속인이 부동산을 매도하고 매수인에게 그 이전등기를 넘겨주지 아니한 채 사망하였는데, 그 상속인이 한정승인을 한 경우, 그 상속인 (매도인 지위 승계)은 매수인에 대하여 소유권이전등기의

무를 부담하는 것이고 그 등기의무가 소멸되지 않습니다
(대전지판 1991. 12. 4. 91나4674).

상속인 중 1인의 상속을 포기한 경우 포기한 상속재산은 어떻게 되는가?

키포인트 귀하는 4천 2백만원, 아들은 2천 8백만원을 상속하게 됩니다.

이렇게 ➡ 상속을 포기하면 포기자는 상속인이 아니었던 것으로 됩니다(민법 제1042조). 즉, 상속재산에 속한 여러 가지 적극재산도 채무 기타의 소극재산도 모두 승계하지 않았던 것이 됩니다.

상속인이 수인인 경우에 어느 상속인이 상속을 포기한 때에는 그 상속분은 다른 상속인의 상속분의 비율로 그 상속인에게 귀속합니다(민법 제1043조).

위 사례에서 특별한 유언이 없으면 법정상속에 따라 배우자는 3,000만원, 아들과 딸은 각각 2,000만원씩을 상속하게 된다. 그런데 이러한 경우에 딸이 상속을 포기하면 그 상속분은 배우자와 을에게 어떻게 귀속하느냐가 문제됩니다.

상속을 포기한 상속인은 상속개시 당시부터 상속인이 아니었던 것으로 되므로, 딸은 상속개시시부터 상속인이 아니었던 것으로 보면 됩니다. 따라서 상속개시시부터 상속

인으로서는 배우자와 아들만 있었다고 보고, 상속분을 산
정한다. 배우자의 상속분은 3/5, 아들의 상속분은 2/5가 되
므로, 배우자는 4,200만원, 아들은 2,800만원을 상속하게 됩
니다.

피상속인의 재산과 상속인 재산의 분리

이럴땐 ➡ 저는 갑에게 사업관계로 4,000만원을 대여해 주면서 지불각서를 받아 두었으나, 최근 갑이 사망하여 갑의 재산전부를 갑의 외아들이 상속하였습니다. 그런데 상속인은 낭비벽이 심하고 채무 또한 많아 갑의 상속재산과 상속인의 고유재산이 혼합될 경우 저의 채권을 변제받지 못할 것만 같습니다. 이 경우 피상속인의 상속재산으로부터 저의 채권을 우선변제 받을 수 없는지요?

키포인트 우선변제 받을 수 있습니다.

이렇게 ➡ 상속에 의하여 상속재산과 상속재산의 혼합이 생긴 경우, 상속재산이 채무초과하면 상속인의 채권자가 불이익을 입게 되고, 상속인의 고유재산이 채무초과이면 상속채권자가 불이익을 입게 됩니다. 그러므로 피상속인 또는 상속인 각각의 고유재산을 믿고 거래한 채권자가 상속으로 인하여 양 재산의 혼합으로 불이익을 받지 않도록 양 재산의 관계를 별도로 하는 것이 필요합니다.

이를 위하여 민법은 상속채권자나 유증 받은 자 또는 상속인의 채권자는 상속 개시된 날로부터 3월내에 상속재산과 상속인의 고유재산의 분리를 법원에 청구할 수 있습니다(민법 제1045조 제1항). 그러나 상속인이 상속의 승인이나 포기를 하지 않는 동안은 3월의 기간이 경과한 후에도 재산분리청구가 허용됩니다(민법 제1045조 제2항).

법원이 재산분리를 명하는 심판을 하면 분리청구권자는 5일 안에 일반상속채권자와 유증을 받은 사람에 대하여 재산분리명령이 있은 사실과 2개월 이상의 기간을 정하고 그 기간 안에 채권 또는 유증 받은 사실을 신고할 것을 공고하여야 합니다(민법 제1046조 제1항).

또한 알고 있는 상속채권자 또는 유증 받은 사람에 대해서는 별도로 채권신고를 하여야 합니다(민법 제1046조 제2항).

그리고 부동산에 관한 법률행위로 인한 물권의 득실변경은 이를 등기하지 않으면 그 효력이 발생하지 않지만(민법 제186조), 상속으로 인한 부동산에 관한 물권의 취득은 예외로 등기를 필요로 하지 않는 것으로 되어 있습니다(민법 제187조).

그러나 상속재산이 분리된 경우에는 상속재산에 대하여 권리를 취득한 제3자의 이익을 보호하고 거래의 안전을 도모하기 위하여 분리된 상속재산 중 부동산에 관하여는 등기하지 않으면 제3자에게 대항할 수 없도록 하였습니다(민법 제1049조). 여기서 제3자란 상속인의 채권자뿐만 아니라 모든 제3자를 포함하는데, 동산의 경우에는 선의의 제3자는 선의취득의 법리에 의하여 보호받을 수 있습니다(민법 제249조).

상속재산은 상속재산의 분리청구기간(상속이 개시된 날

로부터 3월내)과 상속채권자와 유증에 대한 공고기간(2월 이상)이 만료하기 전에는 상속채권자와 유증 받은 자에 대하여 변제를 거절할 수 있습니다(민법 제1051조 제1항). 위의 기간이 만료한 후에는 상속인은 상속재산으로써 재산의 분리를 청구하였거나 또는 그 기간내에 신고한 상속채권자, 유증 받은 자에 대하여 각 채권액 또는 수증액의 비율로 변제하여야 합니다(민법 제1051조 제2항 본문). 그러나 질권·저당권 등의 우선권이 있는 채권자에 대하여는 상속재산으로써 우선적으로 변제하여야 합니다(민법 제1051조 제2항 단서).

따라서 위 사안의 경우 귀하는 가정법원에 상속이 개시된 후 3개월 이내에 재산분리신청을 하여 피상속인의 고유재산으로부터 상속인의 채권자보다 우선하여 채권을 변제받을 수 있을 것입니다.

재산상속인의 존재가 분명하지 아니한 상속재산에 관한 소송에 있어서 피고적격

이럴땐 ➡ 상속인의 존재가 분명하지 않은 상속재산에 관해 소송을 하려면 누구를 상대로 하여야 합니까?

키포인트 법원에서 선임된 상속재산관리인을 상대로 하여야 합니다.

이렇게 ➡ 사람이 사망하여 개시되었는데, 상속인이 없거나 분명하지 아니한 경우를 상속인의 부존재라고 합니다. 이 경우 상속재산을 방치할 수도 없고 상속채권자 등에 대한 변제를 위한 조치가 필요합니다. 이 문제를 처리하는 것이 상속인부존재제도입니다.

그래서 민법은 상속인의 존부(存否=있는지 없는지)가 분명하지 아니한 때는 상속재산관리인을 선임하여 재산을 관리하게 하면서, 한편으로는 상속인을 찾아내고, 다른 한편으로는 상속재산으로 상속채권자 등에게 변제를 하여 청산합니다. 끝내 상속인이 나타나지 아니한 때는 특별연고자를 찾아 그에게 재산을 분여(分與=나누어 줌)하고, 최종적으로 남는 것은 국가에 귀속시키고 있습니다(민법 제5편 제1장 제6절).

재산상속인의 존재가 분명하지 아니한 상속재산에 관한 소송에 있어서 정당한 피고는 법원에서 선임된 상속재산관리인이라 할 것입니다(대판 2007. 6. 28. 2005다55879).

상속재산관리인 선임청구인에게 보수의 예납을 명할 수 있는지

키포인트 불복절차에서 다툴 수 있습니다.

이렇게 ➡ 민법 제26조 제2항에 의하면 "법원은 그 선임한 재산관리인에 대하여 부재의 재산으로 상당한 보수를 지급할 수 있다."라고 규정하고 있고, 민법 제1053조에 의하면 "① 상속인의 존부가 분명하지 아니한 때에는 법원은 제777조의 규정에 의한 피상속인의 친족 기타 이해관계인 또는 검사의 청구에 의하여 상속재산관리인을 선임하고 지체없이 이를 공고하여야 한다. ② 제24조 내지 제26조의 규정은 전항의 재산관리인에 준용한다."라고 규정하고 있으며, 민사소송법 제116조 제1항에 의하면 "비용을 필요로 하는 소송행위에 대하여 법원은 당사자에게 그 비용을 미리 내게 할 수 있다."라고 규정하고 있습니다.

상속재산관리인에 대하여 부재자의 재산으로 상당한 보

수를 지급할 수 있고, 기타 심판절차의 비용의 예납에 관하여는 그 소송행위로 인하여 이익을 받을 당사자에게 그 비용을 예납하게 할 수 있으며, 그 비용은 피상속인의 상속재산의 부담으로 한다고 할 것입니다.

그런데 위 사안과 같이 상속재산관리인의 보수를 가사소송규칙 제4조 제1항에서 규정하고 있는 '기타 심판절차의 비용'에 포함된다고 보아 상속재산의 부담으로 볼 수 있는지, 그 비용의 예납을 청구인에게 명할 수 있는지 문제됩니다.

이에 관하여 판례를 보면, "법원이 민법 제1053조 제1항에 의하여 선임하는 상속재산관리인의 보수는 가사소송규칙 제4조 제1항에서 규정하고 있는 '기타 심판절차의 비용'에 포함된다고 해석함이 상당하므로 위 규정이 준용하는 민사소송법 제106조, 민사소송규칙 제5조 제1항에 의하여, 그 선임을 청구한 청구인에게 이를 예납하게 할 수 있고, 민법 제1053조 제2항, 제26조 제2항 및 가사소송규칙 제78조, 제52조 제1항의 규정들은 상속재산관리인의 보수는 종국적으로 상속재산의 부담으로 한다는 것일 뿐 청구인에게 그 보수를 예납하게 하는 것을 금지한 취지는 아니므로 이러한 규정들이 있다 하여 위와 달리 볼 것은 아니며, 한편 그 보수 상당액의 예납명령에 대하여는 불예납을 이유로 하여 청구인에게 불이익한 심판 등이 이루어질 경우 그에 대한 불복절차에서 그 당부를 다툴 수 있을 뿐 독립하여 불복할 수 없다."라고 하였습니다(대법원 2001. 8. 22. 자 2000으2 결정).

따라서 상속재산관리인의 보수상당액에 대한 예납명령은 상속재산으로 부담하더라도 상속재산관리인의 선임청구인에게 할 수 있을 것이며, 한편 그 예납명령에 대하여 불복할 경우에는 독립하여 불복할 수는 없다 할 것이고, 만일 불예납을 이유로 하여 청구인에게 불이익한 심판 등이 이루어질 경우 그에 대한 불복절차에서 그 당부를 다툴 수 있을 것으로 보여집니다.

특별연고자의 상속재산분여

키포인트 받을 수 있습니다.

이렇게 ➡ 우리 민법은 피상속인의 직계비속, 직계존속, 형제자매, 4촌 이내의 방계혈족 및 배우자에 한하여 상속인이 될 수 있으며, 특별연고자에 대하여 분여되지 아니한 때에는 상속재산은 국가에 귀속된다고 규정하고 있습니다(민법 제1058조 제1항).

그러나 사실상의 배우자나 사실상의 양자와 같이, 피상속인과 생계를 같이 하고 있거나 피상속인의 요양간호를 한 자, 기타 피상속인과 특별한 연고가 있던 자는 법률상 상속인이 아니기 때문에 피상속인의 재산을 상속할 길이 없다면 이는 불합리하다 할 것입니다. 이를 시정하기 위하여 현행 민법은 상속권을 주장하는 자가 없는 경우에 한하여 특별연고자에 대한 분여를 인정하였습니다.

즉, ① 상속인이 존부가 분명하지 아니한 때에는 법원은 피상속인의 친족 기타 이해관계인 또는 검사의 청구에 의하여 상속재산관리인을 선임하고 지체 없이 이를 공고한 후에 공고가 있은 날로부터 3월내에 상속인의 존부를 알 수 없는 때에는 관리인은 지체 없이 일반상속채권자와 유증 받은 자에 대하여 2월 이상의 기간을 정하여 그 기간 내에 그 채권 또는 유증 받은 사실을 신고할 것을 공고하여야 하며, ② 공고기간 내에 상속권을 주장하는 자가 없는 때에는 가정법원은 피상속인과 생계를 같이하고 있던 자, 피상속인의 요양간호를 한 자 기타 피상속인과 특별한 연고가 있던 자의 청구에 의하여 상속재산의 전부 또는 일부를 분여할 수 있는데, 이 청구는 가정법원이 상속인수색의 공고에서 정한 상속권주장의 최고기간이 만료된 후 2월 이내에 하여야 합니다(민법 제1053조, 제1056조, 제1057조의2 제2항).

그리고 가정법원에서 분여청구를 인용하는 경우에도 그 분여의 범위는 법원의 자유로운 판단에 의하여 결정될 것입니다.

제6장. 유 언

제6장 유언

Ⅰ. 유언

유언이란 유언자의 사망과 동시에 일정한 효과를 발생시키는 것을 목적으로 하는 상대방이 없는 단독행위를 말합니다. 사유재산제도에 입각한 재산처분의 자유의 한 형태로서 사람이 생전 뿐 아니라 유언에 의하여 사후의 법률관계(주로 재산관계)까지 지배하는 것을 인정한 것입니다.

그러나 법률은 유언으로 할 수 있는 사항을 다음과 같이 한정하고 있습니다.

(1) 상속에 관한 사항

㉮ 상속재산분할방법의 지정 또는 위탁(民§1012전단)

㉯ 상속재산분할금지(§1012후단)

(2) 상속 이외의 유산의 처분에 관한 사항

㉮ 유증(§1074~§1090)

㉯ 재단법인의 설립(§47②)

㉲ 신탁의 설정(신탁§2)

(3) 신분상의 사항

㉮ 인지(§859②)

㉯ 친생부인(§850)

㉲ 후견인의 지정(§931),
㉱ 친족회원지정(§962)

(4) 유언의 집행에 관한 사항

유언집행자의 지정 또는 위탁(§1093). 또한 본인의 최종의사인가를 명확히 해 둘 필요에서도 엄격한 방식이 요구됩니다(유언의 요식성 : 民§ 1060참조). 일단 한 유언도 자유로이 철회할 수 있고, 이 철회권을 포기하지 못하게 되어 있습니다 (§1108참조).

민법은 유언의 해석에 관하여도 엄격한 기준을 정하고 있습니다. 즉 전후의 유언이 저촉되거나 유언 후의 생전행위가 유언과 저촉되는 경우에는 그 저촉된 부분의 전(前)유언은 이를 철회한 것으로 본다(§1109), 유언의 목적이 된 권리가 유언자의 사망 당시에 상속재산에 속하지 아니한 때에는 유언은 그 효력이 없다(§1087①본문)는 등의 규정이 그것입니다.

그러나 유언이 임종시에 행하여지는 것이 많은 우리 나라의 실정에서 본다면 내용이 불명확한 경우도 적지 않습니다.

2. 유언상속

① 유언의 방식 : 요식성(민법 제1060조), 자필증서(제1066조), 녹음(제1067조), 공정증서(제1068조), 비밀증서(제1069조), 구수증서(제1070조)
② 유언의 효력 : 사망시 효력발생(제1073조)

③ 상속인의 결정 : 유증의 승인과 포기
④ 유언의 집행 : 검인절차, 유언집행자
⑤ 유언의 철회와 저촉

유언법정주의란 무엇인가?

키포인트 윤리적, 도덕적 효력이 있을 뿐, 유언으로서 법적 효력은 없습니다.

이렇게 ➡ 사람은 '법률로 정하여진 일정한 사항' 즉, 법정사항(法定事項 : 이는 법적인 권리·의무와 관련있는 사항)에 대하여만 유언할 수 있습니다. 이처럼 유언방식이나 유언사항을 법으로 규정하는 것을 유언법정주의(遺言法定主義)라고 합니다. 유언내용은 공서양속에 위반하지 아니하는 것이라야 함은 물론입니다.

유언사항은 아래와 같습니다.

이 유언사항은 반드시 유언으로만 할 수 있는 것과 생전행위로도 할 수 있는 것으로 나눌 수 있습니다.

· 가족관계에 관한 사항 : 친생부인(민 850조), 인지(859), 후견인의 지정(931조), 친족회원의 지정(962조)

· 상속재산의 처분에 관한 사항 : 유증(민 1074조 이하), 재단법인의 설립을 위한 재산 출연행위(민 47조 2항), 신탁의 설정(신탁법 2조)

· 상속재산의 분할과 유언집행에 관한 사항 : 상속재산의 분할금지(민1012조)·분할방법의 지정이나 위탁

(1012조), 유언집행자의 지정·그 지정의 위탁(1093조).

후견인·친족회원의 지정, 그리고 상속재산분할과 유언집행에 관한 사항은 유언으로만 할 수 있다고 해석되고(대판 1975. 3. 25. 74다1998 ; 1976. 1. 13. 74다2002), 그 나머지, 즉 친생부인, 인지(認知)와 유증(遺贈 증여는 생전행위로도 할 수 있고 유언으로도 할 수 있습니다. 유언으로 한 것이 유증)등 상속재산의 처분에 관한 사항은 생전행위로도 할 수 있습니다.

자필증서에 의한 유언 효력

키포인트 인정됩니다.

이렇게 ➡ 민법은 유언의 존재여부를 분명히 하고 위조, 변조를 방지할 목적으로 일정한 방식에 의한 유언에 대해서만 그 효력을 인정하고 있습니다. 민법에 규정된 유언의 방식으로는 자필증서에 의한 유언, 녹음에 의한 유언, 공정증서에 의한 유언, 비밀증서에 의한 유언, 구수증서에 의한 유언이 있습니다(민법 제1065조).

'자필증서에 의한 유언'이란 유언 중에서 가장 간단한 방식이며, 그 요건은 유언자가 유언의 내용이 되는 전문과 연월일·주소·성명을 자신이 쓰고 날인한 유서입니다(민법 제1066조).

이 유언은 자필하는 것이 절대적 요건이므로, 타인에게 구수(口授), 필기시킨 것, 타이프라이터나 점자기를 사용한 것은 자필증서로서 인정되지 않으며 따라서 무효입니다. 다만, 자기 스스로 썼다면 외국어나 속기문자를 사용한 것도, 그리고 가족에게 의문의 여지없이 정도의 의미가 명확한 관용어나 약자·약호를 사용한 유언도 유효합니다.

유언서 작성시 연월일도 반드시 자필로 기재하여야 하며 유언서말이나 봉투에 기재하여도 무방하나 연월일이 없는 유언은 무효입니다. 연월일의 자필이 중요시되는 것은 언제 유언이 성립되었느냐를 명확히 하는 이외에, 유언자의 유언능력을 판단하는 표준시기를 알기 위하여도, 혹은 유언이 2통으로 작성된 경우에 전·후의 유언내용이 저촉되는 때에는, 뒤에 유언으로써 그 저촉되는 부분의 앞의 유언을 취소한 것으로 볼 수 있으므로, 유언에 연월일이 없으면 어느 유언이 전·후의 것인지 불명확하기 때문입니다. 그렇지만 연월일을 반드시 정확하게 기입할 필요는 없으며 '만 60세의 생일'이라든가 '몇 년의 조부 제사일에'라는 식으로 써도 상관없습니다. 그러나 연월만 표시하고 날의 기재를 하지 않은 유언은 무효입니다. 예컨대, '1954년 9월 길일'과 같은 기재는 날짜의 기재가 없는 것으로 무효가 됩니다.

성명의 기재가 없는 유언서 또는 성명을 다른 사람이 쓴 유언서는 무효입니다. 여기서, 성명의 기재는 그 유언서가 누구의 것인가를 알 수 있는 정도면 되므로 호나 자, 예명(藝名) 등도 상관없습니다. 성과 이름을 다 쓰지 않더라도 유언자 본인의 동일성을 알 수 있는 경우에는 유효하지만, 성명의 자서(自書) 대신 자서를 기호화한 인형(印形) 같은 것을 날인한 것은 안됩니다. 또한, 자필증서에 의한 유언은 유언서의 전문과 연월일, 성명을 자서하고 도장찍는 것을 요건으로 하되 도장은 인감증명이 되어있는 실인(實印)일 필요는 없으며, 막도장도 좋고, 무인(拇印)도 무방하며 날인은 타인이 하여도 무방합니다. 사후 문자의 삽입·삭제·변경을 할 때에는 유언자가 자서하고 날인하여야 합니다(민법 제1066조 제2항). 그리고 위와 같은 자필증서를 보관한 자 또는 이를 발견한 자는 유언자의 사망 후 지체 없이 그 증서를 법원에 제출하여 검인을 받아야 합니다(민법 제1091조 제1항).

판례는 "자필증서에 의한 유언은 유언자가 그 전문과 연월일, 주소, 성명을 자서(자서)하고 날인하여야 하는바(민법 제1066조 제1항), 유언자의 주소는 반드시 유언 전문과 동일한 지편에 기재하여야 하는 것은 아니고, 유언증서로서 일체성이 인정되는 이상 그 전문을 담은 봉투에 기재하더라도 무방하며, 그 날인은 무인에 의한 경우에도 유효하고, 유언증서에 문자의 삽입, 삭제 또는 변경을 함에는 유언자가 이를 자서하고 날인하여야 하나(민법 제1066조 제2항), 증서의 기재 자체로 보아 명백한 오기를 정정함에 지나지 아니하는 경우에는 그 정정 부분에 날인을 하지 않았다고 하더라도 그 효력에는 영향이 없고 민법 제1091조 제1항에 규정된 유언증서에 대한 법원의 검인은 유언의 방식에 관한 사실을 조사함으로써 위조·변조를 방지하고 그 보존을 확실히 하기 위한 절차에 불과할 뿐 유언증서의 효력 여부를 심판하는 절차가 아니고, 민법 제1092조는 봉인된 유언 증서를 검인하는 경우 그 개봉 절차를 규정한 데 불과하므로, 적법한 유언증서는 유언자의 사망에 의하여 곧바로 그 효력이 발생하고 검인이나 개봉 절차의 유무에 의하여 그 효력에 영향을 받지 않는다."라고 하였습니다(대법원 1998. 5. 29. 선고 97다38503 판결, 1998. 6. 12. 선고 97다38510 판결).

그러므로 위 사안에서 갑이 작성한 각서가 위와 같은 방식을 갖추고 사후에 1필지를 귀하에게 유증한다는 내용이라면 민법 제1066조의 자필증명서에 의한 유언에 해당하여 유언의 효력이 있을 것으로 보여집니다.

구수증서에 의한 유언의 효력

이럴땐 ➡ 한달 전 사망한 저의 부친은 3년 전 그의 칠순잔치 때에 어머니와 저희 3남매를 모아놓고 그의 사후 재산분배에 대하여 언급하였고, 동생이 그것을 받아 적고 낭독한 그 유언서에 '반드시 이대로 분배하라'고 직접 기재하신 후 서명·날인하였습니다, 그런데 동생은 부친 사망후 위 유언장의 효력을 부인하고 법정상속분에 따른 재산분배를 요구하고 있습니다. 유언 중 구수증서에 의한 유언은 유효하다고 들었는데, 위와 같은 경우 동생의 주장이 정당한지요?

키포인트 정당합니다.

이렇게 ➡ 구수증서(口授證書)에 의한 유언은 질병 기타 급박한 사유로 보통의 방식에 의하여 유언을 할 수 없는 경우에 유언자가 2인 이상의 증인의 참여로 그 중 1인에게 유언의 취지를 구수하고, 그 구수를 받은 사람이 이를 필기·낭독하여 유언자와 증인이 그 정확함을 승인한 후 각자가 서명 또는 기명·날인하는 방법의 유언입니다(민법 제1070조 제1항).

구수증서에 의한 유언은 다음과 같은 요건을 갖추어야 합니다.

첫째, 질병 기타 급박한 사유로 인하여 다른 방식에 의한 유언을 할 수 없는 경우에 한하여 인정됩니다. 기타 급박한 사유란 것은 부상한 경우, 전염병 때문에 교통이 차단된 상태에 있는 경우, 조난한 선박 중에 있는 경우 등을 말합니다. 판례도 "민법 제1065조 내지 제1070조가 유언의 방식을 엄격하게 규정한 것은 유언자의 진의를 명확히 하고 그로 인한 법적 분쟁과 혼란을 예방하기 위한 것이므로, 법정된 요건과 방식에 어긋난 유언은 그것이 유언자의 진정한 의사에 합치하더라도 무효라고 하지 않을 수 없는 바, 민법 제1070조 제1항이 구수증서에 의한 유언은 질병 기타 급박한 사유로 인하여 민법 제1066조 내지 제1069조 소정의 자필증서, 녹음, 공정증서 및 비밀증서의 방식에 의하여 할 수 없는 경우에 허용되는 것으로 규정하고 있는 이상, 유언자가 질병 기타 급박한 사유에 있는지 여부를 판단함에 있어서는 유언자의 진의를 존중하기 위하여 유언자의 주관적 입장을 고려할 필요가 있을지 모르지만, 자필증서, 녹음, 공정증서 및 비밀증서의 방식에 의한 유언이 객관적으로 가능한 경우까지 구수증서에 의한 유언을 허용하여야 하는 것은 아니다."라고 하였습니다(대법원 1999. 9. 3. 선고 98다17800 판결, 2000. 12. 12. 선고 99다7329 판결).

둘째, 2인 이상의 증인의 참여와 그 중 1인에게 유언의 취지를 구수하여야 합니다. 증인이 1인밖에 참여하지 않을 때는 그 유언은 무효입니다. 셋째, 구수를 받은 사람이 이를 필기·낭독하여 유언자와 증인이 그 정확함을 승인한 후 각자가 서명 또는 기명하고 날인하여야 합니다. 넷째,

구수증서에 의한 유언은 그 증인 또는 이해관계인이 급박한 사유로 종료한 날로부터 7일 내에 가정법원에 검인을 신청하여야 하며(민법 제1070조 제2항), 가정법원은 이 검인을 심판으로서 합니다(가사소송법 제2조 제1항 라류사건 제36호). 다섯째, 금치산자가 구수증서에 의한 유언을 하는 경우에는 그 의사능력이 회복되어 있어야 합니다(민법 제1063조 제1항). 다만, 구수증서에 의한 유언의 경우에는 사실상 의사의 참여가 불가능한 경우가 많기 때문에 의사가 심신회복의 상태를 유언서에 서명·날인할 필요는 없습니다(민법 제1070조 제3항).

따라서 귀하의 경우에는 구수증서에 의한 유언의 요건 중 급박한 사정이 당시 존재하였다고 보기가 어려워 유언으로서의 효력이 없을 것으로 보입니다. 따라서 상속인들 사이에 상속분에 대하여 원만한 합의가 이루어지지 않는다면 법정상속지분에 의하여 상속재산을 분할하여야 할 것으로 보입니다.

유언방식에 위배된 피상속인의 상속재산분할방법 지정행위의 효력

이럴땐 ➡ 갑은 그가 사망하면 그의 소유인 주택 및 대지는 장남 을에게, 농지 2필지는 차남 병에게, 임야는 3남 정에게 나누어 가지라고 입버릇처럼 말하였습니다. 그런데 갑이 사망하였고, 위와 같은 갑의 유지를 받들어 재산을 분할하려고 하였으나, 정이 이에 반발하여 법정상속지분에 의하여 분할하여야 한다고 주장합니다. 이 경우 정의 주장이 타당한지요?

키포인트 타당합니다.

이렇게 ➡ 민법 제1012조에 의하면 "피상속인은 유언으로 상속재산의 분할방법을 정하거나 이를 정할 것을 제3자에게 위탁할 수 있고 상속개시의 날로부터 5년을 초과하지 아니하는 기간내의 그 분할을 금지할 수 있다."라고 규정하고 있습니다. 그리고 민법은 유언의 존재여부를 분명히 하고 위조. 변조를 방지할 목적으로 일정한 방식에 의한 유언의 방식으로는 자필증서에 의한 유언, 녹음에 의한 유언, 공정증서에 의한 유언, 비밀증서에 의한 유언, 구수증서에 의한 유언이 있습니다(민법 제1065조).

그런데 위 사안에서 갑의 생전발언은 위와 같은 유언의 방식을 갖추지 못한 것이므로 유언의 방식에 의하지 아니한 피상속인의 상속재산분할방법 지정행위의 효력에 관하여 판례를 살펴보면, "피상속인은 유언으로 상속재산의 분

할방법을 정할 수는 있지만, 생전행위에 의한 분할방법의
지정은 그 효력이 없어 상속인들이 피상속인의 의사에 구
속되지는 않는다.”라고 하였습니다(대법원 2001. 6. 29. 선
고 2001다28299 판결).

따라서 위 사안의 경우 갑이 생전에 위와 같은 재산분할
방법을 말하였다고 하여도 그것이 유언의 형식을 갖추지
못한 것이므로 그것은 효력이 없다 할 것입니다. 그렇다면
을·정·병 3인은 법정상속지분에 따라서 상속재산을 분할
하여야 할 것입니다.

유언에 있어서 증인이 될 수 없는 자

키포인트 유언집행자는 증인결격자가 아니고 유언의 증인이 될 수 있습니다.

이렇게 ➡ 자필증서에 의한 유언을 제외하고는 녹음에 의한 유언, 공정증서에 의한 유언, 비밀증서에 의한 유언, 구수증서에 의한 유언의 경우 모두 증인의 참여가 필요합니다. 이러한 증인은 유언의 성립과 진정성과 방식준수의 확보성을 증명하는 자이며, 이러한 사람의 성명 또는 기명날인 또는 구술(녹음에 의한 경우)은 직접적으로 유언의 유효·무효를 판단하는 자료가 됩니다.

그러나 다음에 해당하는 자는 증인 결격자, 즉 증인이 될 수 없습니다.

(1) 법정결격자(민법 제1072조).

① 미성년자는 절대적 결격자입니다. 법정대리인의 동의를 얻더라도 유언의 증인이 될 수 없습니다. 혼인하여 성년자로 간주된 사람, 또는 성년되기 전에 이혼한 사람(미성년자들)은 증인이 될 수 있습니다.

② 한정치산자, 금치산자도 절대적으로 결격자입니다. 후견인의 동의를 얻거나, 의사능력을 회복하고 있더라도(자신의 유언능력은 있음), 남의 유언에 증인

이 될 수 없습니다.

③ 유언으로 이익을 받을 사람, 그의 배우자와 직계혈족

유언자의 상속이 될 사람, 유증을 받게 될 수유자
등과 그 배우자, 직계혈족을 의미합니다. 이러한 사
람들은 자기의 이익을 꾀할 우려가 있으므로 증인
이 될 자격을 배제한 것입니다. 그러므로 법정상속
인으로 추정되는 사람이나 유언으로 이익을 잃게
되는 사람, 유언집행자 등은 증인결격자가 아니고
유언의 증인이 될 수 있습니다(대판 1999. 11. 26.
97다57733).

④ 공증인법에 의한 결격자

미성년자, 서명할 수 없는 사람, 촉탁사항에 관하
여 이해관계가 있는 사람·촉탁사항에 관하여 대
리인·보조인이거나 이었던 사람, 공증인이나 촉
탁인 또는 그 대리인의 배우자·친족·동거의 가
족·법정대리인·피용자(예컨대, 공증변호사 사무
실의 사무장 등)·동거인·공증인의 보조자는 결
격자입니다.

(2) 사실상의 결격자

서명을 할 수 없는 자, 유언자의 구수(말)를 이해할
수 없는 자 등은 법률규정에 결격사유로 규정되어
있지 않지만, 사실상 유언의 방식에서 정하고 있는
증인으로서 역할을 할 수 없는 경우가 있습니다.

공정증서에 의한 유언의 요건

키포인트 유언자가 구수한 것이라고 할 수 없으므로 무효입니다.

이렇게 ➡ 공정증서에 의한 유언은 다음의 요건을 갖추어야 합니다.

(1) 증인 2사람이 참여할 것

만일 증인 1사람만이 참여하였거나 증인의 참여가 없다면 이는 공정증서유언으로서 효력을 발생할 수 없고 무효가 됩니다(대판 1994. 12. 22. 94다13695).

(2) 유언자가 공증인의 면전(面前)에서 유언의 취지를 구수(口授)할 것

말을 하여야 하고 거동으로 표시하여서는 안됩니다. 유언자가 식물인간이라든지, 기타 사유로 손짓 발짓, 고개만 끄덕 끄덕하는 것만 가지고는 구수로 볼 수 없습니다. 법원은 위 사례에 대해서 '뇌혈전증으로

병원에 입원하여 치료를 받고 있는 유언자가 불완전한 의식상태와 언어장애 때문에 말을 하지 못하고 고개만 끄덕거리면서 반응할 수 있을 뿐인 상태(의학상 가면성 정신상태)하에서 공증인이 유언내용의 취지를 유언자에게 말하여 주고 "그렇소?"하고 물으면 유언자는 말을 하지 않고 고개만 끄덕 끄덕거리면서 공증인의 사무원이 그 내용을 필기하고 이를 공증인이 낭독하는 방법으로 유언서가 작성되었다면 이는 유언자가 구수한 것이라고 할 수 없으므로 무효이다'라고 하였습니다(대판 1980. 12. 23. 80므18).

(3) 공증인의 유언자의 구술을 필기하여, 이를 유언자와 증인 앞에서 낭독할 것

필기는 반드시 공증인 자신이 할 필요가 없으며, 사무원에게 하여도 무방합니다. 또 공증인이 미리 유언자가 작성한 문안(文案)을 받고 유언자가 구수하는 것을 들은 다음 이것으로써 필기에 갈음하는 것과 같이 구술과 필기의 순서가 바뀌어도 상관없습니다.

그리고 공정증서는 국어로 작성되어야 합니다.

(4) 유언자라 증인이 필기가 정확함을 승인한 후 각자 서명 또는 기명·날인할 것

서명이나 기명·날인의 어느 한 쪽을 하면 됩니다.

공증인은 그 사무소에서 직무를 행하는 것이 원칙이

지만, 유언의 경우에는 그 적용이 없으며(공증인법 제17조, 제56조), 따라서 공정증서에 의한 유언을 할 경우에는 출장을 요구할 수도 있습니다.

유언을 철회할 수 있는가?

키포인트 유언은 유효합니다.

이렇게 ➡ 만약 유언자인 A가 아파트 양도계약을 체결하였다면 유언이 철회된 것으로 보지만, A가 아닌 타인이 처분행위를 한 경우에는 유언철회로서의 효력이 생기지 않으므로, 위 유언은 유효합니다.

이 유 ➡ 유언은 사람의 최종의 의사를 존중하는 제도이므로, 유언자가 유효한 유언을 한 후라도 생전에는 언제든지 자유로이 그 전부 또는 일부를 철회할 수 있습니다(민법 1108조 1항).

(1) 임의철회

유언자는 유언 또는 생전행위로써 유언을 철회할 수 있습니다(민법 제1108조). 유언으로 유언을 철회하는 경우에도 그 방식은 반드시 전에 한 유언과 동일한 방식으로 하지 않아도 됩니다.

(2) 법정철회

다음과 같은 경우에는 명시적·임의적인 철회가 없더라도 유언이 철회된 것으로 봅니다.

① 전후의 유언이 저촉되는 경우

새로운 유언을 하였는데, 그 내용이 이전의 유언내용과 객관적으로 저촉되는 경우(1109조)에는 저촉부분은 철회된 것으로 봅니다. 예컨대 A에게 부동산을 준다고 유언한 후 다시 B에게 그 부동산을 준다고 유언한 경우가 이에 해당됩니다. 유언자의 철회의사의 존부, 종전 유언내용의 망각여부는 불문합니다.

유언은 유언자의 최종의사를 존중하는 것이므로 전후 2개의 유언이 있는 경우에는 나중에 유언(사망시에 가까운 유언)을 우선시키는 것이 유언의 성질상 당연한데, 이를 "후유언 우선(後遺言優先)의 원칙"이라고 합니다.

② 유언 후 그것과 저촉되는 생전행위(生前行爲)를 한 때(1109조).

이 경우는 저촉되는 전(前) 유언은 철회한 것으로 본다. 이 생전행위를 유언으로 할 필요는 없습니다.

유언자가 유언 후 '유증의 목적물'을 제3자에게 매각하는 경우 등이 그 예입니다. 생전처분은 유상이든 무상이든 상관없습니다. 여기서 말하는 '저촉'이라 함은 전(前)의 유언을 실효시키지 않고서는 그 후의 생전행위가 유효로 될 수 없음을 가리키되 법률상 또는 사실상 물리적인 집행불능만을 뜻하는 것이 아니라 후의 행위가 전의 유언과 양립될 수 없는 취지로 행하여졌음이 명백하면 족하다고 할 것입니다.

이러한 생전처분은 철회권을 가진 유언자가 자신이 할 때 비로소 철회로 간주되는 것이고, 유언자 아닌 타인이 유언자의 명의를 이용하여 임의로 유언의 목적인 특정재산의 처분행위를 한 경우는 유언철회로서의 효력은 생기지 않습니다(대판 1998. 6. 12. 97다38510).

(3) 유언자가 고의로 유언증서 또는 유증의 목적물을 파훼(破毁)한 때(민법110조)

이 경우 그 파훼한 부분에 관한 유언은 철회한 것으로 봅니다(민법 제1110조).

유언자가 스스로 고의로 파훼하여야 하므로 제3자(유언자가 시킨 것이 아닌 경우)가 파훼한 경우나, 과실이나 불가항력으로 파훼된 경우는 법정철회로 인정될 수 없습니다.

유언증서의 멸실이나 분실로서는 유언이 실효되지 않습니다. 이 경우 이해관계인은 유언증서의 내용을 입증하여 유언의 실효를 주장할 수 있습니다(대판 1996. 9. 20. 96다21119).

포괄적 유증이란 무엇인가?

키 포 인 트 취득합니다.

이렇게 ➡ 위 사례는 포괄적 유증에 해당되는데, 포괄적 유증의 경우는 상속의 경우와 동일하므로, 이전등기를 하지 않아도 부동산의 소유권을 취득합니다(대판 2003. 5. 27. 2000다73445).

이 유 ➡ 유증이란 유언에 의한 재산의 무상증여를 말합니다. 포괄적 유증이란 상속재산의 전부 또는 일정한 비율의 유증을 말합니다.

재산의 일부 또는 전부를 포괄적으로 유증받은 포괄적 수증자는 실질적으로 상속인과 거의 다르지 않습니다. 민법은 '포괄적 유증을 받은 자는 상속인과 동일한 권리의무가 있다'고 함으로써, 이를 명백히 하고 있습니다(민법 제1078조). 따라서 유언으로 정해진 비율의 상속분을 가지는 상속인이 한 사람 늘었다고 생각하면 됩니다.

유증의 효력은 상속과 마찬가지로 유언자의 사망시에 발생합니다.

그 때 수증자는 상속인과 마찬가지로 유증사실을 알든

모르든, 유언대로 상속재산(적극재산이든, 소극재산(채무)이든 불문)을 법률상 당연히 포괄승계합니다(민법1005조). 이는 상속의 경우와 완전히 동일합니다. 부동산·동산·채권의 승계는 이전등기·인도·대항요건(통지 등) 등을 구비하지 아니하여도 수증자에게 당연히 이전됩니다(물권적 효력이 있다고 한다). 유언자가 게다가 또 특정유증을 하면, 포괄적수증자는 그 특정수유자에 대한 유증의무자가 됩니다. 포괄적수유자는 상속인과 동일한 권리의무가 있다는 규정(민법 제1078조, 포괄유증의 효력)은 포괄적 '사인증여'에는 준용되지 않습니다(대판 1996. 4. 12. 94다37714, 37721).

상속회복청구권이 포괄적 유증의 경우에도 적용되는지

키포인트 찾을 수 없을 것으로 보입니다.

이렇게 ➡ '포괄적 유증'이란 상속재산의 전부 또는 일부를 그에 관한 권리와 의무를 일괄하여 유증하는 경우를 말하며, 유언에 의하여 상속재산의 전부라든가 또는 몇 분의 1이라든가를 증여하는 것을 말합니다.

포괄적수증자의 권리의무에 관하여 민법 제1078조에 의하면 "포괄적 유증을 받은 자는 상속인과 동일한 권리의무가 있다."라고 규정하고 있습니다. 그리고 상속회복청구권과 그 제척기간에 관하여 민법 제999조 제1항에 의하면 "상속권이 참칭상속권자로 인하여 침해된 때에는 상속권자 또는 그 법정대리인은 상속회복의 소를 제기할 수 있다."라고 규정하고 있으며, 민법 제999조 제2항 전문에서는 상속회복청구권은 그 침해를 안 날부터 3년을 경과하면 소멸한다고 규정하고 있습니다.

위 사안에서는 갑은 을이 사망한 후 5년이 경과된 시점에서 을의 유언에 의한 3분의 1 지분을 회복하고자 하는 바, 이 경우에도 민법 제999조가 적용되는지 문제됩니다.

이에 관하여 판례를 보면, "상속인이 상속회복청구권 및 그 제척기간에 관하여 규정한 민법 제999조는 포괄적 유증의 경우에도 유추 적용된다."라고 하였습니다(대법원 2001. 10. 12. 선고 2000다22948 판결).

따라서 위 사안에서 갑은 을의 상속인 병과 정이 갑의 유증분을 침해한 사실을 알고서도 5년이 지나도록 그 회복을 청구하지 않았으므로 지금에 이르러서 병과 정에게 갑의 지분의 반환을 청구하기는 어려울 것으로 보입니다.

특정적 유증이란 무엇인가?

키포인트 상속인에게 유증의 이행을 청구하여 상속인
이 이행을 하면 수증자가 이전등기를 하여야
소유권이 이전됩니다.

이렇게 ➡ 특정적 유증은 포괄적 유증과 달라서 구체적인
재산을 증여의 목적으로 하는 것을 말합니다. 예컨대 특
정의 부동산을 장남에게 준다든가 하는 것이 이에 해당됩
니다.

특정적 수증자는 특정의 재산권에 관하여 증여계약에 있
어서의 수증자와 동일한 지위에 섭니다.

특정유증의 경우, 목적물의 소유권은 언제 수유자에게
이전되는가가 문제됩니다. 특정적 유증의 효력은 채권적입
니다. 그러므로 목적재산은 상속재산으로서 일단 상속인에
게 승계되고, 수유자는 상속인(수증의무자)에게 유증을 이
행하라고 청구할 수 있을 뿐입니다.

부동산이면 이전등기청구를 하고, 동산의 경우는 인도청
구권을 행사하여, 그 등기나 인도를 받은 때, 비로소 물건
의 소유권이 수유자에게 넘어가게 됩니다. 물권변동의 성
립요건 주의(형식주의=등기를 이전하여야 소유권이 이전된

다는 주의)상 당연한 것입니다.

"유증의무자" 또는 "유증의 이행을 청구할 수 있는 때" 등의 문구가 민법에 규정되어 있는 점, 재산분리의 경우도 민법 제1051조 3항에 의하여 1035조, 1038조가 준용되고 있는 점, 한정승인의 경우 상속채권자는 특정적 수유자보다 우선적으로 변제를 받을 수 있는 점 등이 특정유증의 효력이 채권적이라는 것은 근거가 됩니다.

유언의 집행

키포인트 적법한 유언은 유언자의 사망에 의하여 바로 효력이 발생하며, 검인이나 개봉절차를 거치지 않았다고 해서 그 유언이 무효가 되는 것은 아닙니다.

이렇게 ➡ 유언의 검인과 개봉은 유언을 집행하는 준비절차입니다. 유언이 증서나 녹음을 보관한 자 또는 이를 발견한 자는 유언자의 사망 후 지체 없이 가정법원에 제출하여 그 검인을 청구하여야 합니다(민법 제1091조 1항).

민법 제1091조에서 규정하고 있는 유언증서에 대한 법원의 검인은 유언증서의 형식·태양 등 유언의 방식에 관한 모든 사실을 조사·확인하고 그 위조·변조를 방지하며, 또한 보존을 확실히 하기 위한 일종의 검증절차 내지는 증거보전절차입니다.

이는 유언이 유언자의 진의에 의한 것인지 여부나 적법한지 여부를 심사하는 것이 아님은 물론 직접 유언의 유효 여부를 판단하는 심판이 아니고, 또한 민법 제1092조에서 규정하는 유언증서의 개봉절차는 봉인된 유언증서의 검인에는 반드시 개봉이 필요하므로 그에 관한 절차를 규정한 데에 지나지 아니하므로, 적법한 유언은 이러한 검인이나 개봉절차를 거치지 않더라도 유언자의 사망에 의하여 곧바로 그 효력이 생기는 것이며, 검인이나 개봉절차의 유무에 의하여 유언의 효력이 영향을 받지 않습니다(대판 1998. 6. 12. 선고 97다38510).

특정적 수증자도 유언집행자가 될 수 있는가?

키 포인트 적법하지 않은 것으로 보입니다.

이렇게 ➡ 수증자에게도 유언집행자의 자격이 있습니다.

유언의 집행이란 유언의 효력이 발생한 후 그 내용을 실현하는 행위를 말합니다. 유언은 그 내용이 상속인의 이익에 반하는 경우도 있고(예컨대 유언에 의한 인지의 경우 인지된 혼인 외의 자가 상속인의 지위를 가지게 되므로, 가존의 상속인에게는 상속분이 줄어드는 결과가 됩니다). 또 상속인이 무능력자일 때에는 스스로 유언을 집행할 수가 없습니다. 이런 이유 때문에 민법은 유언집행자제도를 두고, 상속인 이외의 자로 하여금 유언을 집행할 수 있게 하고 있습니다.

유언 중에서 반드시 집행자를 두어야 하는 것은 ① 친생부인(민법 제850조), 인지(민법 제859조 2항)이며, 상속인 자신도 집행할 수 있는 것은 ① 특정적 유증, ② 재단법인의 설립, ③ 신탁 등입니다.

유증의 실현은 유언자의 뜻을 실행하는 이행행위일 뿐이고, 수증자의 집행행위를 자기계약으로 볼 수 없으므로 수증자에게도 유언집행자의 적격이 있습니다(서울지방법원 1995. 4. 28. 자 94파8391).

무능력자(미성년자, 한정치산자, 금치산자)와 파산자는 유언집행자가 되지 못합니다(민법 제1089조). 이러한 자를 유언집행자로 지정하더라도 무효이며, 가정법원도 이러한 자를 유언집행자로 선임할 수 없습니다.

제7장. 유류분 제도

제7장 유류분제도

　유류분이란 일정한 상속인을 위하여 법률상 유보된 상속재산의 일정부분을 말합니다.

　이는 피상속인의 사망 후에 있어서의 상속인의 생활을 보장하고 또 상속인간의 공평을 도모하기 위하여 인정된 제도이며, 피상속인은 아무리 자기의 재산이라고 하여도 유류분을 침해해서까지 처분할 수는 없는 것입니다.

　즉 일정한 근친에게 재산을 상속시키는 것이 사회적으로 보다 합리적이므로 법정상속주의가 채용되고, 이를 유지하기 위하여는 재산의 일정부분을 상속권자를 위하여 보류하지 않으면 안됩니다. 유류분은 이러한 요구를 조화시키기 위한 제도입니다.

　유류분은 모든상속순위자에게 인정되는 것이 아니고, 제3순위의 재산상속인, 즉 피상속인의 형제자매에 이르기까지만 인정됩니다($\S$ 1000 $\sim$ $\S$ 1003참조).

　유류분권리는 피상속인의 증여 및 그 유증으로 인하여 그 유류분에 부족이 생긴 때에는 부족한 한도에서 그 재산의 반환을 청구할 수 있습니다($\S$ 115①). 이것을 부족분에 대한 반환청구권이라고 합니다. 이 경우에 증여 및 유증을 받을 자가 수인인 때에는 각자가 얻은 유증가액의 비율로 반환하여야 합니다(§115②). 그리고 증여에 대하여는 유증을 반환 받은 후가 아니면 이것을 청구할 수 없습니다(§1116).

위의 반환청구권은 유류분권리자가 상속의 개시와 반환하여야 할 증여 또는 유증을 한 사실을 안 때로부터 10년을 경과하면 시효에 의하여 소멸됩니다(§1117).

상속인의 유류분(遺留分)반환청구권

키포인트 유류분권을 행사하면 됩니다.

이렇게 ➡ 사망한 자는 생전에 유언을 해둠으로써 사망한 후 그의 소유재산을 자유롭게 처분할 수 있으나, 상속재산은 그 가족들의 노력이 어느 정도 포함되어 있는 경우가 많으므로 사망한 자가 유언으로 제3자에게 전 재산을 증여하였더라도 일정부분의 재산에 대하여는 그 가족들에게 당연히 돌아갈 수 있도록 함으로써 사망한 자의 유언에 의하여 자유처분 범위를 제한할 필요가 있는 것이며, 이에 민법은 유류분권리를 규정하고 있습니다.

유류분은 상속개시 후 상속인이 유산 중 일정비율을 주장하여 확보할 수 있는 부분이고, 상속인의 그러한 지위를 유류분권이라고 합니다.

유류분반환청구권은 사망한 자의 배우자, 직계존속, 직계비속, 형제자매 중 상속순위에 의한 상속권 있는 사람이 상속의 개시와 반환하여야 할 증여 또는 유증의 사실을 안 때로부터 1년 내에, 상속이 개시된 때로부터 10년 내에 행사하여야 하며, 그들의 유류분비율은 사망한 자의 배우자와 직계비속의 경우 법정상속분의 2분의 1, 사망한

자의 직계존속과 형제자매의 경우 법정상속분의 3분의 1
이 인정됩니다. 다만, 유류분권은 법정상속권에 기초하고
있는 것이므로 상속인의 결격, 포기 등으로 상속권을 상
실한 때에는 유류분권도 당연히 소멸됩니다(민법 제1112
조, 제1118조).

유증으로 유류분이 침해된 경우 상속인의 구제

키포인트 청구할 수 있습니다.

이렇게 ➡ 이러한 경우 상속이 개시되면 일정범위의 상속인은 피상속인의 재산의 일정비율을 확보할 수 있는 유류분제도가 인정되고 있습니다. 민법은 유류분권리자(귀하의 가족)가 받은 상속재산이 유류분을 침해하는 유증 또는 증여의 결과 유류분이 부족할 때에는 유류분제도를 둔 취지에서 유류분권리자가 자기의 유류분을 보전하는 방법을 인정하였습니다.

즉, 유류분은 구체적으로 반환청구권으로 나타나며, 유류분권리자는 유류분에 부족한 한도에서 유증 또는 증여된 재산의 반환을 청구할 수 있습니다(민법 제1115조 제1항). 그러나 이 반환청구권은 반드시 행사하여야 하는 것은 아니며, 유류분의 보전은 유류분권리자의 자유로운 의사에 달려 있습니다.

민법 제1112조에 의해 피상속인의 배우자와 직계비속의 유류분은 그 법정상속분의 1/2이 됩니다. 귀하 가족의 법정상속분은 제1009조에 의해 피상속인의 배우자인 귀하의 어머니는 1.5, 귀하와 귀하의 남동생은 각각 1의 비율로 됩니다. 실제로 각 지분별로 계산해 보면 귀하의 어머니의 법적상속분은 9,000만원(=2억1천만원×3/7)이 되며, 귀하와 귀하의 남동생의 상속분은 각 6,000만원(=2억1천만원×2/7)이 됩니다. 그런데 유류분은 법정상속분의 1/2이므로 귀하 어머니의 유류분은 4,500만원이 되고, 귀하와 귀하의 남동생의 유류분은 각 3,000만원이 됩니다.

한편, 실제로 상속되는 재산은 귀하의 어머니의 경우 3,000만원(7,000만원×3/7), 귀하와 귀하의 남동생의 경우 각 2,000만원(7,000만원×2/7)밖에 되지 아니하므로 귀하의 어머니는 1,500만원(4,500만원-3,000만원), 귀하와 귀하의 남동생은 각 1,000만원(3,000만원-2,000만원)이 부족하게 됩니다.

따라서 귀하의 가족은 각자 자신의 부족한 유류분의 한도에서 갑에게 재산의 반환을 청구할 수 있습니다. 다만, 반환청구권은 상속의 개시 및 증여의 사실을 안 때로부터 1년 내에 행사하지 아니하거나, 상속이 개시된 때, 즉 귀하의 부친의 사망일로부터 10년 내에 행사하지 아니하면 소멸합니다.

공동상속인 중 특별수익자가 있는 경우 유류분 청구권

이럴땐 ➡ 저의 아버지는 어머니와 저를 포함한 두 형제를 남기고 2개월 전 돌아가셨습니다. 아버지는 돌아가시기 2년 전 아버지 명의의 대지와 주택을 형의 명의로 이전해주면서 어머니와 동생인 저를 잘 돌볼 것을 부탁하였습니다. 그러나 형은 아버지가 돌아가신 후 어머니를 모시려 하지도 않고 생활비도 주지 않아 다른 상속재산이 없는 어머니께서는 생계유지가 막막하여 유류분청구를 하려고 합니다. 이 경우 형에게 이전한 증여재산도 유류분청구의 대상이 될 수 있는지요?

키포인트 유류분청구의 대상이 됩니다.

이렇게 ➡ 민법 제1113조 제1항에 의하면 "유류분은 피상속인의 상속개시시에 있어서 가진 재산의 가액에 증여재산의 가액을 가산하고 채무의 전액을 공제하여 이를 산정한다."라고 규정하고 있고, 민법 제1114조에 의하면 "증여는 상속개시전의 1년간에 행한 것에 한하여 제1113조의 규정에 의하여 그 가액을 산정한다. 당사자쌍방이 유류분권리자에 손해를 가할 것을 알고 증여를 한 때에는 1년전에 한 것도 같다."라고 규정하여 원칙적으로 상속개시 전 1년 간에 행한 증여에 한하여 유류분재산에 포함하고 있습니다.

따라서 위 규정대로라면 귀하의 선친과 형 사이의 증여는 2년전에 이루어졌기 때문에 유류분재산에 포함되지 아니한다고 하겠습니다.

그러나 판례는 공동상속인 중에서 피상속인으로부터 특별수익한 자가 있는 경우와 관련하여 "공동상속인 중에 피상속인으로부터 재산의 생전 증여에 의하여 특별수익을 한 자가 있는 경우에는 민법 제1114조의 규정은 그 적용이 배제되고, 따라서 그 증여는 상속개시 1년 이전의 것인지 여부, 당사자 쌍방이 손해를 가할 것을 알고서 하였는지 여부에 관계없이 유류분 산정을 위한 기초재산에 산입된다."라고 하여 민법 제1114조를 배제하고 있습니다(대법원 1996. 2. 9. 선고 95다17885 판결, 1995. 6. 30. 선고 93다11715 판결, 1998. 12. 8. 선고 97므513, 520, 97TM12 판결).

따라서 귀하의 어머니와 귀하는 각 상속지분의 2분의 1에 상당한 유류분을 청구할 수 있고, 그 유류분산정에 있어서 형이 2년 전에 증여받은 대지와 주택을 포함하여 산정되어야 할 것입니다.

한편, 유류분권리자의 증여 또는 유증재산의 반환청구권은 유류분권리자가 상속개시와 반환하여야 할 증여 또는 유증을 한 사실을 안 때로부터 1년 내에 하지 아니하면 시효에 의하여 소멸하고, 상속이 개시된 때로부터 10년이 경과한 때도 소멸하므로 귀하는 이 기간을 준수하여 유류분권을 행사하여야 할 것입니다.

참고로 유류분산정시 산입될 '증여재산'에 아직 이행되지

아니한 증여계약의 목적물이 포함되는지 여부에 관하여 판
례는 "유류분 산정의 기초가 되는 재산의 범위에 관한 민
법 제1113조 제1항에서의 '증여재산'이란 상속개시 전에
이미 증여계약이 이행되어 소유권이 수증자에게 이전된 재
산을 가리키는 것이고, 아직 증여계약이 이행되지 아니하
여 소유권이 피상속인에게 남아 있는 상태로 상속이 개시
된 재산은 당연히 '피상속인의 상속개시시에 있어서 가진
재산'에 포함되는 것이므로, 수증자가 공동상속인이든 제3
자이든 가리지 아니하고 모두 유류분 산정의 기초가 되는
재산을 구성한다."라고 하였습니다(대법원 1996. 8. 20. 선
고 96다13682 판결).

유류분 산정의 기초가 되는 재산

키포인트 피상속인의 상속개시시에 있어서 가진 재산의 가액에 증여재산의 가액을 기산하고, 채무의 전액을 공제하여 이를 산정합니다(민법 제1113조).

이렇게 ➡ 유류분의 액을 산출하기 위해서 우선 산정의 기초가 되는 피상속인의 재산의 액을 확정하여야 합니다. 그것은 피상속인의 상속개시에 있어서 가진 재산의 가액에 증여재산의 가액을 기산하고 채무의 전액을 공제하여 이를 산정합니다(민법 제1113조).

(1) 피상속인이 상속개시시에 가진 재산

상속개시 당시의 상속재산은 적극재산만을 의미합니다. 증여계약이 이행되지 아니하여 소유권이 아직 수증자에게 넘어가지 아니한 재산도 상속개시 시점의 재산으로 보아야 하고, 수증자가 공동상속인이든, 제3자이든 불문합니다(대판 1996. 8. 20. 96다13682).

－조건부 권리·'존속기간의 불확정한' 권리·해제조건부 권리도 상속개시시의 적극재산에 포함됩니다. 이러한 재산은 가정법원에서 선임한 감정인의 평가액을 산입합니다(민법 1113조 2항).

- 유증(특정유증과 포괄적 유증 포함)과 사인증여 재산은 상속개시 당시에 현존하는 재산에 포함되어 있기 때문에 따로 이를 합산하지 않습니다.

- 피상속인의 일신전속권(종신정기금 등)과 제사용 재산(1정보=3,000평 이내의 금양임야, 600평 이내의 묘토인 농지, 족보, 제구)은, 상속재산에 해당되지 않습니다.

(2) 증여재산

증여재산이란 것은, 상속개시 전에 이미 증여계약이 이행되어 그 소유권이 수증자에게 이전된 재산을 가리킨다. 아직 소유권이 피상속인에게 남아 있는 상태로 상속이 개시된 경우의 재산은 당연히 '피상속인의 상속개시 당시 가진 재산'에 포함됩니다. 수증자가 공동상속인이든, 제3자이든 가리지 않고 그러한 재산은 모두 유류분산정의 기초재산을 구성합니다.

① 오래 전에 한 증여가 무한정으로 산입되고 반환청구의 대상이 되면, 거래의 안전을 해하므로, 상속개시(피상속인 사망) 전 1년간에 행하여진 한해 증여의 가액을 모두 계산하여 더하여 줍니다(1114조 전단).

② 당사자쌍방이 유류분권리자에 손해를 가할 것을 알고 증여를 한 때에는 1년전에 한 것도 산입합니

다(민법 제1114조 후단).

③ 상속인의 특별수익분은 1년보다 먼저의 것이라도 모두 산입합니다(민법 제1118조, 제1008조).

유류분반환청구의 행사방법

키포인트 유류분을 침해하는 유증 또는 증여행위를 지정하여 이에대한 반환청구의 의사를 표시하면 되고, 그 목적물을 구체적으로 특정할 필요는 없습니다.

이렇게 ➡ 유류분반환청구권의 행사는 상대방(수유자·수증자)에 대한 의사표시로 합니다. 이는 '상대방 있는' 단독행위이다. 그러므로 반드시 소(訴)의 제기로만 하여야 하는 것(재판상 청구)은 아니고 의사표시(재판 외의 청구)로도 할 수 있습니다.

유류분반환청구의 의사표시는 권리침해행위인 유증이나 증여행위를 지정하여 그 반환청구의 의사표시를 하면 족하고, 증여 등으로 인하여 생긴 목적물의 이전등기청구권이나 이전등기청구권을 행사하는 것처럼 그 목적물을 구체적으로 특정하여야 하는 것은 아닙니다. 이러한 의사표시로 민법 제1117조 소정의 소멸시효의 진행도 중단됩니다(대판 1995. 6. 30. 93다11715 ; 2001. 9. 14 2000다66430, 66447).

유류분의 보전은 유류분에 부족한 한도에서 하여야 하므로, 증여의 일부만이 유류분을 침해하였을 때에는 그 침해한 한도에서 반환을 청구할 수 있습니다.

또한 유류분권리자가 수인 있을 때에는 각자가 가지는 반환청구권은 각각 독립된 것이므로 따로따로 행사하여야 하며, 한 사람이 행사하더라도 다른 사람에게 영향이 미치지 않습니다.

유류분으로 반환하여야 할 대상이 주식인 경우의 반환방법

이럴땐 ➡ 유류분으로 반환하여야 할 대상이 주식인 경우, 반환의무자가 피상속인으로부터 증여받은 주권 그 자체를 보유하고 있지 않으면 원물바환의무의 이행이 불가능한 경우에 해당되어 가액반환을 할 수 있습니까?

키포인트 주권의 대체물인 주식을 제3자로부터 취득하여 반환할 수 없다는 등의 특별한 사정이 없는 한 원물반환의무의 이행이 불가능한 경우에 해당되지 않습니다.

이렇게 ➡ 우리 민법은 유류분제도를 인정하여 제1112조부터 제1118조까지 이에 관하여 규정하면서도 유류분의 반환방법에 관하여 별도의 규정을 두지 않고 있는바, 다만 제1115조 제1항이 '부족한 한도에서 그 재산의 반환을 청구할 수 있다.'고 규정한 점 등에 비추어 반환의무자는 통상적으로 증여 또는 유증대상 재산 그 자체를 반환하면 될 것이나 위 원물반환이 불가능한 경우에는 그 가액 상당액을 반환할 수밖에 없을 것입니다.

유류분반환범위는 상속개시 당시 피상속인의 순재산과 문제된 증여재산을 합한 재산을 평가하여 그 재산액에 유류분청구권자의 유류분비율을 곱하여 얻은 유류분액을 기준으로 하는 것인바, 이와 같이 유류분액을 산정함에 있어 피고들이 증여받은 재산의 시가는 상속개시 당시를 기준으로 산정하여야 할 것이고(대법원 1996. 2. 9. 선고 95다 17885 판결 참조), 당해 피고에 대하여 반환하여야 할 재산 의 범위를 확정한 다음 위에서 본 바와 같이 그 원물반환 이 불가능하여 가액반환을 명하는 경우에는 그 가액은 사 실심 변론종결시를 기준으로 산정하여야 할 것입니다.

위 사례에 대하여 법원은 유류분을 반환하여야 할 대상 은 주식회사의 보통주이며, 제3자로부터 취득하여 반환할 수 없다는 등의 특별한 사정이 없는 한 피고 1로서는 위 주식 중 소정의 수량을 취득하여 이를 원고에게 양도함으 로써 원물반환의무를 이행할 수 있는 것이고 따라서 위 피 고가 망 소외인으로부터 증여받은 주권 그 자체를 보유하 고 있지 않다는 사실만으로 원고에 대한 주식반환의무가 불가능하다고 할 수는 없다고 하였습니다(대판 2005. 6. 23. 2004다51887).

유류분반환의무의 범위

키포인트 공동상속인에 대하여는 자기 고유의 유류분액을 초과하는 가액을 기준으로 하여, 제3자에 대하여 그 증여 또는 유증받은 재산의 가액을 기준으로 합니다.

이렇게 ➡ 유류분권리자가 유류분반환청구를 함에 있어 증여 또는 유증을 받은 다른 공동상속인이 수인일 때에는 각자 증여 또는 유증을 받은 재산 등의 가액이 자기 고유의 유류분액을 초과하는 상속인에 대하여 그 유류분액을 초과한 가액의 비율에 따라서 반환을 청구할 수 있고, 공동상속인과 공동상속인 아닌 제3자가 있는 경우에는 그 제3자에게는 유류분이 없으므로 공동상속인에 대하여는 자기 고유의 유류분액을 초과한 가액을 기준으로 하여, 제3자에 대하여는 그 증여 또는 유증받은 재산의 가액을 기준으로 하여 그 각 가액의 비율에 따라 반환청구를 할 수 있습니다(대판 2006. 11. 10. 2006다46346).

유류분반환청구권의 단기소멸시효기간의 기산점
인 민법 제1117조의 '유류분권리자가 상속의 개
시와 반환하여야 할 증여 또는 유증을 한 사실을
안 때'의 의미

키포인트 유언의 검인을 받으면서 자필유언증서의 원
본을 확인한 시점에 그러한 유증이 있었음을
알았다고 할 것입니다.

이렇게 ➡ 유류분의 반환청구권은 유류분권리자가 상속의

개시와 반환하여야 할 증여 또는 유증의 사실을 안 때로부

터 1년 이내에 행사하지 않으면 시효에 의하여 소멸합니다

(민법 제1117조 전단).

유류분의 반환청구는 피상속인이 생전에 한 증여라도 그

효력을 잃게 하는 것이므로, 거래의 안전을 해할 우려가

있습니다. 그래서 1년이란 단기간에 그 권리를 소멸시키려

고 하는 것입니다.

민법 제1117조가 규정하는 유류분반환청구권의 단기소멸

시효기간의 기산점인 '유류분권리자가 상속의 개시와 반

환하여야 할 증여 또는 유증을 한 사실을 안 때'는 유류

분권리자가 상속이 개시되었다는 사실과 증여 또는 유증이 있었다는 사실 및 그것이 반환하여야 할 것임을 안 때를 뜻한다고 할 것입니다(대판 2006. 11. 10. 2006다46346).

　해외에 거주하다가 망인의 사망사실을 뒤늦게 알게 된 피고로서는 유증사실 등을 제대로 알 수 없는 상태에서 단순히 소외 2로부터 일방적으로 교부된 위 망인의 자필유언증서의 사본을 보았다는 사정만으로는 자기의 유류분을 침해하는 유증이 있었음을 알았다고 단정하기 어렵고 2004. 6. 30. 유언의 검인을 받으면서 자필유언증서의 원본을 확인한 시점에서야 비로소 그러한 유증이 있었음을 알았다고 봄이 상당하고, 따라서 그때로부터 1년이 경과되기 전인 2005. 5. 20. 피고 1이 유류분반환청구권을 행사한다는 뜻의 의사표시를 하였으므로 피고 1의 유류분반환청구권은 시효로 소멸되었다고 할 수 없다고 하였습니다.

사인증여무효소송 제기시 유류분청구권의 소멸시효 중단여부

키포인트 행사할 수 있습니다.

이렇게 ➡ 사인증여(死因贈與)란 증여자의 사망으로 인하여 효력이 생기는 증여계약인데, 위 사안에서 갑·을·병 3인의 유증이 방식에 의하지 아니한 사인증여계약을 체결하였는바, 유증의 방식에 관한 민법 제1065조 내지 제1072조가 사인증여에 준용되는지 문제가 됩니다.

이에 관련된 판례를 보면, "민법 제562조는 사인증여에 관하여는 유증에 관한 규정을 준용하도록 규정하고 있지만, 유증의 방식에 관한 민법 제1065조 내지 제1072조는 그것이 단독행위임을 전제로 하는 것이어서 계약인 사인증여에는 적용되지 아니한다.”라고 하였습니다.

그러므로 위와 같은 사인증여도 유효하다고 할 것입니다. 다음으로 유류분반환청구의 소멸시효에 관하여 민법 제1117조에 의하면 “ 반환의 청구권은 유류분권리자가 상속의 개시와 반환하여야 할 증여 또는 유증을 한 사실을 안 때로부터 1년 내에 하지 아니하면 시효에 의하여 소멸한다. 상속이 개시한 때로부터 10년을 경과한 때도 같다.”라고 규정하고 있는바, 위 사안에서 병이 위 사인증여가 무효라는 전제에서 을이 보관중인 갑명의의 예금통장 및 인장의 교부와 갑소유의 금원 중 을이 임의로 소비한 금액으로 반환을 청구하였다가, 갑이 사망한 후 1년이 경과된 시점에서 유류분반환청구권을 행사할 경우 유류분반환청구권의 소멸시효가 완성된 것인지 문제됩니다.

이에 관련된 판례를 보면, “민법 제1117조는 유류분반환청구권은 유류분권리자가 상속의 개시와 반환하여야 할 증여 또는 유증을 한 사실을 안 때로부터 1년 내에 하지 아니하면 시효에 의하여 소멸한다고 규정하고 있는바, 여기서 ‘반환하여야 할 증여 등을 한 사실을 안 때’라 함은 증여 등의 사실 및 이것이 반환하여야 할 것임을 안 때라고 해석하여야 하므로, 유류분권리자가 증여 등이 무효라고 믿고 소송상 항쟁하고 있는 경우에는 증여 등의 사실을 안 것만으로 곧바로 반환하여야 할 증여가 있었다는 것까지 알고 있다고 단정할 수는 없을 것이나, 민법이 유류분반환청구권에 관하여 특별히 단기소멸시효를 규정한 취지에 비추어 보면 유류분권리자가 소송상 무효를 주장하기만 하면 그것이 근거 없는 구실에 지나지 아니한 경우에도 시효는 진행하지 않는다 함은 부당하므로, 피상속인의 거의 전 재산이 증여되었고 유류분권리자가 위 사실을 인식하고 있는 경우에는, 무효의 주장에 관하여 일응 사실상 또는 법률상 근거가 있고 그 권리자가 위 무효를 믿고 있었기 때문에 유류분반환청구권을 행사하지 않았다는 점을 당연히 수긍할 수 있는 특별한 사정이 인정되지 않는 한, 위 증여가 반환될 수 있는 것임을 알고 있었다고 추인함이 상당하고, 유류분반환청구의 의사표시는 침해를 받은 유증 또는 증여행위를 지정하여 이에 대한 반환청구의 의사를 표시하면 그것으로 족하고 그로 인하여 생긴 목적물의 이전등기청구권이나 인도청구권 등을 행사하는 것과는 달리 그 목적물을 구체적으로 특정하여야 하는 것은 아니며, 민법 제1117조 소정의 소멸시효의 진행도 위와 같은 의사표시로 중단되지만, 유류분권리자가 소멸시효기간의 경과 이전에 사인증여가 무효라고 주장하면서 이를 전제로 수증자에게 수증자가 보관중인 망인 명의의 예금통장 및 인장의 교부와 망인 소유의 금원 중 수증자가 임의로 소비한 금액의 반환을 구하였다 하더라도, 이러한 주장이나 청구 자체에 그와 반대로 위 사인증여가 유효임을 전제로 그로써 자신의 유류분이 침해되었음을 이유로 하는 유류분반환의 청구가 포함되어 있다고 보기는 어렵다."라고 하였습니다(대법원 2001. 9. 14. 선고 2000다66430, 66447 판결, 2002. 4. 26. 선고 2000다8878 판결).

따라서 위 사안에서 병이 위 사인증여가 무효라는 전제에서 을이 보관중인 갑명의의 예금통장 및 인장의 교부와 갑 소유의 금원 중 을이 임의로 소비한 금액의 반환을 청구한 것만으로는 유류분반환청구권의 소멸시효가 중단되었다고 할 수 없을 것으로 보이고, 갑이 사망한 후 1년이 경과되었으므로 유류분반환청구권의 소멸시효가 완성되었다고 할 수 있을 듯합니다.

제8장. 상속과 세금

제8장 상속과 세금

상속세란 상속개시의 사실에 따라 피상속인으로부터 상속인에게로 이전하는 재산에 대하여 그 재산가액을 표준으로 상속인에게 과세하는 조세를 말합니다.

현행 상속세제도는 피상속인의 유산액을 과세표준으로 하여 과세하는 유산세체계를 채택하고 있으며, 불로취득재산이라는 점에서 고율의 누진세를 적용하고 있습니다. 그리고 상속세의 납부는 연부연납과 물납제를 인정하고 있는 것이 특색이다.

I. 상속재산의 범위

- 본래의 상속재산 : 금전으로 환가할 수 있는 경제적 가치가 있는 모든 물건과 재산적 가치가 있는 법률상·사실상의 모든 권리
- 간주상속재산 : 상속재산으로 간주하는 것으로서 보험금, 신탁재산, 퇴직금등
- 추정상속재산 : 상속개시일 전 처분한 재산가액 또는 부담한 채무가 다음에 해당하는 경우로서 용도가 객관적으로 명백하지 않은 것
- 상속개시일 전 1년 내 2억원 이상~5억원 미만, 2년 내 5억원 이상인 경우
- 과세제외 재산

a. 비과세 재산 : 국가·지방자치단체·공공
단체에 유증등을 한 재산, 분묘에 속한 금
양임야(9,900㎡이내), 분묘에 속한 묘토인
농지(1,980㎡이내), 족보 및 제구(단, 금양
임야 및 묘토는 2억원을 한도로 함)
b. 과세가액불산입 재산 : 공익을 목적으로 출
연한 재산 또는 공익신탁재산

2. 상속세의 공제

구 분	항 목	공 제 내 용	한 도
①기초공제		2억원	
②인적공제	- 배우자공제	법정상속지분내 실제상속받은 가액	최소 5억, 30억한도
	- 자녀공제	1인당 3,000만원	
	- 미성년자공제	500만원 × 20세까지의 잔여연수	
	- 연로자공제	1인당 3,000만원	
	- 장애자공제	500만원 × 75세까지의 잔여연수	
③일괄공제		5억	
④가업상속공제		가업상속재산가액	1억원
⑤영농상속공제		영농상속재산가액	2억원
⑥금융재산 공 제	순금융재산가액이	순금융재산=(금융재산-금융부채)	
	- 2,000만원이하	전액	
	- 2,000만원 ~ 1억원	2,000만원	
	- 1억원초과	순금융재산가액 × 20%	2억원
⑦재해손실 공 제	신고기한이내에 화재.폭발.자연재해 등으로 인하여 상속재산이 멸실.훼손된 경우 당해 손실가액을 상속세 과세가액에서 공제		

주: ①기초공제＋②인적공제(배우자공제는 제외)와 ③일
괄공제 중 선택

3. 상속세의 과세체계

<상속세의 과세체계>

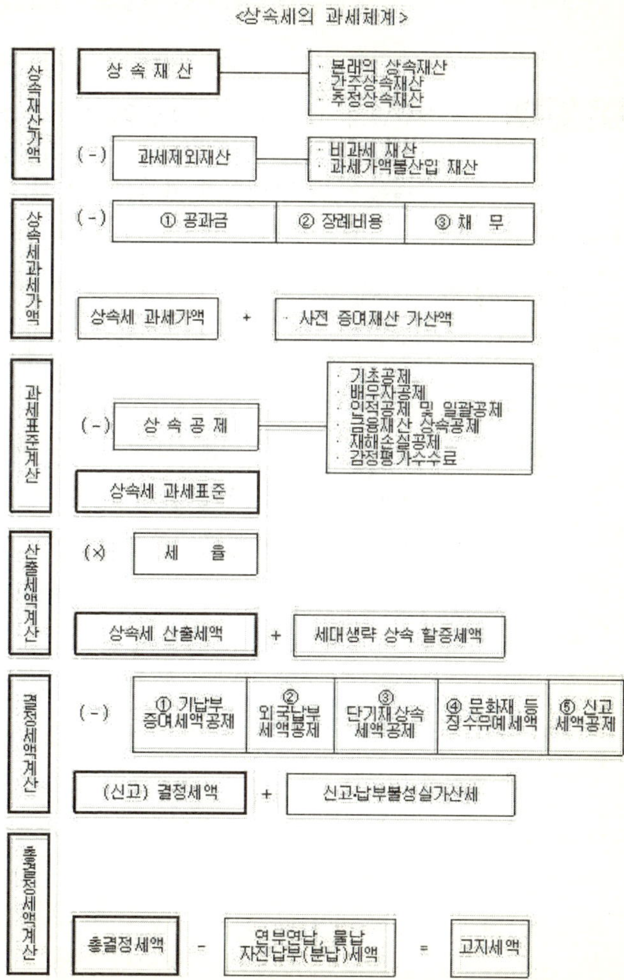

상속세의 세금액 산출방식

키포인트 상속재산에서 비과세 상속재산을 제외한 재산이 과세재산이 되고, 여기에 공과금·채무·장례비를 제외한 것이 가액이 됩니다.

이렇게 ➡ 상속세는 사람의 사망으로 인한 상속·유증(유언으로 증여) 또는 사인증여·특별연고자 재산분여에 따라 상속인 등이 재산을 취득하였을 때 부과됩니다(상속세 및 증여세법 제11조).

상속세의 과세재산은 무제한적 과세재산과 제한적 과세재산으로 나누어집니다. 전자는 상속개시 당시 망인의 주소가 국내에 있거나 1년 이상 국내 거소를 둔 경우, 이른바 "거주자"인 경우로서 국내와 국외에 있는 상속재산 전부에 대해 상속세가 부과되고(법 제1조 제1항 제1호), 후자는 "비거주자"인 경우로 국내에 있는 상속재산에 대해서만 상속세가 부과됩니다(같은항 제2호). 국내에 반드시 주민등록이 되어 있어야 주소가 있는 것은 아닙니다(대판 1990. 8. 14. 89누8064). 국내 재산은 국내 상속인들이, 국외 재산은 국외 상속인들이 각각 소유하기로 협의한 경우, 과세대상재산이 국내 재산에 한정되므로, 국내 재산에 대하여는 국외상속인들 납세의무를 지지 않습니다(대판 1994. 11. 11.

94누5359).

상속세의 세금액산출방식은 먼저 상속재산(=협의의 상속재산+간주상속재산)에서 비과세상속재산을 제외한 재산이 과세재산이 되고, 여기에서 공과금·채무·장례비를 제외한 것이 과세가액이 됩니다.

※ 세금액산출공식

상속재산 - 비과세상속재산 - 공과금, 채무, 장례비 - 과세가액불산입재산(=공익법인출연재산, 공익신탁재산) + 피상속인 증여재산, 생전처분재산가액 = 과세가액

공동상속인 중 1인에게만 송달된 상속세액결정통지의 효력

키포인트 을과 병에게도 효력이 미칩니다.

이렇게 ➡ 과세표준과 세액의 결정통지에 관하여 상속세 및증여세법 제77조에 의하면 "세무서장 등은 제76조의 규정에 의하여 결정한 과세표준과 세액을 상속인·수유자 또는 수증자에게 대통령령이 정하는 바에 의하여 통지하여야 한다. 이 경우 상속인 또는 수유자가 2인 이상인 경우에는 대통령령이 정하는 바에 의하여 그 중 1인에게만 통지할 수 있으며, 이 통지의 효력은 상속인 또는 수유자 모두에게 미친다."라고 규정하고 있습니다.

의제상속재산이란 무엇인가?

키포인트 상속세가 부과됩니다(상속세 및 증여세법 제8조).

이렇게 ➡ 민법상 상속재산이 아니지만, 상속법에는 실질적으로 상속재산과 동일하게 볼 수 있는 재산을 상속재산으로 인정하는 것이 있습니다. 즉, 피상속인이 보험계약자이거나 피상속인이 실질적으로 보험료를 지급한 보험계약으로 인하여 상속인이 받게 되는 생명보험금이나 손해보험금·피상속인이 신탁한 재산·퇴직금·퇴직수당·공로금·연금 또는 이와 유사한 것으로서 피상속인의 사망으로 인하여 그 상속인과 상속인 이외의 제3자가 받게 되는 것 등이 상속재산으로 간주됩니다. 이를 의제상속재산 상속세 및 증여세법 제8조 1항은 '피상속인의 사망으로 인하여 지급받는 생명 보험 또는 손해보험의 보험금으로서 피상속인이 보험계약자가 된 보험계약에 의하여 지급받는 것은 이를 상속재산으로 본다'고 규정하고 있습니다.

다만, 국민연금·공무원연금법·사립학교교원연금법·군인연금법 등에 의한 유족연금, 산업재해보상보험법·근로기준법 등에 의한 유족연금 등은 비과세입니다.

피상속인의 소득금액에 대한 납세의무

이럴땐 ➡ 상속인이 여럿 있는 경우 망인의 소득금액에 대한 소득세는 각 상속인별로 어떻게 분담됩니까?

키포인트 망인의 소득금액 전액에 대해 소득세를 계산한 후 그 세액을 각 상속인별로 상속지분에 따라 나누어야 합니다.

이렇게 ➡ 사람이 2007. 7. 사망하여 상속이 개시된 경우에 그 망인(피상속인)의 그해(2007년도)의 소득금액에 대하여 납부할 국세를 그 상속인이 납부할 의무를 집니다(소득세법 제2조 제2항). 납세의무도 상속인에게 승계되기 때문입니다.

소득세의 납세의무는 과세기간이 종료된 때에 성립한다고 규정하고 있는데(국세기본법 제21조 제2항), 사람이 사망한 경우에는 사망한 날 과세기간이 종료되는 것으로 해석됩니다(소득세법 제5조 제2항).

이 경우 피상속인의 소득금액에 대한 소득세는 상속인의 소득금액에 대한 소득세와 구분하여 계산하여야 합니다(소득세법 제44조). 상속인은 위와 같이 산정한 소득세 등을 상속으로 인하여 얻은 재산을 한도로 하여 납부할 의무를 부담합니다(법 제3조 제4항).

망인의 소득금액 전액에 대하여 소득세를 계산한 후 그

세액을 각 상속인별로 상속지분에 따라 나누어야 합니다. 이는 우리 세법이 유산세주의를 채택하고 있기 때문입니다. 유산세주의는 피상속인의 유산, 즉 상속재산 전체에 대해 과세하는 방식으로, 각 상속인에게 재산이 얼마나 돌아가느냐는 묻지 않는 방식입니다.

한편 피상속인에게 부과될 기타 국세 등은 공동상속인 각자의 상속지분에 따라 나누되, 공동상속인들은 각자의 상속재산을 한도로 하여 연대납세의무를 집니다.

취득 도중의 상속재산에 대한 과세

키포인트 양도소득세를 부과할 수 없습니다.

이렇게 ➡ 상속재산에 대한 매매·교환·증여와 같은 양도계약이 이루어져 그 계약의 이행 도중에 양도인이나 양수인이 사망한 경우 그 상속재산의 실체가 무엇이고 평가는 어떻게 할 것인가가 문제됩니다.

피상속인이 매매계약을 체결하였다고 하더라도 대금을 모두 지급 받지 아니한 이상, 소득세법상 양도는 없습니다. 따라서 토지를 양도하고 잔대금을 지급받기 전에 양도인이 사망한 경우는 양도소득세를 부과할 수 없습니다(대판 1993. 3. 23. 91누4980).

잔대금이 모두 완불되고 등기명의가 아직 넘어가지 아니한 부동산은 상속재산에 속하지 않습니다. 매매대금이 상속재산이 되므로 부동산 그 자체에 대한 상속세를 부과할 수 없습니다. 반대로 양수인이 사망한 경우는 등기를 넘겨받기 이전의 재산도 상속재산에 속하게 됩니다(부동산 전체 가액(예컨대, 1억원)이 과세가액이 됨 ; 대판 1990. 10. 23. 92누3393 ; 1991. 6. 25. 90느7838 ; 1992. 4. 24. 91도1609).

기여분이 있는 경우 상속세의 과세 대상

키포인트 기여분을 포함한 상속재산 전부가 상속세의 과세대상입니다.

이렇게 ➡ 공동상속인 중에 피상속인의 재산의 유지·증가에 특별히 기여하거나 피상속인을 특별히 부양한 사람이 있을 때에는 기여분이 인정됩니다.

법정상속분에 기여분의 액수를 더한 것이 기여자의 상속분으로 됩니다. 기여분의 액수는 공동상속인들의 협의로 이를 정하고, 협의가 안 되면 기여자의 청구에 따라 가정법원이 이를 정합니다.

이러한 기여분이 있다고 하여도 이로써 공동상속인들 사이의 상속분만이 달라질 뿐이고, 전체의 상속재산에는 변함이 없습니다. 따라서 상속법은 기여분을 포함한 전부를 상속세의 과세대상으로 삼고 있습니다. 만일 기여분을 기여자(상속인)의 고유재산으로 인정하여 비과세로 한다면, 상속인들 사이의 협의로 기여분을 많이 인정하여 비과세로 한다면, 상속인들 사이의 협의로 기여분을 많이 인정하여 세금회피의 수단으로 악용될 여지가 있습니다. 그리고 배우자 공제 등 각종 인적공제도 사실은 상속인들의 기여를

감안하여 마련된 제도라는 측면이 있습니다. 그런 이유로
기여분을 상속세의 공제항목으로 인정하지 않고 있는 것입
니다.

사용처 불명의 재산의 상속가액 산입범위

이럴땐 ➡ 피상속인이 부동산 등을 매도하고 계약금 및 중도금만을 받은 경우, 상속과세가액에 산입하는 상속재산처분대금의 범위는 어떻게 됩니까?

키포인트 피상속인이 그 사망 전에 실제로 수령한 계약금 및 중도금만이 상속재산 처분대금에 해당됩니다.

이렇게 ➡ 구 상속세법(1996. 12. 30. 법률 제5193호로 전문 개정되기 전의 것) 제7조의2 제1항, 구 상속세법시행령(1996. 12. 31. 대통령령 제15193호로 전문 개정되기 전의 것) 제3조 제1항에 의하면, 상속개시일 전 2년 이내에 피상속인이 상속재산을 처분한 경우 그 금액이 재산종류별로 계산하여 1억 원 이상으로서 용도가 객관적으로 명백하지 아니한 것 중 대통령령이 정하는 경우에는 이를 상속세과세가액에 산입하되, 다만 용도가 객관적으로 명백하지 아니한 것의 금액이 상속재산 처분대금의 100분의 20에 미달하는 경우를 제외하고 있는바, 피상속인이 부동산 등을 매도하고 계약금 및 중도금만을 받은 경우에는 피상속인이 그 사망 전에 실제로 수령한 계약금 및 중도금만이 위 법규정 소정의 상속재산 처분대금에 해당합니다.

따라서 피상속인 망인이 부동산을 매도하고 그 사망 전에 수령한 금액 중 100분의 20을 초과하는 금액의 용도를

입증하지 못하면, 그 금액은 상속과세가액에 산입됩니다(대
판 2004. 10. 28. 2003두4973).

상속재산의 가액에서 공제되는 채무

키포인트 상환 가능성이 없어야 공제됩니다.

이렇게 ➡ 상속재산가액에서 공제할 금액에는 공과금, 장례비용, 채무 등이 있습니다.

채무의 경우는 상속개시 당시 망인이 부담하고 있던 채무는 원칙적으로 모두 공제합니다.

망인의 사망 당시 채무는 성립되어 있으나, 그 금액은 확정되어 있지 아니한 경우는 피상속인 사망 후 금액이 확정되면 공제대상이 됩니다.

피상속인이 부담하는 보증채무는, 주채무자에게 돈이 없고, 보증인이 대신 갚아준 후 나중에 구상권을 행사하더라도 상환 받을 가능성이 없다고 인정될 때만 그 주채무금액을 공제할 수 있고, 계속적 보증의 경우도 마찬가지입니다(대판 1998. 2. 10. 97누5367 ; 2007. 7. 28. 2000두1287). 주채무자의 변제불능 상태는 파산·회사정리·강제집행절차의 개시·사업폐쇄·행방불명·형의 집행 등으로 사실상, 객관적으로 채권회수 불능상태인 경우를 말하고 이는 상속인이 주장하고 증명하여야 합니다(대판 1996. 4. 12. 95누

10976).

　피상속인이 부담하는 보증채무는, 주채무자에게 돈이 없고, 보증인이 대신 갚아준 후 나중에 구상권을 행사하더라도 상환받을 가능성이 없다고 인정될 때에만 그 주채무금액을 공제할 수 있습니다(대판 1998. 2. 10. 97누536).

　망인을 비롯한 여러 사람이 연대보증을 한 경우는 그 망인(피상속인)의 부담부분의 채무만 공제할 수 있습니다. 다만, 그러한 연대보증인 중 '돈 없는' 사람이 있어서 그 사람의 부담부분까지 피상속인의 상속재산에서 변제하였다면 그 부분도 공제될 수 있습니다(대판 1998. 2. 10. 97누5367).

　물상보증의 경우 공제할 채무액은 주채무자의 무자력이 입증되면 담보로 제공된 부동산의 평가액에서 근저당권의 채권최고액 범위 내에서 사실상 부담한 금액입니다.

피상속인이 사망한 뒤 친생자로 인지된 상속인이
이미 상속재산을 협의분할한 다른 공동상속인들
을 상대로 상속분에 해당하는 가액의 지급을 구
할 경우 상속재산의 평가시기

이럴땐 ➡ 저는 A의 혼인 외의 자인데, A가 사망한 후
인지확정판결을 받았습니다. A가 사망 후 A
의 자식들이 상속재산을 협의분할하였는데,
저는 A의 자식들을 상대로 제 상속분에 해당
하는 가액의 지급을 청구하려고 합니다. 이
경우 상속재산의 평가의 기준시점은 언제입니
까?

키포인트 사실심의 변론종결 당시의 시가를 기준으로
합니다.

이렇게 ➡ 이상속재산의 평가문제는 납세액을 결정하는 기
준이 되므로, 납세자와 국가·지방자치단체(과세관청)의 이
해가 대립되는 중요한 문제입니다. 이 문제는 평가의 시기
(어느 시점을 기준으로 평가할 것이냐) 문제와 평가의 방
법(어떻게 평가할 것이냐) 문제로 나누어집니다.

평가에 관한 기본원칙은 시가주의(時價主義)다. 상속재산
또는 증여재산의 가액은 상속개시일 또는 증여일(이것이
평가기준일이다) 현재의 시가로 평가하여야 합니다.

시가산정이 어려운 경우에는 상속재산의 종류, 규모, 거
래상황 등을 감안하여 법 제61조 내지 제65조에 규정된 법
정평가방법에 의합니다. 상속세 및 증여세법 제61조 내지

제65조와 시행령 제4장 제49조 내지 제63조에서는 재산의 평가방법에 관하여 구체적으로 규정하고 있습니다.

그리고 상속재산 평가의 기준시점은 상속개시일 현재를 기준으로 합니다.

상속개시 후의 인지 또는 재판의 확정에 의하여 공동상속인이 된 사람이 민법 제1014조에 따라 그 상속분에 상당한 가액의 지급을 소송으로 청구하는 경우 상속재산의 가액은 사실심 변론종결 당시의 시가를 기준으로 산정하여야 합니다(대판 2002. 11. 26. 2002므1398).

상속재산이 '소송중의 권리'인 경우 그 가액의 평가방법

이럴땐 ➡ 상속재산이 소송중의 권리인 경우 그 가액은 어떻게 평가됩니까?

키포인트 원칙적으로 상속개시 당시의 시가에 의하여 산정하지만, 법원의 판결 등을 통하여 소송중의 권리의 내용과 범위가 구체적으로 확정되었다면 확정된 권리의 가액을 기초로 상속개시 당시의 현황에 의하여 평가합니다.

이렇게 ➡ 판례는 '소송중의 권리'는 상속재산평가의 일반원칙에 따라 상속개시 당시의 현황, 즉 상속개시 당시의 시가에 의하여 산정할 수밖에 없을 것인데, 상속개시 당시에는 상속재산인 '소송중의 권리'가 그 권리의 존부나 범위를 둘러싸고 다툼이 있어 분쟁관계에 있었다고 하더라도 그 후 당해 과세처분취소소송의 변론종결 이전에 법원의 판결 등을 통하여 '소송중의 권리'의 내용과 범위가 구체적으로 확정되었다면, 다른 특별한 사정이 없는 한, 판결에 따라 확정된 권리의 가액을 기초로 상속개시 당시의 현황에 의하여 '소송중의 권리'의 가액을 평가하여야 한다고 판시하였습니다(대판 2004. 4. 9. 2002두110).

상속부동산에 관하여 상속개시일로부터 수개월 후에 매매가 이루어진 경우, 그 매매가액을 상속개시 당시의 시가라고 할 수 있기 위한 요건

키 포 인 트 정당하지 않은 것으로 봅니다.

이렇게 ➡ 상속세 또는 증여세가 부과되는 재산의 가액은 상속개시일 또는 증여일 현재의 시가에 의합니다(상속세 및 증여세법 제60조 1항).

상속재산의 평가방법을 규정한 구 상속세법시행령(1994. 12. 31. 대통령령 제14469호로 개정되기 전의 것) 제5조 제1항 소정의 상속개시 당시의 '시가'라 함은 원칙적으로 정상적인 거래에 의하여 형성된 객관적인 교환가격을 말한다 할 것인바, 상속부동산에 관하여 상속개시일로부터 약 4개월 25일 후에 매매가 이루어진 경우 그 매매가액을 상속개시 당시의 시가라고 할 수 있기 위하여는 객관적으로 보아 그 매매가액이 일반적이고도 정상적인 교환가치를 적정하게 반영하고 있다고 볼 사정이 있어야 하고 또한 상속개시 당시와 위 매매일 사이에 그 가격의 변동이 없어야 합니다.

위 사례에 대하여 법원은 여러 사정 등을 종합하여 보면 위 감정평가 기준일과 위 매매일 사이에 그 가격의 급등이 없었던 이 사건 부동산에 관하여 감정가격보다 무려 1.5배나 높은 가격에 매매가 이루어진 데에는 위 사업의 시행일정과 관련한 소외 회사의 주관적인 사정이 작용하였음을 짐작할 수 있고, 따라서 그 매매가액은 이 사건 부동산의 객관적 교환가격을 반영하는 적정가액이라고 단정하기는 어렵다 할 것이다라고 하면서, 그런데도 원심이 위 매매가액을 이 사건 부동산의 시가로 본 것은 상속재산의 평가에 관한 법리를 오해한 위법을 저지른 것이라 할 것이다라고 하였습니다(대판 1998. 7. 10. 97누10765).

상속재산의 가액에서 채무를 차감한 가액이 마이너스(-)인 경우

이럴땐 ➡ 상속재산의 가액에서 채무 등을 공제한 가액이 마이너스(-)인 경우 상속세과세가액은 어떻게 산정합니까?

키포인트 마이너스(-)의 차감잔액을 기초로 생전 증여재산가액을 가산합니다.

이렇게 ➡ 상속세 및 증여세법 제13조 제1항은, 상속세과세가액은 상속재산의 가액에서 법 제14조의 규정에 의한 공과금, 장례비용, 채무를 차감한 후 피상속인이 상속개시일 전 10년 이내에 상속인에게 증여한 재산가액과 상속개시일 전 5년 이내에 상속인이 아닌 자에게 증여한 재산가액을 가산한 금액으로 한다고 규정함으로써 상속세의 부과대상이 될 재산을 미리 증여의 형태로 이전하여 상속재산을 분산·은닉시키는 방법으로 고율의 누진세율에 의한 상속세 부담을 회피하거나 감소시키는 행위를 방지하고 이를 통해 조세부담의 공평을 도모하고 있습니다.

이와 같이 생전 증여재산가액을 상속세과세가액에 산입하는 입법 취지와 위 규정에서 상속재산의 가액에서 채무 등을 차감한 후 생전 증여재산가액을 가산하도록 규정하고 있을 뿐, 상속재산가액에서 채무 등을 차감한 결과 그 가액이 부수(부수, 음수)인 경우에는 '0'으로 본다는 등의 별도의 규정을 두고 있지 않은 점, 상속재산가액에서 채무 등을 차감한 가액이 부수(-)인 경우 이를 '0'으로 보고 상속세과세가액을 산정하게 되면, 생전 증여재산을 포함한 상속세 과세대상이 되는 전체재산이 같은 액수임에도 상속채무 등이 상속재산보다 많은 경우를 그렇지 않은 경우에 비하여, 또한 상속채무 등이 상속재산을 초과하는 경우에도 초과되는 상속채무의 액수가 큰 경우를 그렇지 않은 경우에 비하여 상대적으로 합리적 근거 없이 불리하게 차별하는 것이 되는 점 등을 종합하면, 상속세과세가액을 산정함에 있어 상속재산의 가액에서 채무 등을 차감한 가액이 부수(-)인 경우 그 부(-)의 차감잔액을 기초로 생전 증여재산가액을 가산함이 상당하다고 보는 것이 법원의 태도입니다(대판 2006. 9. 22. 2006두9207).

상속인들이 적법하게 상속포기를 한 경우, 피상속
인이 납부하여야 할 양도소득세를 승계하여 납부
할 의무가 없는가?

키포인트 위 과세처분은 위법합니다.

이렇게 ➡ 피상속인의 상속인들이 상속포기를 하면 상속인
들은 상속포기의 소급효에 의하여 상속개시 당시부터 상속
인이 아니었던 것과 같은 지위에 놓이게 되므로 피상속인
인 망인이 납부하여야 할 이 사건 양도소득세를 승계하여
납부할 의무가 없습니다.

법원은 과세관청이 주장하는 사정, 즉 상속인들이 이 사
건 아파트 및 공장의 양도에 따른 양도소득세를 신고·납
부하여야 한다는 사실을 알고 있었다거나, 망인이 생전에
소유 재산을 원고들에게 모두 증여하거나 양도함으로써 원
고들이 상속포기를 할 당시 실질적으로 상속받을 재산이
전혀 남아 있지 않았다는 등의 사정만으로는 원고들의 상
속포기가 진의에 의하지 않은 것으로서 무효라고 볼 수 없
다고 판단하였습니다(대판 2006. 6. 29. 2004두3335).

재산양도계약이 이행되는 도중에 상속이 개시되는 경우 상속재산의 범위

이럴땐 ➡ 저희 아버지께서는 렌탈회사와 사이에 건물 내부 시설물에 관하여 60개월의 확정장기할부판매계약을 체결하고 수회 할부금을 지급하다 돌아가셨는데, 이 시설물도 상속재산에 포함됩니까?

키포인트 상속재산에 해당됩니다.

이렇게 ➡ 상속세 및 증여세법에는 재산양도계약이 이행되는 도중에 상속이 개시되는 경우 상속재산의 범위에 관하여 별도의 규정이 없고, 다만 소득세법에 양도소득세의 과세표준인 양도차익을 산정함에 있어 기준이 되는 자산의 양도시기 또는 취득시기에 관한 규정이 있을 뿐이나 이들 규정은 양도소득세의 과세요건을 결정함에 있어서 적용됨은 물론이고 상속세 및 증여세법에 있어 상속재산의 귀속을 결정함에 있어서도 준용된다고 해석하는 것이 법원의 태도입니다.

소득세법 제98조는 자산의 양도차익을 계산함에 있어서 그 취득시기 및 양도시기에 관하여는 대통령령으로 정한다고 규정하고 있고, 구 소득세법 시행령(1998. 4. 1. 대통령령 제15747호로 개정되기 전의 것) 제162조 제1항 제3호는 총리령이 정하는 장기할부조건의 경우에는 첫 회 부불금의 지급일(다만, 첫 회 부불금의 지급일 전에 소유권이전등기

등을 한 경우에는 등기부·등록부 또는 명부 등에 기재된 등기접수일)을 소득세법 제98조의 규정에 의한 취득시기 및 양도시기로 한다고 규정하고 있으며, 구 소득세법 시행규칙(1998. 3. 21. 재정경제부령 제13호로 개정되기 전의 것) 제78조 제3항은 소득세법 시행령 제162조 제1항 제3호에서 총리령이 정하는 장기할부조건이라 함은 같은 시행령 제157조, 제158조에 규정된 자산의 양도로 인하여 당해 자산의 대금을 월부·연부 기타의 부불방법에 따라 수입하는 것 중 '당해 자산의 양도대금을 3회 이상으로 분할하여 수입할 것'과, '양도하는 자산의 인도 여부에 불구하고 첫 회 부불금 지급일의 다음날부터 최종의 부불금 지급일까지의 기간이 1년 이상인 것'의 요건을 갖춘 것을 말한다고 규정하고 있습니다.

위 사례에 대해서 법원은 위 확정장기할부판매계약은 구 소득세법 시행규칙 제78조 제3항 소정의 장기할부조건부 판매계약에 해당하고, 구 소득세법 시행령 제162조 제1항 제3호에 의하여 첫 회 할부금을 지급한때에 망인은 이 사건 시설물을 세법상 취득하였다고 할 것이므로 이 사건 시설물은 상속재산이라고 판단하였습니다(대판 2007. 6. 15. 2005두13148).

증여이전등기로 인해 부과된 증여세가 국세기본 법상 당해세인지

이럴땐 ➡ 저는 을의 부동산에 근저당을 설정하였는데, 그 부동산은 을이 아버지 병으로부터 증여를 받아 증여를 원인으로 한 소유권이전 등기된 부동산이었습니다. 그런데 을이 저의 근저당권부 채권을 변제하지 않아 제가 위 부동산에 대한 담보권 실행을 위한 경매를 신청하였는바, 이 경매절차에서 위 증여로 인한 증여세가 당해세로서 저의 근저당권보다 우선하여 변제 받게 되는지요?

키포인트 증여세가 우선합니다.

이렇게 ➡ 국세기본법 제35조 제1항 제3호에 의하면 법정기일 전에 전세권·질권 또는 저당권의 설정을 등기 또는 등록한 사실이 대통령령이 정하는 바에 의하여 증명되는 재산의 매각에 있어서 그 매각금액 중에서 국세 또는 가산금을 징수하는 경우의 그 전세권·질권 또는 저당권에 의하여 담보된 채권에 대하여는 국세가 우선하지 않지만, 그 재산에 대하여 부과된 국세와 가산금(당해세)은 제외한다고 규정하고 있습니다.

그런데 근저당권설정 당시 이미 등기부상 증여를 원인으로 하여 근저당설정자명의로 소유권이전등기가 마쳐저 있었던 경우, 이에 대하여 부과된 증여세가 국세기본법 제35조 제2항 제3호 단서에서 말하는 '그 재산에 대하여 부과된 국세' 즉, 이른바 당해세에 해당하는가에 관하여 판례를 보면, "국세기본법 제35조 제1항 제3호는 공시를 수반하는 담보물권과 관련하여 거래의 안전을 보장하려는 사법적(사법적) 요청과 조세채권의 실현을 확보하려는 공익적 요청을 적절하게 조화시키려는 데 그 입법의 취지가 있으므로, 당해세가 담보물권에 의하여 담보되는 채권에 우선한다고 하더라도 이로써 담보물권의 본질적 내용까지 침해되어서는 아니 되고, 따라서 같은 법 제35조 제1항 제3호 단서에서 말하는 '그 재산에 대하여 부과된 국세'라 함은 담보물권을 취득하는 사람이 장래 그 재산에 대하여 부과될 것을 상당한 정도로 예측할 수 있는 것으로서 오로지 당해 재산을 소유하고 있는 것 자체에 담세력을 인정하여 부과되는 국세만을 의미하는 것으로 보아야 한다."라고 하였습니다.

또한, 위 판례는 "부동산에 대하여 근저당권설정 이전에 이루어진 증여를 원인으로 하여 부과된 증여세는 위 부동산 자체에 관하여 부과된 것이고, 근저당권설정 당시 이미 등기부상 증여를 원인으로 하여 근저당설정자 명의로 소유권이전등기가 마쳐져 있었으므로 근저당권자로서는 장래 이 증여를 과세원인으로 하여 증여세가 부과될 것을 상당한 정도로 예측할 수 있다고 봄이 상당할 것이고, 따라서 위 증여세는 국세기본법 제35조 제1항 제3호 단서에서 말하는 '그 재산에 대하여 부과된 국세', 즉 이른바 당해세에 해당한다."라고 하였습니다(대법원 2001. 1. 30. 선고 2000

다47972 판결, 2002. 6. 14. 선고 2000다49534 판결).

　따라서 위 사안의 경우에 있어서도 귀하가 근저당권을 설정하기 이전에 채무자 을에게로 증여로 인한 소유권이전등기가 되어 있었으므로 그 증여에 대한 증여세는 당해세로 인정되어 귀하의 근저당권보다 우선할 것으로 보입니다.

제9장. 상속세와 증여세

제9장 상속세와 증여세

Ⅰ. 상속세

1. 상속세의 의미

상속세는 자연인의 사망을 계기로 무상으로 이전되는 재산을 과세물건으로 하여 그 취득자에게 부과하는 조세를 말합니다.

사유재산의 집중을 방지하기 위하여, 생산수단인 재산, 즉 토지나 공장·광산·유전 등은 전부 국유로 하고 그 밖의 소비재라든가 순 개인용 동산만을 사유재산으로 하여 그것에 대해서만 상속을 인정하는 것이 공산주의 제국이 실시하고 있는 방식입니다. 이 방식을 취하면 재산의 편중은 크게 감소하나 여기에서도 개인소유 재산의 총량이 많아지면 재산의 편재가 발생할 수밖에 없고 그 편재는 대를 잇는 상속에 의하여 더욱 강화되기 마련입니다. 따라서 이러한 국가들에 있어서도 재산의 집중을 방지하기 위하여 상속의 기회에 상속세 부과를 통하여 개인 소유 재산의 재분배 기능을 추구하고 있습니다.

상속되어야할 재산을 개인소유의 재산에 국한시키는 경우에도 이와 같이 상속세가 필요하다는 것을 생각하면, 무제한적인 사유재산제도위에 구

축된 자본주의 국가에 있어서 상속세가 필요하다는 것은 말할 나위도 없습니다. 사유재산의 편재는 특히 생산수단까지 포함되는 경우 상속에 의하여 비약적으로 증대되기 때문에 이에 상응하여 상속과세의 필요성도 점점 더 커지게 되었습니다. 상속세는 생전의 무상이전에 대하여 부과되는 증여세와 함께, 부의 집중현상을 직접적으로 조정하고, 소득재분배 기능면에서 소득세의 기능을 보완·강화시키며, 조세의 형평기능을 보강하는 사회정책적 성격을 갖습니다. 다른 한편 상속세의 경제적 측면에서, 상속세의 부과가 개인의 노동의욕을 감퇴시키는가에 관하여 많은 경제학자들은 이를 부정적으로 보고 있습니다. 즉 경제적 성취의 동기는 화폐적 보상에 한정되는 것이 아니고 사회적 위신·권력·노동의 미덕 등 그 밖의 동기가 복합적으로 작용하므로 각 개인은 상속세의 부과와 무관하게 노동의욕을 가진다는 것입니다. 이러한 경제이론은 소득세의 경우 한계세율과 한계적 소득창출노력은 밀접한 상호관계가 없다는 것과 상통합니다.

2. 상속세의 성격

상속세는 조세분류의 방식에 따라 분류하면 국세(내국세), 직접세, 인세, 보통세, 자산세, 종가세, 누진세에 속하고, 납세의무의 확정방식과 관련하여서는 부과과세방식의 조세에 속합니다.

3. 상속세의 과세방식

　상속세의 과세방식은 크게 유산세방식과 유산취득세방식의 두가지가 있습니다. 전자는 피상속인의 유산전체를 과세대상으로 보고 분할 이전의 상속재산 총액을 기준으로 세율을 적용하여 과세하는 방식이고, 후자는 상속인의 유산취득액을 과세대상으로 보고 각 상속인이 분할취득한 상속가액을 기준으로 세율을 적용하여 과세하는 방식을 말합니다.

　현재 우리나라에서는 유산세방식을 채택하고 있으므로 유산취득세방식은 설명하지 않겠습니다.

　유산세방식은, 개인의 생존중 부의 축적이 가능한 것은 그 사람이 보유한 경제적 수완에 의하여 사회로부터 위탁받은 재산을 관리·운용한 결과로 볼 수 있는데 상속인이 반드시 피상속인과 같은 수준의 경제적 수완을 가진다고 단정할 수 없기 때문에 상속의 개시에 의하여 피상속인으로부터 상속인 앞으로 재산이 이전되는 기회에 피상속인의 유산의 일부가 사회에 반환되어야 한다는 것을 그 잉론적 바탕으로 하고 있습니다. 또한 사람의 사망시점은 그 사람이 생전에 세제상의 특전이라든가 조세의 회피 등에 의하여 축적한 재산을 파악하기 위한 가장 적절한 시점이므로 이 기회에 소득세 혹은 재산세를 후불받기 위해 과세함에 있어서는 유산총액을 과세표준으로 하는 것이 타당하다는 것입니다.

　유산세방식의 장점으로는, 피상속인의 유산총액에 대하여 누진세율로 과세함으로써 부의 집중을 억제한다고 하는 상속세의 사회정책적 의미에 부합하고, 피상속인의 일생을 통한 경제활동의 종결에 따른 조세부담의 청산이라는 면에서 적합하고, 유산취득세방식에 의하는 것보다 세부담을 경감하기 위하여 유산분할을 가장하거나 허위의 신고를 할 우려가 적고, 그에 따라 세무집행이 보다 용이하다는 점이 지적되고 있습니다.

유산세방식의 단점으로는, 유산취득자 각자의 담세력에 상응한 공평한 과세가 어렵고, 상속인의 수나 유산의 분할여부에 관계없이 세부담이 동일하므로 유산의 분할을 방해하고, 이에 따라 부의 집중억제나 분할촉진이라고 하는 측면에서 상대적으로 효과가 적을 수 있다는 점입니다.

4. 우리나라의 과세방식

현행 상속세및증여세법은 유산세방식을 채택하고 있습니다.

법 제1조 제1항은 상속이 개시된 경우 피상속인이 거주자인 경우에는 모든 상속재산(1호), 비거주자인 경우에는 국내에 있는 모든 상속재산(2호)에 대하여 상속세를 부과한다는 취지를 규정하고, 법 제13조 제1항은 상속세 과세가액을 상속재산의 가액에 상속개시 전 일정한 기간 내의 증여재산을 가산한 금액에서 법 제14조의 공과금 등을 차감한 금액으로 할 것을 규정하고 있는바, 이와 같이 상속세 과세가액을 피상속인을 기준으로 산정하고 공동상속의 경우에도 유산을 상속분으로 분할하기 전의 총유산액에 누진세율을 적용하여 세율을 산출하는 구조를 취한 것은 유산세방식의 가장 핵

심적인 내용을 채택하고 있는 것입니다.

다만, 법은 이렇게 계산된 세액의 납부에 관하여는 법 제3조 제1항에서 "상속인 또는 수유자는 이 법에 의하여 부과된 상속세에 대하여 상속재산 중 각자가 받았거나 받을 재산을 기준으로 대통령령이 정하는 바에 의하여 계산한 비율에 따라 상속세를 납부할 의무가 있다."고 규정하여 분할전의 상속재산에 대한 세액을 원칙적으로 공동상속인 각자의 상속분에 따라 배분 계산하여 각 상속인이 그 배분된 세액을 납부하는 것으로 하면서, 단지 공동상속인이 그 배분된 세액을 납부하는 것으로 하면서, 단지 공동상속인 사이에 각자가 받았거나 받을 재산을 한도로 연대납부책임을 지우고 있다는 점에서 다소 절충적인 요소를 부가하고 있습니다.

5. 세액산출방식

먼저 상속재산에서 비과세감면재산을 제외한 재산이 과세대상이 되고(법 제7조·제12조), 여기에서 공과금·채무·장례비를 제외한 것이 과세가액이 됩니다(법 제13조·제14조).

상속개시 전 일정 기간 내의 증여재산과 생전처분재산은 과세가액에 산입되는 한편 같은 기간 내의 채무부담액은 채무로서 공제되지 않습니다. 또한 일정한 요건 아래에서 공익법인 등에 대한 출연재산과 공익신탁재산은 과세가액에 산입되지 않습니다(법 제16조·제17조).

과세가액에서 기초공제(2억원)·배우자공제 및

기타 인적공제·금융재산공제·재해손실공제를
한 금액이 과세표준이 됩니다.

과세표준에 해당세율(10%～50%의 5단계 누진
과세형)을 적용하면 산출세액이 되고, 여기에 세
대를 건너뛴 상속에 대한 할증과세액을 가산하고
증여세액공제·외국납부세액공제·단기재상속에
대한 세액공제·신고세액공제를 한 것이 신고세
액이 됩니다.

신고세액에서 연부연납 신청금액(법 제71조)·
물납 신청금액(법 제73조)·문화재자료 등의 징수
유예세액(법 제74조)을 공제한 금액이 신고납부세
액이 됩니다.

[상속세의 과세체계]

상속재산 : 협의의상속재산 ＋ 간주상속재산

과세재산 : 상속재산 － 비과세상속재산

과세가액 : 과세재산 가액 － 공과금·장례비용·채무 － 과세 　　　　　 가액 불산입 재산〔공익법인출연재산·공익신탁재 　　　　　 산〕가액 ＋ 피상속인의 증여재산 및 생전처분재산 　　　　　 가액

```
과세표준 : 과세가액 - 상속공제〔기초공제·배우자공제·기타
           인적공제·금융재산공제·재해손실공제
```

⬇

```
산출세액 : 과세표준 × 세율
```

⬇

```
신고세액·결정세액 : 산출세액 + 세대를 건너뛴 상속의 할
                   과세 - 세액공제〔증여세액공제·외국납
                   부세액공제·단기재상속공제·신고세액
                   공제〕
```

⬇

```
납부세액 : 신고(결정)세액 - 연부연납신청세액 - 물납신청
          세액 - 문화재자료 등 징수유예세액 + 가산세
```

6. 상속세의 납세의무자

상속세의 납세의무자는 상속인, 유증 또는 사인
증여[법 제14조 제1항 제3호의 규정에 의한 증여
채무의 이행 중에 증여자가 사망한 경우의 당해
증여를 포함한다 - 피상속인이 생전에 증여계약
을 체결하고 소유권을 이전하기 전에 사망한 경우
이론상 상속인에 대하여는 상속개시시점을 기준
으로 한 상속세가, 수증자에 대하여는 재산취득시
점에 다시 증여세가 부과되어야 할 것이나, 상속

인은 실제로 취득한 재산이 없음에도 상속세를 부담하게 되는 부당한 결과가 초래되므로(상속인은 그가 이행하여야할 증여채무를 공제받지 못할 뿐만 아니라 증여재산을 취득한 수증자가 납부하는 증여세도 공제받지 못한다. 이를 시정하기 위하여 증여계약이행중에 피상속인이 사망한 경우에는 사인증여와 동일하게 취급하여 상속인에게 상속세를 부과하지 않고 당해 증여재산을 취득하는 수증자에게 상속세만 과세하는 것을 말한다]를 받은 자 및 민법 제1057조의2에 의하여 상속재산을 분여받은 특별연고자입니다.

상속세법상 광의의 상속인은 민법상의 순수한 상속인만을 가리키지 않고 위와 같은 특별연고자와 유증 및 사인증여의 수증자까지 포함한다는 점에 특색이 있습니다.

상속세의 과세원인이 되는 상속·유증 또는 사인증여가 무엇을 의미하는지에 관하여는 상속세법상 아무런 정의규정을 두고있지 않습니다. 이는 조세법률주의의 한 내용인 과세요건명확주의의 관점에서 볼 때 문제가 될 수 있으나, 조세법률관계의 획일성 및 안정성의 요청에 따라 다른 법 분야로부터의 차용개념은 원칙적으로 그 원천이 된 법 분야에서의 의미와 동일한 것으로 해석해야 한다는 견해가 지배적이므로, 상속세법상 상속·유증 또는 사인증여의 개념도 원칙적으로 민법상 개념과 마찬가지로 해석해야 할 것입니다. 납세의무의 범위와 관련되는 상속인의 범위·상속분·상속시점·상속인의 순위 등에 관하여도 마찬가지입니다.

상속세의 납세의무자는 원칙적으로 자연인인 개인이지만 예외적으로 태아와 법인도 상속세의 납세의무자가 될 수 있습니다. 법인도 유언자유의 원칙에 의하여 유증의 상대방이 되거나 사인증여의 계약상대방이 될 수 있으므로 유증 또는 사인증여를 받은 법인은 그 받은 재산의 범위내에서 상속세의 납세의무자가 됩니다. 다만, 영리법인이 수유자인 경우에는 수유재산의 가액이 법인의 소득계산상 익금에 가산되어 법인세의 과세대상이 되므로, 상속세법은 수유자가 영리법인인 경우에는 상속세를 면제하도록 규정하고 있습니다. 따라서 자연인 이외의 상속세 납세의무자는 비영리법인과 상속세및증여세법상 비영리법인으로 보도록 규정되어 있는 법인격 없는 사단·재단·기타 단체에 한하게 됩니다.

내연의 처 등에 관하여는 민법상 상속권이 인정되지 않기 때문에 내연관계자는 유증 또는 사인증여 계약에 의해서만 피상속인으 재산을 취득하게 되고, 그 경우에는 상속의 경우와 마찬가지로 상속세 납세의무를 지게 됩니다.

내연의 처가 피상속인으로부터 생전에 증여를 받아 그 재산가액이 상속세 과세가액에 산입되는 경우에도 내연의 처가 곧 "상속인"에 해당하는 것은 아니므로 그 산입되는 재산의 범위는 법 제13조 제1항 제2호가 적용되어 상속개시일전 5년 내에 증여한 재산에 한정되고, 그 산입으로 인하여 증가된 세액 부분에 대해서도 내연의 처는 상속세

납세의무가 없고 결국 이는 다른 상속인들이 부담
하게 됩니다.

7. 상속포기의 경우

상속인이 상속을 포기한 경우에도 상속을 포기
한 자도 상속재산 중 받은 재산의 비율에 따라 상
속세 납세 의무를 부담한다는 법 제3조 제1항에
의거하여 상속을 포기하더라도 상속세납부의무를
면할 수 없습니다

상속인이 확정되지 않았거나 상속인이 상속재
산에 대하여 처분권한이 없는 경우에는 특별한 규
정이 없는 한 추정상속인·유언집행자 또는 상속
재산관리인에 대하여 상속인 또는 수유자에 관한
규정을 적용할 수 있습니다.

8. 상속세의 납세의무 성립시기

상속세의 납세의무는 상속을 개시하는 때에 성
립하고, 상속은 사망으로 인하여 개시되므로 상속
세납세의무의 성립시기는 원칙적으로 피상속인의
사망시점입니다.

상속세법상 상속은 유증이나 사인증여에 의한
재산취득을 포함하는 개념이므로 그로 인한 상속
세 납세의무의 성립시기도 같습니다.

그러나 실종선고가 있는 경우의 상속개시일은
실종선고일이 됩니다. 실종선고가 있는 경우에는
실종기간이 만료한 때를 기준으로 상속이 개시되
나, 실종기간 만료시를 상속세 납세의무의 성립시
기로 한다면 실종기간이 만료되고 상속세의 자진

신고납부기한 6월이 경과한 때부터 기산하여 10년
또는 15년이 경과한 후에 실종선고를 청구하여 실
종선고가 되는 경우에는 이미 상속세부과권의 제
척기간이 도과하여 상속세를 부과할 수 없게되는
것을 방지하기 위하여 실정선고일을 상속개시일
로 의제하여 상속세납세의무의 성립시기를 특별
히 규정하고 있습니다.

한편 상속세는 대가의 수반없이 재산이 이전되
는 것을 계기로 과세하는 것이므로 그 세액 산정
의 전제로서 상속재산의 가액을 평가하여야 하는
바, 법은 그 평가를 상속개시일 현재의 시가에 의
하도록 함으로써 상속재산 평가의 기준시기와 상
속세 납세의무의 성립시기를 일치시키고 있습니
다.

위와 같이 상속세 납세의무는 피상속인의 사망
시에 성립하고, 상속인은 피상속인의 사망과 동시
에 그 권리의무를 포괄적으로 승계하고 공동상속
인 사이에 법률상 당연히 공유관계가 성립하므로
상속인이 상속재산을 현실적으로 취득하여 구체
적으로 지배관리할 수 있느냐 하는 점은 납세의무
의 성립과는 무관합니다.

9. 유증과 사인증여로 인한 납세의무의 성립

유증과 사인증여는 모두 유증자의 생전의 재산
처분행위로서 유증자의 사망에 의하여 효력이 발
생한다는 점에서 공통점이 있으나 유증이 단독행
위인데 반하여 사인증여는 계약이라는 점에서 차
이가 있습니다.

민법은 이들에 관하여 상속과 별개의 조문을 두
고 있으나, 상속세및증여세법은 이들이 사망을 원
인으로 재산이 무상이전된다는 점에서 공통성을
가지므로 동일하게 취급하고 있습니다.

유증에는 포괄유증과 특정유증이 있는데 포괄
적 유증을 받은 자는 상속인과 동일한 권리의무가
있으므로, 상속의 경우와 다를 것이 없습니다. 특
정유증의 경우에는 민법의 해석상 유증의 효력을
채권적인 것으로 보는 기초위에서 특정유증물은
상속재산으로서 일단 상속인에게 귀속되며, 수증
자는 상속인에 대하여 유증의 이행을 청구할 수
있는 권리가 있다고 보는 것이 일반적입니다. 그
러나 상속세및증여세법은 포괄유증과 특정유증의
구별 없이 유증에 의한 재산의 취득을 모두 상속
의 개념에 포함시키고 있고, 수유자는 상속재산
중 받았거나 받을 재산의 비율에 따라 상속세를
납부할 의무가 있다고 규정하여 반드시 현실적인
취득을 요구하고 있지 않으므로, 특정유증의 경우
에도 유언자가 사망한 날에 상속세 납세의무가 성
립한다고 할 것입니다.

한편 유증에 부담이 붙은 경우, 즉 부담부유증
의 경우에는 부담이 붙은 상태 그대로 유증자의
사망시점에 유증의 효력이 발생할 것이므로 납세
의무의 성립시기는 일반 유증의 경우와 다르지 않
습니다.

정지조건부 유증의 경우에도 수증자는 유언의
효력에 의하여 유언자가 사망한 때에 정지조건적
인 권리를 취득하고 조건이 성취된 때에 완전한

권리를 취득하는 것이므로, 상속세 납세의무는 조
건미성취 상태이더라도 상속개시 시점에 성립합
니다.

10. 납세지

납세지란 납세의무자가 세법에 의한 의무를 이
행하고 권리를 행사하는데 기준이 되는 장소를 말
하며 관할세무서를 정하는 기준이 됩니다.

상속세의 납세지는 피상속인이 거주자인 경우
에는 상속개시지가 되고, 비거주자인 경우에는 국
내에 있는 상속재산의 소재지가 되며, 국내의 재
산소재지가 2 이상인 경우에는 주된 재산의 소재
지가 됩니다.

피상속인이 비거주자인 제한납세의무자인 경우
에는 상속재산이 국내에 있는 때에만 납세의무가
발생하고, 그 상속재산의 소재지에 의해 납세지가
결정되기 때문에 상속재산소재지가 중요한 의의
를 갖습니다.

상속재산소재지는 상속 개시 당시의 현황에 의
하여 재산의 종류별로 판정하도록 하고 규정하고
있습니다.

11. 상속재산의 범위

상속재산은 금전으로 환가할 수 있는 경제적 가
치가 있는 모든 물건과 재산적 가치가 있는 법률
상 또는 사실상의 모든 권리를 포함하고, 다만 피
상속인의 일신에 전속하는 것으로서 피상속인의
사망으로 인하여 소멸되는 것은 제외됩니다. 부동

산·동산·주식·출자지분·국공채 등 유가증권·지상권·광업권·무체재산권·어업권·일반금전채권·시설이용권·회원권 등 모든 종류의 물건과 권리가 포함되나, 담보물권은 피담보채권과 독립하여 상속재산을 구성하지 않습니다.

한편, 민법 제1005조는 "상속인은 상속개시된 때로부터 피상속인의 재산에 관한 포괄적 권리의무를 승계한다"고 하여 적극재산과 소극재산을 모두 상속재산에 포함시키고 있으나, 상속세및증여세법에서는 상속재산의 가액에서 소극재산인 채무를 공제하여 상속세 과세가액을 산출하고 있어서, 민법상의 상속재산 중 적극재산만을 상속재산으로 파악하고 있고, 유증과 사인참여로 인하여 취득하는 재산도 상속재산의 개념에 포함시키고 있다는 점에 특색이 있습니다.

상속세의 과세대상은 상속 또는 유증이나 사인증여에 의한 취득재산이므로, 그러한 원인에 의하지 않은 취득재산은 설사 피상속인의 사망으로 인하여 취득하게 되더라도 본래 의미의 상속재산은 아닙니다. 그러나 실질적으로 상속이나 유증에 의하여 재산을 취득한 것과 동일하게 볼 수 있는 경우라면 상속세를 부과하는 것이 과세형평에 부합합니다. 이런 이유로 상속개시 당시 피상속인의 보유재산이 아니고 상속인이 그 재산을 취득한 원인이 상속이나 유증이 아님에도 불구하고 상속세의 과세대상인 상속재산으로 법에 의하여 의제되는 경우도 있고, 이를 의제상속재산 또는 간주상속재산이라고 합니다.

피상속인이 보험계약자이거나 또는 보험계약자
는 아니라도 실질적으로 보험료를 지불한 경우에
피상속인의 사망으로 인하여 상속인 또는 상속인
이외의 자가 지급받는 생명보험 또는 손해보험의
보험금·피상속인이 신탁한 재산·퇴직금·퇴직
수당·공로금·연금 또는 이와 유사한 것으로서
피상속인에게 지급될 것이 피상속인의 사망으로
인하여 상속인과 상속인 이외의 자에게 지급되는
것(다만 국민연금법이나 공무원연금법·사립학교
교원연금법·군인연금법 등에 의한 유족연금, 산
업재해보상보험법·근로기준법 등에 의한 유족연
금 등은 제외)이 위와 같은 의제상속재산으로 규
정되어 있습니다.

12. 매매 또는 증여 중에 사망한 경우

① 매매 중에 사망한 경우
　　부동산에 대한 매매계약을 체결하고 대금 전
　　액이 완불되고 이전등기만 이루어지지 않은
　　상태에서 매도인이 사망하고 아직 등기명의
　　가 그 피상속인의 명의로 남아 있어도 이미
　　양도는 완결된 상태이므로 당해 부동산은 상
　　속재산이 아닌 것이 되고, 반대로 매수인이
　　사망하였다면 아직 등기를 넘겨받기 이전이
　　라도 상속재산에 속하는 것으로 보게됩니다.
　　중도금까지만 지급된 상태에서 매도인이 사
　　망하고 상속인이 그 후 잔대금을 지급받고 매
　　수인에게 소유권이전등기를 해준 경우에는
　　상속개시시점에서는 아직 부동산의 양도가

완성되지 않은 상태이므로 그 부동산 자체가
상속재산이 되고 그에 대한 상속세를 부담하
여야 하고, 잔대금지급청구 채권이 상속재산
이 되는 것은 아닙니다.
다만, 이 경우 상속재산의 실체를 부동산으로
보건 혹은 대금채권으로 보건간에 과세가액
산정에 있어서는 차이가 없습니다. 왜냐하면
상속재산을 부동산으로 보더라도 그 과세가
액은 전체 매매대금에서 피상속인이 이미 수
령한 대금을 공제한 나머지 가액으로 평가될
것이기 때문입니다.
반대로 위와 같이 중도금까지만 지급된 상태
에서 매수인이 사망한 경우에는 아직 피상속
인이 토지에 대한 이전등기를 넘겨받지 못하
고 또 잔대금을 지급하지 않았으므로 소득세
법상의 양도가 일어나지 않아 토지는 아직 피
상속인의 상속재산에 귀속된 상태로 볼 수 없
고, 위 이전등기청구권을 상속재산으로 보게
되는데 상속개시 당시를 기준으로 한 그 가액
은 피상속인이 매도인에게 지급한 매매대금
으로 평가하게 됩니다. 상속인은 잔대금의 지
급이라는 반대급부를 부담한 상태의 이전등
기청구권을 상속받은 것이므로 목적물의 전
체가액에서 위 반대급부에 해당하는 잔대금
을 공제한 금원인 이미 지급한 매매대금을 현
실적인 상속재산의 가액으로 평가할 수 있습
니다. 그것은 부동산으로 전환되는 과정의 현
금으로서 만일 계약이 제대로 이행된다면 나

머지 대금과 함께 부동산으로 전환되고 계약이 중도 해제된다면 부당이득반환채권을 구성하게 되는 성질의 것입니다.

	대금청산 전 상속개시		대금청산 후 상속개시	
	양도인 사망	양수인 사망	양도인 사망	양수인 사망
상속재산	부동산	이전등기청구권	매매대금	부동산
과세가액	미수령대금	기지급대금	매매대금	부동산 전체가액
상속세 부담	○	○	부동산상속세×	○
양도소득세 부담	상속인 자신의 채무	-	피상속인의 의무승계	-

② 증여 중에 사망한 경우

토지를 증여하고 인도하여준 후 이전등기를 하기 전에 증여자 또는 수증자가 사망한 때에는 토지의 경우 증여세 납세의무의 성립시기를 이전등기일로 규정하고 있으므로, 이에 의하면 등기 전에 증여자가 사망하면 증여행위에 따른 증여세 납세의무는 아직 성립한바 없으므로 증여세는 과세되지 않지만, 상속세의 측면에서 위 토지가 상속재산에 포함되는가 하는 점은 상속개시시점에서 세법상의 증여가 완성되었다고 볼 수 있느냐를 기준으로 판별하여야 합니다. 따라서 이전등기가 되지 않은 이상 부동산은 증여자의 재산으로 남아 있다고 할 것입니다. 이때 상속인은 부동산을

상속받음과 동시에 피상속인의 증여로 인한
소유권이전등기의무도 승계하게 되지만 대부
분 법 제14조 제1항 제3호에 의하여 채무공제
의 대상에서 배제될 것이므로 결과적으로 증
여대상인 부동산에 대한 상속세를 부담하게
됩니다.

하지만 이 경우 사인증여로 보아 증여자의 상
속인이 상속세를 부담하지 않고 수증자만이
상속세를 부담합니다.

	증여자 사망의 경우	수증자 사망의 경우
상속재산	부동산	×(이전등기청구권)
상속세	수증자부담(사인증여)	×
증여세	×	상속인에게 이전등기시

13. 기여분

공동상속인 중에 피상속인의 재산의 유지 또는
증가에 관하여 특별히 기여하거나 피상속인을 특
별히 부양한 자가 있을 때에는 상속개시 당시의
피상속인의 재산가액에서 공동상속인의 협의로
정한 그 자의 기여분을 공제한 것을 상속재산으로
보고 법정상속분에 의하여 산정한 기여분을 가산
한 액으로써 그 자의 상속분으로 하며, 기여분에
관한 협의가 성립되지 않은 경우에는 기여자의 청
구에 의하여 가정법원이 이를 결정하게 됩니다.

민법상 기여분의 성질에 관하여는 공유설·부

당이득설·보수설 등 여러 가지 학설이 있으나 상
속세법은 이에 관하여 아무런 특별규정을 두지 않
고 있습니다. 따라서 기여분으로 인정되는 재산이
있어도 공동상속인들의 협의나 법원의 심판을 거
쳐 확정된 기여분의 내용에 따라 상속인들 사이의
상속분만이 달라질 뿐 그 전부가 상속세의 과세대
상으로 된다는 점에서는 변함이 없습니다.

14. 비과세재산

상속으로 인하여 권리의 승계가 이루어지지만
국가정책적 고려 또는 사회복지나 전통의 계승과
같은 공익목적에서 법이 상속세 과세대상에서 제
외시킨 것이 있습니다. 전사나 공상으로 인한 사
망으로 상속이 개시된 경우에는 피상속인이 소유
한 모든 재산에 대하여 상속세를 부과하지 않고,
그 밖에 국가·지방자치단체 또는 공공단체에 유
증한 재산, 문화재보호법의 규정에 의한 국가 및
시·도지정문화재와 보호구역안의 대통령령이 정
하는 토지, 일정범위의 금양임야 및 묘토, 정당이
나 대통령령이 정하는 사회단체에 유증한 재산,
이재구호금품 등이 상속세 비과세재산으로 규정
되어 있습니다.

비과세재산 중 자주 문제가 되는 것은 금양임야
및 묘토 등 민법 제1008조의3에 규정된 재산입니
다. 민법은 분묘에 속한 1정보 이내의 금양임야와
600평 이내인 묘토인 농지·족보·제구의 소유권
은 제사를 주재하는 자가 이를 승계한다고 하고,
상속세및증여세법 제12조 제3호 및 시행령 제8조

제3항은 제사를 주재하는 상속인(다수의 상속인이 공동으로 제사를 주재하는 경우에는 그 공동으로 주재하는 상속인 전체)을 기준으로 피상속인이 제사를 주재하고 있던 선조의 분묘에 속한 9,900㎡ 이내의 금양임야 및 1,980㎡ 이내의 묘토인 농지와 족보 및 제구를 상속세 비과세대상으로 규정하고 있습니다. 다만, 금양임야와 묘토인 농지의 재산가액의 합계액이 2억원을 초과하는 경우 2억원을 한도로 비과세 한도액으로 설정되어 있습니다.

금양임야한 벌목을 금지하는 임야를 뜻하며 제사용 자원으로서 특정한 제신에게 제공된 토지 중 분묘에 부속된 임야 즉 종산 내지 묘산에서 분묘기지를 제외한 수익용부분을 말하고 묘토인 농지와 함께 관습상의 위토를 구성하는 토지를 말합니다.

민법 제1008조의3에 의한 위 금양임야 등의 승계는 "사망으로 인한 포괄적인 재산의 승계"를 뜻하는 것으로서 넓은 의미의 상속에 포함되고, 따라서 원칙적으로 상속세의 규율대상에 속하지만, 이를 특별히 일반상속의 대상에서 제외한 이유는 제사용 재산을 공동상속하게 하거나 평등분할하도록 하는 것은 조상숭배나 가통의 계승을 중시하는 우리의 습속이나 국민감정에 반한다는 데 있는 것으로 설명되고, 따라서 금양임야가 수호하는 분묘의 기지가 제3자에게 이전된 경우에도 그 분묘를 사실상 이전하여 이장하기 전까지는 그 임야는 여전히 금양임야로서의 성질을 지니고 있다는 것이 판례의 입장입니다. 또한 위 규정범위에 속하는 금양임야는 특별한 사정이 없는 한 종손이 제사주재자로서 이를 승계하고 설사 종손이외의 상속인들 앞으로 소유권이전등기를 했더라도 이는 무효이므로 그 임야는 금양임야로서의 성격을 유지합니다. 다만, 금양임야의 상속인과 제사주재자가 다른 경우에는 그 금양임야는 상속인들의 일반 상속재산으로 돌아가며 상속인이 아닌 제사주재자에게 그 소유권이 승계되지 않는다는 것이 판례의 입장입니다.

비과세대상인 묘토는 이를 경작하여 얻은 수확으로 분묘의 수호, 관리비용이나 제사의 비용을 조달하는 자원인 농토를 말하고 반드시 제사비용을 조달하는 농토만을 의미하지는 않습니다. 그러나 비과세 대상이 되려면 상속개시 당시에 이미 묘토로 사용되고 있어야 하고 원래 묘토로 사용하기로 한 경우는 이에 해당하지 않습니다.

여러개의 분묘가 있는 경우, 분묘에 속한 묘토의 범위는 그 승계자를 기준으로 한 600평 이내가 아니고 봉사의 대상이 되는 분묘 매1기당 600평 이내를 기준으로 합니다.

15. 상속세의 과세가액

상속세의 과세가액이란 순수 이론적으로 말하면 상속에 의하여 상속인이 취득하는 순증재산의 금액, 즉 상속세의 과세대상이 되는 적극재산의 전체가액에서 상속인에게 승계되는 소극재산의 가액을 공제한 나머지 금액을 의미하고, 이는 과세표준 산정의 기초가 됩니다. 그러나 법은 피상속인의 생전증여재산과 같이 상속개시시점에서 보면 이미 본래 의미의 상속재산에는 해당하지 아니하는 재산의 가액을 과세가액에 가산하기도 하고, 일정한 채무는 피상속인이 부담하고 있는 것이 밝혀지더라도 공제대상세서 배제하는 한편, 상속개시 전 일정 기간내에 처분한 재산이나 부담한 채무의 금액은 피상속인이 이를 현금으로 보유하고 있다가 상속해 준 것으로 추정하는 방식으로 과세가액에 산입하고, 공익목적에 출연한 재산의 가액은 본래 의미의 상속재산에 해당함에도 불구하고 일정한 조건하에서 과세가액에 불산입하도록 규정하고 있습니다. 결국 조세정책적 필요나 사회정책적 필요에 의하여 상속만에 의하여 변동된 재산순증액 이외에 일정 범위의 재산가액을 과세가액의 산정에 가산하거나 차감함으로써 과세범위를 조정하여 규정하고 있다고 할 수 있습니다.

또한 법은 피상속인이 거주자인 경우와 비거주자인 경우의 과세가액 산정방식을 다르게 규정하고 있습니다.

피상속인이 거주자인 경우의 상속세 과세가액은, ① 상속재산 가액에 ② 상속개시일 전 10년 이내에 피상속인이 상속인에게 증여한 재산가액과 ③ 상속개시일 전 5년 이내에 피상속인이 상속인 아닌 자에게 증여한 재산가액을 합한 금액에서 공과금·장례비용 및 채무(상속개시일 전 10년 이내에 피상속인이 상속인에게 진 증여채무와 상속개시일 전 5년 이내에 피상속인이 상속인이 아닌 자에게 진 증여채무는 제외)를 공제하여 계산합니다.

　이에 비해 피상속인이 비거주자인 경우에는, 국내에 있는 증여재산만을 위 상속재산의 가액에 가산하고, 공제금액도 ① 당해 재산에 관한 공과금, ② 당해 상속재산을 목적으로 하는 유치권·질권 또는 저당권으로 담보된 채무, ③ 피상속인의 사망 당시 국내에 사업장이 있는 경우로서 비치·기장한 장부에 의하여 확인되는 사업상의 공과금 및 채무만이 그 대상이 됩니다.

　(1) 공과금

　　　상속개시일 현재 피상속인이 납부할 의무가 있는 것으로서 상속인에게 승계된 조세, 공공요금 기타 이와 유사한 공과금은 상속재산의 과세가액을 산정함에 있어 공제해야 합니다.

　　　피상속인이 비거주자인 경우에는, 국내소재 상속재산만을 상속세 과세대상으로 하고 있으므로 그 재산에 관한 공과금만이 공제대상이 됩니다.

　(2) 장례비용

　　　장례비용은 상속개시 당시에 존재한 채무는 아니나, 상속개시에 수반하는 필연적인 비용으로서 그만큼 상속인의 담세력을 감소시킨다는 점에서 이를 과세가액산출에 있어서 상속재산가액에서 공제하도록 하였습니다.

　　　공제대상인 장례비용은 피상속인의 사망일부터 장례일까지 장례에 직접 소요된 금

액으로서 사회통념이나 풍속 등에 비추어
합리적인 범위 내의 비석 및 상석 설치비용,
묘지구입 및 조경비용이 모두 포함되고, 그
금액이 500만원 미만인 경우에는 500만원으
로 하고 1천만원을 초과하는 경우에는 1천
만원으로 합니다.

또한 납골시설비용은 500만원을 한도로
추가공제됩니다.

따라서 장례비용으로 총 1,500만원까지 공
제가 가능합니다.

(3) 채무

상속개시 당시 피상속인이 부담하고 있는
채무는 원칙적으로 모두 상속재산가액에서
공제합니다. 그러나 공제대상 및 범위에 관
하여 논란이 있는 몇가지 채무가 있습니다.

① 미확정채무 - 상속개시 시점에서 채무가
성립은 하였으나 아직 금액이 미확정인
경우 공제대상이 될 수 있는가 하는 점
이 문제가 됩니다. 그러나 채무부담이 확
정되어 있다면 비록 금액이 피상속인의
사망 후 확정되더라도 공제대상에 포함
된다고 봄이 상당합니다. 피상속인이 타
인의 채무에 대하여 계속적 보증을 한
후 보증기간 중에 사망하였으나 그 후
보증기간 만료시점에서 채무액이 확정되
는 경우, 피상속인이 생전에 제기한 소송
사건의 변호사비용으로서 피상속인의 사
망 후 그 금액이 확정되는 경우 등을 예

로 들 수 있습니다.

이러한 채무는 피상속인이 생존하였더라면 이행하였을 채무이므로 공제하는 것이 맞습니다.

② 보증채무 - 피상속인이 부담하고 있는 보증채무는 주채무자가 변제불능의 무자력 상태에 있기 때문에 피상속인이 그 채무를 이행하지 않으면 안될 뿐만 아니라 주채무자에게 구상권을 행사하더라도 변제받을 가능성이 없다고 인정되는 때에 한하여 그 채무금액을 상속재산가액에서 공제할 수 있습니다.

공제대상인 채무는 피상속인이 종국적으로 부담하여 이행할 것이 확실하다고 인정되는 채무를 뜻한다고 해석되기 때문입니다.

이 경우 주채무자의 변제불능 상태 여부는 일반적으로 주채무자에 대하여 파산, 회사정리 혹은 강제집행절차가 개시되거나, 사업폐쇄·행방불명·형의 집행 등에 의하여 채무초과 상태가 상당기간 계속되면서 달리 융자를 받을 가능성도 없고 계기의 방도도 서 있지 않는 등의 사정에 의하여 사실상 채권을 회수할 수 없는 상황에 있는 것이 객관적으로 인정될 수 있는가에 따라 결정해야 합니다. 그와 같은 사유는 상속세 과세가액을 결정하는데 예외적으로 영향을 미치는 특

별한 사유이므로 납세의무자가 그 사유
의 존재에 대한 주장·입증책임을 부담
합니다.

수인이 연대보증을 한 경우 그 공제대상
은 원칙적으로 피상속인의 부담부분인
보증채무에 한하는 것이지만, 연대보증
인 중에 변제불능의 상태이고 구상하여
변제를 받을 가능성이 없는 자가 있어서
그 부담부분까지 피상속인의 상속재산에
서 변제되었다면 그 부분도 상속채무로
서 상속세 과세가액에서 공제될 수 있습
니다.

계속적 보증의 경우에도 상속인은 특별
한 사정이 없는 한 보증인의 지위를 승
계하므로, 위와 같은 주채무자의 무자력
사실이 입증되면 피상속인의 사망 후 보
증기간 만료시점까지 사이에 발생된 주
채무금액 전액이 공제대상이 됩니다.

피상속인이 물상보증을 한 경우에는 직
접 채무를 부담하는 것은 아니지만, 보증
채무에서와 같은 주채무자의 무자력 사
정이 입증되면 그 부동산의 평가가액에
서 근저당권의 채권최고액 범위내에서
사실상 부담하게 될 부담금액 만큼의 공
제가 인정되어야 합니다.

③ 연대채무 – 피상속인이 연대채무자인 경
우에 상속재산에서 공제할 채무액은 상속
인의 부담분에 상당하는 금액에 한합니

다. 다만 다른 연대채무자가 변제불능의
상태가 되어 피상속인이 그의 부담분까
지 부담하게 되었고 그 부담분에 대하여
상속인이 구상권을 행사하더라도 변제받
을 수 없다고 인정되는 경우에는 그 다
른 연대채무자의 부담분까지 공제대상이
됩니다.
④ 퇴직금 지급채무
피상속인의 사업과 관련하여 고용한 사
용인에 대한 상속개시일까지의 퇴직금
상당액은 상속개시 당시의 피상속인의
채무에 포함됩니다.

16. 생전 처분재산 및 예금인출에 대한 과세

피상속인이 재산을 처분하여 받거나 피상속인
의 재산에서 인출한 금액이 상속개시일 전 1년 이
내에 재산종류별로 계산하여 2억원 이상인 경우와
상속개시일 전 2년 이내에 재산종류별로 계산하여
5억원 이상인 경우로서 대통령령이 정하는 바에
의하여 용도가 객관적으로 명백하지 않은 경우,
그 부담한 채무의 합계액이 상속개시일 전 1년 이
내에 2억원 이상인 경우와 상속개시일 전 2년 이
내에 5억원 이상인 경우로서 대통령령이 정하는
바에 의하여 용도가 객관적으로 명백하지 않은 경
우에는 이를 각 상속받은 것으로 추정하여 법 제
13조 규정에 의한 상속세과세가액에 산입하고, 나
아가 피상속인이 국가·지방자치단체 및 대통령
령이 정하는 바에 의하여 상속인이 변제할 의무가

없는 것으로 추정되는 경우에도 이를 법 제13조 규정에 의한 상속세 과세가액에 산입합니다.

종전에는 재산의 처분·인출가액이나 채무부담액이 기준금액 이상일 경우에는 한도액 초과부분만이 아닌 용도를 입증하지 못한 부분 전부가 과세가액에 산입되었으나, 2002년 개정으로 사용처 미소명금액에서 20% 상당액과 2억원 중 작은 금액을 차감하여 상속세 과세가액에 산입하도록 하였습니다. 또한 용도가 객관적으로 명백한 부분은 이를 과세가액에 포함시킬 수 없습니다.

위 규정이 적용되면 처분된 재산의 처분금액을 상속세 과세가액에 산입한다는 취지이지 그 재산 자체가 과세대상인 재산이 된다는 의미는 아닙니다. 다만, 그 처분가액이 확인되지 않는 경우에는 처분당시를 기준으로 한 평가액에 의할 수밖에 없을 것입니다.

한편 상속세법 제15조의 규정에 의하여 재산처분대금 등이 상속세과세가액에 포함되더라도 그것이 현금으로 상속되었음이 증명되지 않는 한 국세기본법 제24조 제1항 소정의 '상속으로 인하여 얻은 재산'이라고 할 수 없고, 그와 같이 상속재산 처분대금이 현실적으로 상속되어 위 '상속으로 인하여 얻은 재산'의 범위에 포함되었다는 점에 대한 입증책임은 원칙적으로 과세관청이 부담하게 됩니다.. 그러나 상속재산 처분대금이 상속인에게 현금으로 상속되었다고 추정할만한 간접사실을 입증하는 것으로도 충분합니다.

17. 공익목적 출자재산의 과세

　상속개시 이전에 피상속인이 이미 처분하였지만 법에 의하여 상속세 과세가액에 산입대상이 되는 재산 또는 상속개시 당시 피상속인이 보유하는 본래 의미의 상속재산에 해당하지만, 공익목적의 달성을 위한 사후정책적 이유에서 일정한 경우에 그 재산을 상속세 과세가액 산입에서 제외하는 경우가 있고, 그러한 재산을 과세가액 불산입재산이라고 합니다.

　법은 제4절에서 공익사업 출연재산과 공익신탁재산을 그 대상으로 규정하고 있습니다.

　과세가액 불산입재산과 비과세재산은 과세에서 제외되는 법적 효과에 있어서는 동일하나, 과세가액 불산입재산은 재산의 일부에 대하여만 과세가액에 산입하지 않거나 또는 일정한 조건 아래 다시 과세할 수 있다는 점 등에서 차이가 있습니다.

　상속재산 등 피상속인 또는 상속인이 종교·자선·학술 기타 공익을 목적으로 하는 사업을 영위하는 공익법인 등에게 과세표준 신고기한내에 출연한 재산의 가액은 상속세 과세가액에 산입하지 않습니다. 이는 문화의 향상, 사회복지 및 공익의 증진 등을 목적으로 하는 공익사업은 국가나 지방재정으로 하여야 할 일이고 개인이 여기에 출연하는 것은 국가나 지방재정을 대신하는 것이므로 이를 장려·촉진하고자 하는 취지입니다.

　그러나 재벌기업의 주주 등이 공익법인을 설립하고 소유기업의 주식을 출연하여 기업에 대한 지배력은 간접적으로 유지하면서 상속세의 부담을 줄이는 편법을 사용하는 등, 공익사업을 앞세워 변칙적인 재산출연행위를 하여 탈세나 부의 증식 수단으로 악용하는 것을 방지하기 위하여 공익법인 등에 재산을 출연하였을지라도 그 법인의 조직상 공익성 보장에 장애가 될 수 있는 요소를 지니고 있는 경우에는 과세가액 불산입을 배제하는 불산입의 예외규정을 두고 있습니다.

즉, 공익법인 등에 내국법인의 의결권 있는 주식 또는 출자지분을 출연한 경우 그 공익법인 등의 주식 등의 기본 보유분과 합하여 발행주식총수 또는 출자가액의 5%를 초과하는 경우에는 그 초과부분을 상속세 과세가액에 산입하되, 다만 법 제49조 제1항 각 호 외의 부분단서에 해당하는 것으로서 독점규제및공정거래에관한법률에 의한 상호출자제한기업집단과 특수관계에 있지 아니하는 공익법인 등에 당해 공익법인 등의 출연자와 특수관계에 있지 아니하는 내국법인의 주식 등을 출연하는 경우로서 대통령령이 정하는 경우에는 그러지 않습니다.

또한 공익사업 출연재산 및 그 재산에서 생기는 이익의 전부 또는 일부가 상속인 및 그와 특수관계에 있는 자에게 귀속되는 경우에는 대통령령이 정하는 가액이 상속된 것으로 보아 그에 대한 상속세를 즉시 부과하도록 규정하고 있습니다.

이러한 규정은 재벌기업의 주주 등이 공익법인을 설립하고 소유기업의 주식을 출연하여 기업에 대한 지배력은 간접적으로 유지하면서 상속세의

부담을 줄이는 편법의 이용을 차단하고자 하는 것
입니다. 법은 같은 취지에서 출연자와 특수관계에
있는 자가 당해 공익사업의 운영에 간섭하는 것을
배제하고, 출연된 재산의 목적내 사용을 보장하기
위한 장치를 마련하고 있습니다.

18. 기초공제

상속세의 과세표준을 계산함에 있어 과세가액
에서 일률적으로 금액을 공제하는 것을 기초공제
라 하고, 현재는 2억원으로 규정되어 있습니다.

다만, 가업상속에 대해서는 1억원을 한도로 가
업상속재산가액을, 영농상속에 대해서는 2억원을
한도로 영농상속재산가액을 각 추가하여 공제하
되, 그 공제를 받은 상속인은 상속개시일부터 5년
이내에 대통령령이 정하는 정당한 사유 없이 그
상속받은 재산을 처분하거나 가업 또는 영농에 종
사하지 아니하게 된 경우에는 다시 상속세를 부과
합니다.

가업상속 또는 영농상속을 받은 상속인은 가업
상속 및 영농상속에 해당됨을 입증하기 위한 서류
를 납세지관할세무서장에게 제출하여야 하지만,
기한 내에 위 서류제출이 없었다고 하여 공제의
혜택이 사라진다고는 볼 수 없습니다. 영농상속과
가업상속의 인정범위와 요건은 시행령에 상세한
규정이 있습니다.

위와 같은 기초공제의 확장은 농·어민의 경제
활동을 지원하는 한편, 농림어업을 제외한 제조
업·건설업·도소매업·음식숙박업 등의 가업상

속인에 대하여도 가업상속을 장려·지원한다는 취지에서 일반인보다 추가공제의 혜택을 부여한 것입니다.

19. 배우자 공제

배우자 실제 상속받은 금액 전부를 상속세 과세가액에서 공제하되, 상속재산(상속재산 중 상속인이 아닌 수유자가 유증 등을 받은 재산은 제외하고, 법 제13조 제1항 제1호에 규정된 생전증여재산은 가산)의 가액에 민법 제1009조에 규정된 배우자의 법정상속분(공동상속인 중 상속을 포기한 자가 있는 경우에는 그 자가 포기하지 아니한 경우의 배우자의 법정상속분)을 곱하여 계산한 금액에서 법 제13조의 규정에 의하여 상속재산에 가산한 증여재산 중 배우자에게 증여한 재산에 대한 과세표준(제55조 제1항의 규정에 의한 과세표준)을 차감한 가액(그 금액이 30억원을 초과하는 경우에는 30억원을 한도로 함)을 한도로 하는데 이를 배우자 공제라 합니다.

즉 실제 상속받은 금액이 위 법정상속분을 기초로 산정한 금액보다 적으면 실제 상속금액을 공제하고, 이를 초과하는 경우 위 법정상속분을 기초로 산정한 금액을 공제하는 것입니다.

〔(상속재산) + 사전증여재산 – 상속인의 유증재산) × 배우자 법정상속지분〕 – 배우자에게 10년 내 증여한 재산에 대한 과세표준

배우자 상속공제는 원칙적으로 과세표준 신고

기한의 다음날부터 6월이 되는 날까지 상속재산을 분할(등기·등록·명의개서 등을 요하는 경우에는 그 등기·등록·명의개서 등이 된 것에 한한다)하여 배우자의 상속지분을 신고한 경우에 한하여 적용합니다. 다만, 신고기한 이내에 상속재산을 분할할 수 없는 부득이한 일정한 사유가 있는 경우에는 기한을 연장하여 주는 특칙이 있습니다.

배우자가 실제 상속받은 재산이 없거나 상속받은 금액이 5억원 미만인 경우에는 신고가 없더라도 5억원의 정액을 공제합니다. 따라서 배우자 상속공제의 최소한도는 신고유무에 관계없이 5억원이 됩니다.

20. 기타 인적공제

거주자의 사망으로 상속이 개시된 경우 피상속인과 상속인의 인적관계 등을 기초로 일정금액을 과세가액에서 공제합니다.

① 자녀공제 : 자녀 1인에 대하여 각 3,000만원
② 미성년자공제 : 상속인(배우자 제외) 및 동거가족 중 미성년자에 대하여 500만원에 20세에 달하기까지 연수를 곱한 금액
③ 연로자공제 : 상속인 및 동거가족 중 60세 이상인 자에 대하여 6,000만원
④ 장애자공제 : 상속인 및 동거가족중 장애자에 대하여 500만원에 75세에 달하기까지의 연수를 곱한 금액

위 각 공제 중 자녀공제와 미성년자공제는 중복적용하고, 장애자공제 해당자가 배우자공제 및 다

른 기타 인적공제에 해당하면 모두 적용하여 합산한 금액을 공제합니다. 그러나 그 밖의 다른 인적공제, 예를 들어 자녀공제와 연로자공제는 중복하여 적용할 수 없습니다.

그리고 공제금액 산정에 있어 1년 미만의 단수는 1년을 적용합니다.

21. 상속세의 세율

상속세의 세액은 과세표준에 세율을 적용하여 산출하는데, 그 과세표준은 법 제13조 내지 제15조에 의한 과세가액에서 제18조 내지 제24조의 상속공제 금액(과세가액공제 금액)을 차감한 금액입니다.

각종 상속공제를 하여 산출된 과세표준이 50만원 미만인 경우에는 상속세를 부과하지 않습니다.

상속세는 5단계의 다음과 같이 초과누진세율로 되어있습니다.

과세표준	세율
1억원 이하	과세표준의 100분의 10
1억원 초과 5억원 이하	1천만원 + 1억원 초과금액의 100분의 20
5억원 초과 10억원 이하	9천만원 + 5억원 초과금액의 100분의 30
10억원 초과 30억원 이하	2억4천만원 + 10억원 초과 금액의 100분의 40
30억원 초과	10억4천만원 + 30억원 초과금액의 100분의 50

22. 상속세의 납부신고

　상속세납부의무가 있는 상속인 또는 수유자는 상속개시일(유언집행자 또는 상속재산관리인에 대하여는 지정 또는 선임되어 직무를 시작하는 날)부터 6개월(피상속인 또는 상속인이 외국에 주소를 둔 경우에는 9개월)이내에 상속재산의 종류·수량·평가가액·재산분할 및 각종 공제 등을 입증할 수 있는 서류 등을 첨부·제출하여 납세지관할세무서장에게 과세가액 및 과세표준을 신고해야 합니다.

　신고기한 내에 상속인이 확정되지 않은 경우에는 과세표준 신고와는 별도로 상속인이 확정된 날로부터 30일 이내에 확정된 상속인의 상속관계를 기재하여 관할세무서장에게 제출해야 합니다.

　상속세는 부과납세방식의 조세이므로 위와 같은 신고는 과세관청이 조사결정을 하는데 참고자료가 될 뿐이지만, 신고를 유도함으로써 과세행정상의 부담을 경감하기 위하여 법은 신고기한 내에 신고를 하면 세액공제의 혜택을 부여하는 한편, 신고의무를 제대로 이행하지 않으면 신고불성실가산세를 부과하고 있습니다.

　신고한 경우 세액공제금액은, 상속세산출세액에서 ① 문화재자료 등에 대한 징수유예금액, ② 상속세및증여세법 또는 다른 법률의 규정에 의하여 산출세액에서 공제 또는 감면되는 금액을 각 공제한 금액의 10%에 상당하는 금액입니다. 즉 신고액 전부가 아니고 그 중 정당한 평가가액을 기초로 하게됩니다.

　상속납부액이 1천만원을 초과하는 경우에는 연부연납을 허가받은 경우를 제외하고는 대통령령이 정하는 바에 따라 그 납부할 금액의 일부를 납부기한 경과 후 45일 이내에 분납할 수 있습니다.

　연부연납은 허가받은 날로부터 3년 이내의 연부연납을 허가받을 수 있습니다.

　상속인 또는 수유자가 과세표준과 세액을 신고기한 내에 신고하지 않거나 미달하여 신고한 때(납부할 세액이 없는 경우는 제외)에는 결정한 과세표준에 대한 미신고금액의 비율을 산출세액과 세대생략 할증과세액의 합계액에 곱하여 계산한 금액의 100분의 20(법 제13조 제1항 및 제2항 또는 제47조 제2항의 규정에 의하여 상속세 과세가액 또는 증여세과세가액에 가산할 금액 중 가산하여 신고하지 않은 부분은 100분의 10)에 상당한 금액을 상속세산출세액에 가산합니다.

　다만, 신고한 재산으로서 대통령령이 정하는 평가가액의 차이로 인하여 신고하여야할 과세표준에 미달한 금액과 법 제18조 내지 제24조 및 제53조 제1항의 규정에 의한 공제적용의 착오로 인하여 미달된 금액은 미달가액의 산정에서 제외합니다.

Ⅱ. 증여세

1. 증여세란?

증여세는 재산의 수증을 과세물건으로 하여 부과되는 국세입니다. 증여세와 상속세는 모두 부의 무상이전을 대상으로 합니다. 하지만 상속세는 피상속인의 사망을 계기로 무상으로 이전되는 피상속인의 유산을 과세대상으로 함에 비하여, 증여세는 생존 중의 증여로 인하여 수증자가 취득한 재산을 과세대상으로 한다는 점에서 차이가 있습니다.

증여세가 없다면 생전이전의 방법으로 상속세는 얼마든지 회피될 수 있다는 점에서 증여세는 상속세의 보완세라고 일컬어지고, 실제로 증여세에 관한 많은 규정은 증여가 상속세의 회피수단으로 이용되는 것을 방지하려는 뜻을 담고 있고, 그 반면 상속세의 세액계산에 있어 증여세액을 공제하는 등 중복과세를 방지하기 위한 여러 장치들이 마련되어 있습니다.

한편 사인증여는 생전의 증여계약이지만 사망을 계기로 재산이 이전된다는 점에서 상속세의 과세대상으로 되어 있습니다.

2. 증여세의 과세방식

증여세의 과세방식은 납세의무자를 증여자로 하느냐 수증자로 하느냐에 따라 증여자과세방식과 수증자과세방식이 있습니다.

증여자과세방식은 상속세의 유산세방식에 상응

하고, 수증자과세방식은 유산취득세방식에 상응하는 것이나 우리나라 법에서는 상속세에 대해서는 유산세방식을 취하면서도 증여세에 대해서는 수증자과세방식을 취하고 있습니다.

현행법에서는 증여세는 타인의 증여로 인한 증여재산이 있는 경우에 그에 대하여 부과하고, 수증자가 거주자인 경우에는 증여받은 모든 증여재산에 대하여, 비거주자인 경우에는 국내에 있는 증여재산에 대해서만 과세합니다.

세액의 산출방식은, 먼저 증여재산에서 비과세재산을 제외한 재산이 과세재산이 되고, 그 가액에서 증여재산에 의하여 담보된 채무를 공제한 것이 과세가액이 되나, 일정한 요건 아래에서 공익목적 출연재산·공익신탁재산 및 장애인이 증여받은 재산의 가액은 과세가액에 산입되지 않습니다.

과세가액에서 증여재산공제 및 재해손실공제를 한 금액이 과세표준이 되고, 과세표준에 해당세율을 적용하면 산출세액이 됩니다. 여기에 직계비속에 대한 증여의 할증과세액을 가산하고, 외국납부세액공제, 기납부세액공제, 신고세액공제를 한 것이 신고세액 내지 결정세액이 되며, 신고세액에서 연부연납신청세액, 물납신청세액, 문화재자료 등에 대한 징수유예세액을 공제한 금액이 신고납부세액이 됩니다.

[증여세의 과세체계]

> 증여재산 : 협의의 증여재산 + 증여의제 및 추정재산

> 과세재산 : 증여재산 - 증여세 비과세재산

> 과세가액 : 과세재산 가액 - 담보된 채무금액 - 과세가액 불산입 재산(공익목적출연재산·공익신탁재산·장애인이 증여받은 재산)가액 - 증여세면제 재산가액

> 과세표준 : 과세가액 - 증여재산공제 - 재해손실공제

> 산출세액 : 과세표준 × 세율

> 신고세액·결정세액 : 산출세액 + 직계비속에 대한 증여의 할증과세 - 세액공제(외국납부세액공제·기납부세액공제·신고세액공제)

> 신고·납부할 세액 : 신고(결정)세액 - 연부연납신청세액 - 물납신청세액 - 문화재자료 등 징수유예세액 + 가산세

3. 증여세의 납세의무자

증여세의 납세의무자는 증여에 의하여 재산을 무상으로 취득한 자, 즉 수증자를 말합니다. 즉, 우리 법은 수증자 과세방식을 취하고 있습니다.

증여자도 일정한 경우에 수증자와 연대하여 납세할 의무를 부담하지만 고유의 납세의무는 수증자입니다. 수증자는 개인이든 법인이든 상관이 없지만, 영리법인이 증여받은 경우에는 법인세의 부과대상이 되므로 따로 증여세는 부담하지 않지만, 법 제41조의2의 규정(명의신탁재산의 증여의제)에 의한 증여세를 명의자인 영리법인이 면제받은 경우에는 실제소유자(영리법인 제외)가 당해 증여세를 납부할 의무가 있습니다. 법인격 없는 사단·재단·기타 단체는 비영리법인으로 간주되므로 증여세의 납세의무자가 될 수 있습니다.

4. 증여세의 납세의무의 성립

① 권리의 이전이나 그 행사에 등기·등록을 요하는 재산·부동산(신축건물 제외)·자동차·중기 등이 이에 해당합니다.

등기·등록일이 기준이 되고, 다만 법률의 규정에 의한 부동산 취득의 경우에는 실제로 부동산 소유권을 취득한 날이 됩니다.

현실적으로 가장 많이 문제되는 부동산에 관하여 판례는 특별한 사정이 없는 한 이전등기시에 증여세의 과세요건이 완성된다고 수차례 판결하였습니다. 이는 재산이전이 외부

적으로 명백히 드러나는 등기이전시를 증여
세의 과세요건이 완성되는 때로 보는 것이
제척기간 등과 관련하여 그 시기를 객관적으
로 명확히 할 수 있고, 그로써 당사자의 담합
등으로 인한 분쟁의 여지를 줄일 수 있다는
점 등을 고려한 것입니다. 소득세법상의 양
도는 원칙적으로 등기이전시가 아닌 대금청
산시로 보고 있으나 유상양도의 경우에는 상
대적으로 담합의 여지가 적다는 점에서 무상
양도인 증여의 경우와 동일하게 볼 수 없습
니다.

다만, 명의신탁이 되어 있는 부동산을 신탁
자가 그 등기명의를 그대로 둔 채 제3자에게
증여함에 있어서 수탁자가 그 증여사실을
알고 신탁자의 지위 이전에 대하여 동의 내
지 승낙을 하여 수증자에게 신탁자의 지위
가 승계되는 경우에는 수탁자가 그 동의 내
지 승낙을 한 때를 증여재산의 취득시기로
봅니다.

② 건물을 신축하여 증여할 목적으로 수증자의
명의로 건축허가를 받거나 신고를 하여 완성
한 경우에는 그 건물의 사용승인서 교부일이
납세의무의 성립일이 됩니다. 다만, 사용승
인 전에 사실상 사용하거나 임시사용승인을
얻은 경우에는 그 사실상의 사용일 또는 임
시사용승인일로 하고, 건축허가를 받지 아니
하거나 신고하지 아니하고 건축하는 건축물
에 있어서는 그 사실상의 사용일이 증여재산

의 취득시기가 됩니다.

③ 동산의 경우에는 인도한 날 또는 사실상의 사용일이 증여재산의 취득시기가 됩니다.

④ 주식 또는 출자지분은 수증자가 배당금의 지급이나 주주권의 행사 등에 의하여 당해 주식 등을 인도받은 사실이 객관적으로 확인되는 날. 다만, 당해 주식 등을 인도받은 날이 불분명하거나 당해 주식등을 인도받기 전에 상법 제337조 또는 제557조의 규정에 의하여 취득자의 주소와 성명 등을 주주명부 또는 사원명부에 기재한 경우에는 그 명의개서일 또는 그 기재일이 증여재산의 취득시기가 됩니다.

⑤ 무기명채권은 당해 채권에 대한 이자지급사실 등에 의하여 취득사실이 객관적으로 해당되는 날이 증여재산의 취득시기가 됩니다. 다만 그 취득일이 불분명한 경우에는 당해 채권에 대하여 취득자가 이자지급을 청구한 날 또는 당해채권의 상환을 청구한 날이 됩니다.

5. 증여세의 과세대상

법 제2조의 규정에 의하여 증여세의 과세대상이 되는 증여재산에는 수증자에게 귀속되는 재산으로서 금전으로 환가할 수 있는 경제적 가치가 있는 모든 물건과 재산적 가치가 있는 법률상 또는 사실상의 모든 권리를 말합니다.

다만 증여재산이라 하더라도 사회정책적 고려

또는 사회복지 등 공익목적의 달성을 위하여 증여
세를 과세하지 않는 것도 있습니다.

국가 또는 지방자치단체로부터의 증여재산, 우
리사주조합을 통하여 취득한 주식, 국가·지방자
치단체·공공단체·사내노동복지기금·신용보증
기금이 증여받은 재산, 이재구호금품, 교육비, 학
자금, 부의금, 혼수용품 등이 비과세 증여재산으로
규정되어 있습니다(법 제46조).

6. 증여의 종류

① 신탁이익의 증여

신탁계약에 의하여 위탁자가 타인을 신탁의
이익의 전부 또는 일부를 받을 수익자로 지
정한 경우에는 다음 각 호의 1에 규정하는
경우에 신탁의 이익을 받을 권리의 가액을
수익자에 대한 증여재산가액으로 합니다. 이
경우 수회로 분할하여 원본 및 수익을 받는
경우에는 대통령령이 정하는 방법에 의하여
증여재산가액을 계산합니다.

ㄱ. 원본의 이익을 받을 권리를 소유하게 한
경우에는 수익자가 원본을 받은 경우

ㄴ. 수익의 이익을 받을 권리를 소유하게 한
때에는 수익자가 그 수익을 받은 경우
수익자가 특정되지 않거나 존재하지 않을
경우에는 위탁자 또는 상속인을 그 수익자
로 보고, 수익자가 특정되거나 존재하게
된 경우에 새로운 신탁이 있는 것으로 봅
니다.

② 보험금의 증여

생명보험 또는 손해보험에 있어서 보험금수취인과 보험료불입자가 다른 경우에는 보험사고가 발생한 경우에 보험금상당액을 보험금수취인에 대한 증여재산가액으로 하며, 보험계약기간 안에 보험금수취인이 타인으로부터 재산을 증여받아 보험료를 불입한 경우에는 그 보험료불입액에 대한 보험금상당액에서 당해 보험료불입액을 차감한 가액을 보험금수취인에 대한 증여재산가액으로 봅니다. 불입한 보험료 중 보험금수취인이 불입한 금액이 있을 경우에는 그 비율에 따라 증여가액을 산정하게 됩니다.

피상속인의 사망으로 인하여 지급받는 생명보험 또는 손해보험의 보험금으로서 피상속인이 보험계약자가 된 보험계약에 의하여 지급받는 것은 이를 상속재산으로 보는데, 이경우에는 위 규정의 적용이 없습니다.

③ 저가양수·고가양도

타인으로부터 시가보다 낮은 가액으로 재산을 양수하거나 타인에게 시가보다 높은 가액으로 재산을 양도하는 경우에는 그 양수 또는 양도한 때에 양수자 또는 양도자가 그 대가와 시가와의 차액에 상당하는 금액을 증여재산가액으로 합니다(법 제35조 제1항 1호·2호).

여기서 낮은 가액 또는 높은 가액이라 함은

양수・양도한 재산(전환사채 및 거래된 상장
주식 등 제외의 시가로부터 대가의 차액 또는
대가로부터 시가의 차액이 각 100분의 30 이
상이거나 그 각 차액이 3억원 이상인 경우의
대가를 말합니다.

위의 규정을 적용하는데 있어서 특수관계에
있는 자 외의 자간에 재산을 양수 또는 양도
한 경우에는 정당한 사유 없이 시가보다 현저
히 낮은 가액 또는 현저히 높은 가액으로 재
산을 양수 또는 양도한 경우에 한하여 그 대
가와 시가와의 차액에 상당하는 금액을 증여
한 것으로 추정하여 대통령령이 정하는 이익
에 상당하는 금액을 그 이익을 얻은 자에 대
한 증여재산가액으로 봅니다(법 제35조 제2
항). 여기서 대통령령이 정하는 이익이란 다
음 각호의 가액 중 적은 금액을 차감한 가액
을 말합니다.

ㄱ. 시가에서 대가를 차감한 가액이 시가의
   100분의 30 이상이거나 대가에서 시가를
   차감한 가액이 시가의 100분의 30 이상인
   경우에는 시가의 100분의 30에 상당하는
   가액

ㄴ. 3억원
   과세처분 이전에 매매대금의 증감이 있는
   경우 저가양도 해당 여부의 판단기준은 최
   종적으로 정하여진 매매대금을 기준으로
   합니다.
   저가양도・고가양수에 따른 증여세과세는

증여자가 사업자인 경우 소득세법상 부당
행위계산부인규정이 중복적으로 적용됨에
따라 소득세와 증여세의 이중과세문제가
야기되는바, 이에 관하여는 중복과세를 할
수 없습니다.

④ 채무면제이익의 증여

채권자로부터 채무의 면제를 받거나 제3자
로부터 채무의 인수 또는 변제를 받은 경우
에는 그 면제·인수 또는 변제로 인한 이익
에 상당하는 금액(보상액의 지불이 있은 경
우에는 그 보상액을 차감한 금액)을 그 이익
을 얻은 자의 증여재산가액으로 합니다(법
제36조).

채무면제가 증여세의 과세대상이 된다는 점
에 대하여는 이론이 있을수 없고 세계 각국
의 입법예에서도 채무면제이익은 예외 없이
증여세의 과세대상으로 규정하거나 과세대
상으로 보고 있습니다.

⑤ 부동산무상사용에 따른 이익의 증여

자산의 무상대여는 통상의 임료 또는 이자가
발생할 시점에서 보면 지급채무의 면제라는
경제적 이익의 부여에 해당하나 그 설정 당
시를 기준으로 보면, 약정기간 내 또는 부정
기간의 무상의 사용권이라는 법률상의 권리
를 이전시키는 것으로 포착할 수 있고 법에
서 말하는 증여의 정의에 합치된다고 할 수
있습니다.

특수관계에 있는 자의 부동산(당해 부동산

소유자와 함께 거주하는 주택과 그 부수토지를 제외)을 무상으로 사용함에 따라 대통령령이 정하는 이익을 얻은 경우에는 당해 이익에 상당하는 금액을 부동산무상사용자의 증여재산가액으로 봅니다(법 제37조 제1항). 위 규정은 특수관계에 있는 자의 토지 또는 건물만을 각각 무상사용하는 경우에도 이를 적용하고, 수인이 당해 부동산을 무상사용하는 경우에는, 1. 당해부동산의 실지사용자, 2. 실지사용자가 불분명한 경우에는 부동산 소유자와의 근친관계 및 당해 부동산 사용자들의 재산상태·소득·직업·연령 등을 고려할 때 실지사용자로 인정되는 자를 당해 무상사용자로 합니다(시행령 제27조 제1항).

위 부동산 무상사용에 따른 이익의 증여시기는 사실상 당해 부동산의 무상사용을 개시한 날로 하며, 이 경우 당해 부동산에 대한 무상사용기간이 5년을 초과하는 경우에는 그 무상사용을 개시한 날부터 5년이 되는 날의 다음 날에 새로이 당해 부동산의 무상사용을 개시한 것으로 봅니다.

부동산 무상사용이익은 부동산가액에 1년간의 부동산 사용료를 감안하여 재정경제부령이 정하는 율로 계산한 각 연도의 부동산 무상사용이익을 당해 부동산 무상사용기간을 감안하여 재정경제부령이 정하는 방법에 의하여 환산한 가액(1억원 이상인 경우)에 의합니다. 이 경우 부동산 무상사용기간은 5년으로 합니다.

⑥ 금전무상대부 등에 따른 이익의 증여

특수관계에 있는 자로부터 1억원 이상의 금전을 무상 또는 적정이율보다 낮은 이자율로 대부받은 경우에는 그 금전을 대부받은 날에 무상으로 대부받은 경우에는 대부금액에 적정이자율을 곱하여 계산한금액·적정이율보다 낮은 이자율로 대부받은 경우에는 대부금액에 적정이자율을 곱하여 계산한 금액에서 실제 지급한 이자상당액을 차감한 금액을 당해 금전을 대부받은 자에 대한 증여재산가액으로 합니다.

대부기간이 정하여지지 않은 경우에는 그 대부기간을 1년으로 보고 대부기간이 1년 이상인 경우에는 1년이 되는 날의 다음 날에 매년 새로이 대부받은 것으로 보아 금액을 계산합니다.

⑦ 합병에 따른 이익의 증여

특수관계에 있는 법인이 합병함으로 인하여 소멸·흡수되는 법인 또는 신설·존속하는 법인(합병당사법인)의 주주(출자자 포함)로서 대통령령이 정하는 대주주(발행주식총수의 100분의 1 또는 액면가액 3억원 이상)가 합병으로 인하여 대통령령이 정하는 이익을 받은 경우에는 당해 합병일(합병등기일)에 당해 이익에 상당하는 금액을 그 이익을 얻은 자에 대한 증여재산가액으로 합니다(법 제38조 제1항).

위 규정은 대규모기업들이 일반당사자가 되
어 특수관계 있는 법인(주로 불실법인)을 흡
수합병하면서 불공정한 합병비율에 의하여
소액주주들의 주식가치를 희석시키면서 대
주주들에게 이익을 안겨주는 것을 규제하기
위한 것입니다.

따라서 주권상장법인이나 협회등록법인이
다른 법인과 증권거래법의 규정에 따라 행하
는 합병은 그 공정성이 담보되므로 위 규정
에서 제외됩니다.

⑧ 증가에 따른 이익의 증여

법인이 자본(출자액 포함)을 증가시키기 위
하여 새로운 주식 또는 지분(신주)을 발행함
에 따라 신주를 시가보다 낮은 가액으로 발
행하는 경우·신주를 시가보다 높은 가액으
로 발행하는 경우와 이와 유사한 경우로서
신주 또는 실권주를 인수하거나 이수하지 않
음으로써 특수관계에 있는 자로부터 직접 또
는 간접적으로 얻은 이익을 얻은 경우에는
당해 이익에 상당하는 금액을 이익을 얻은
자의 증여재산가액으로 합니다(법 제39조 제
1항).

⑨ 감소에 따른 이익의 증여

법인이 자본을 감소시키기 위하여 주식 또는
지분을 소각함에 있어서 일부 주주의 주식
또는 지분을 소각함으로 인하여 그와 특수관
계에 있는 대주주가 이익을 얻은 경우에 그
이익에 상당하는 금액을 당해 대주주의 증여

재산가액으로 합니다(법 제39조의2 제1항).
위 이익은 감자한 주식 1주당 평가액에서 주
식소각시 지급한 1주당 금액을 차감한 가액
이 감자한 주식 1주당 평가액의 100분의 30
이상이거나 다음 산식[(감자한 주식 1주당
평가액 - 주식소각시 지급한 1주당금액) ×
총감자주식수 ×대주주의 감자 후 지분비율
× 대주주와 특수관계에 있는 자의 감자주식
수/총감자주식수]에 의하여 계산한 금액이 3
억원 이상인 경우입니다.

⑩ 현물출자에 따른 이익의 증여
현물출자에 의하여 법인이 발행한 주식 또는
지분을 인수함에 따라 주식등을 시가보다 낮
은 가액으로 인수함에 따라 현물출자자가 얻
은 이익·주식 등을 시가 보다 높은 가액으
로 인수함에 따라 현물출자자와 특수관계에
있는 현물출자자 외의 주주 또는 출자자가
얻은 이익을 얻은 경우에는 당해 이익에 상
당하는 금액을 그 이익을 얻은 자의 증여재
산가액으로 합니다(법 제39조의3 제1항).

⑪ 전환사채 등의 주식전환 등에 따른 이익의
증여
전환사채, 신주인수권부사채(신주인수권증권
이 분리된 경우에는 신주인수권증권을 말함),
기타 주식으로 전환·교환하거나 주식을 인
수할 수 있는 권리가 부여된 사채(전환사채
등)를 인수·취득·양도하거나 전환사채 등
에 의하여 주식으로의 전환·교환 또는 주식

의 인수를 함으로써 이익을 얻은 경우에는 당해 이익에 상당하는 금액을 그 이익을 얻은 자의 증여재산가액으로 합니다(법 제40조 제1항).

⑫ 주식 또는 출자지분의 상장 등에 따른 이익의 증여

기업의 경영 등에 관하여 공개되지 않은 정보를 이용할 수 있는 지위에 있다고 인정되는 법 제22조 제2항의 규정에 의한 최대주주 또는 최대출자자·내국법인의 발행주식총수 또는 출자총액의 100분의 25 이상을 소유한 자로서 대통령령이 정하는 자와 특수관계에 있는 자가 최대주주 등으로부터 당해 법인의 주식 또는 출자지분을 증여받거나 유상으로 취득한 경우에는 증여받거나 취득한 날, 증여받은 재산(주식 등을 유상으로 취득한 날부터 소급하여 3년 이내에 최대주주 등으로부터 증여받은 재산을 말함)으로 최대주주 등 외의 자로부터 당해 법인의 주식 등을 취득한 경우에는 취득한 날부터 5년 이내에 당해 주식 등이 증권거래법에 따라 한국증권협회에 등록됨에 따라 그 가액이 증가된 경우로서 당해 주식 등을 증여받거나 유상으로 취득한 자가 당초 증여세과세가액 또는 취득가액을 초과하여 대통령령이 정하는 기준 이상의 이익을 얻은 때에는 당해 이익에 상당하는 금액을 그 이익을 얻은 자의 증여재산가액으로 합니다.

⑬ 합병에 따른 상장 등 이익의 증여
최대주주 등과 특수관계에 있는 자가 최대주
주 등으로부터 당해 법인의 주식 등을 증여
받거나 유상으로 취득한 경우 또는 증여받은
재산으로 최대주주등외의 자로부터 당해 법
인의 주식 등을 취득하거나 다른 법인의 주
식 등을 취득한 경우로서 그 주식 등의 증여
일 등으로부터 5년 이내에 당해 법인 또는
다른 법인이 특수관계에 있는 주권상장법인
또는 협회등록법인과 합병함에 따라 그 가액
이 증가된 경우로서 당해 주식 등을 증여받
거나 유상으로 취득한 자가 당초 증여세과세
가액 또는 취득가액을 초과하여 대통령령이
정하는 기준 이상의 이익을 얻은 경우에는
당해 이익에 상당하는 금액을 그 이익을 얻
은 자의 증여재산가액으로 합니다(법 제31조
의5 제1항).
⑭ 특정법인과의 거래를 통한 이익의 증여
결손금이 있거나 휴업 또는 폐업 중인 법인
(이하 특정법인)의 주주 또는 출자자와 특수
관계에 있는 자가 당해 특정법인과 재산 또
는 용역을 무상제공하는 거래·재산 또는 용
역을 통상적인 거래관행에 비추어 볼 때 현
저히 낮은 대가로 양도 및 제공하는 거래·
재산 및 용역을 통상적인 거래관행에 비추어
볼 때 현저히 높은 대가로 양도 및 제공받은
거래등에 해당하는 거래를 통하여 당해 특정
법인의 주주 또는 출자자가 이익을 얻은 경

우에는 그 이익에 상당하는 금액을 당해 특
정법인의 주주 또는 출자자의 증여재산가액
으로 합니다(법 제41조 제1항).

증여받은 것으로 보는 이익은 증여가액, 면
제 등으로 인한 이익에 상당하는 금액, 시가
와 대가와의 차액에 상당하는 금액 등으로
인하여 증가된 주식의 1주당 가액에 주식수
를 곱하여 계산하되 결손법인의 경우에는 그
결손금을 한도로 합니다.

일반적으로 법인에 대한 증여는 법인의 익금
을 구성하여 법인세의 과세대상이 되는데 결
손법인 등의 경우에는 법인세를 부담하지 않
는 점을 이용하여 과세의 부담없이 결손법인
에 대한 증여를 통하여 증여자와 특수관계에
있는 결손법인의 대주주가 이익을 얻은 것을
증여세의 과세대상으로 정한 것입니다.

7. 증여의 추정

현행법이 포괄주의 증여세과세방식을 채택하였
음에 따라 종전의제규정들은 모두 개별적 증여예
시규정으로 전환되었으나, 종전에 추정규정으로
되어 있던 배우자 등에 대한 양도시의 증여추정규
정과 재산취득자금의 증여추정규정 및 실질적인
의제규정이라 할 수 있는 명의신탁재산에 대한 증
여의제규정은 현행법 아래에서도 별다른 내용의
수정 없이 그대로 추정규정 및 의제규정으로 존속
하게 되었습니다.

① 배우자 등에 대한 양도시의 증여추정

배우자 또는 직계존비속에게 양도한 재산은 양도자가 당해 재산을 양도한 때에 그 재산의 가액을 배우자 등의 증여세과세가액으로 추정합니다(법 제44조 제1항).

② 재산취득자금의 증여추정

직업, 연령, 소득 및 재산상태 등으로 보아 재산을 자력으로 취득하였다고 인정하기 어려운 경우로서 대통령령이 정하는 경우에는 당해 재산을 취득한 때에 당해 재산의 취득자금을 그 재산의 취득자의 증여재산가액으로 추정합니다(법 제45조 제1항).

③ 명의신탁재산에 대한 증여의제

권리의 이전이나 그 행사에 등기 등을 요하는 재산(토지와 건물을 제외)에 있어서 실제소유자와 그 명의자가 다른 경우에는 국세기본법 제14조의 규정에 불구하고 그 명의자로 등기들을 한 날(그 재산이 명의개서를 요하는 재산인 경우에는 소유권취득일이 속하는 연도의 다음 연도 말일의 다음날)에 그 재산의 가액을 명의자가 실제소유자로부터 증여받은 것으로 봅니다.

다만, 조세회피목적 없이 타인의 명의로 등기를 하거나 소유권을 취득한 실제소유자 명의로 명의개서를 하지 않은 경우, 주식 또는 출자지분 중 1997년 1월 1일 전에 신탁 또는 약정에 의하여 타인명의로 주주명부 또는 사원명부에 기재되어 있거나 명의개서되어 있는 주식 등에 대하여 1998년 12월 31일까지

의 기간중 실제소유자명의로 전환한 경우등
의 경우에는 증여받은 것으로 보지 않습니다
(법 제45조의2 제1항).

8. 증여세 과세가액

증여세 과세가액이란 증여세가 과세되어야할
증여재산, 즉 증여세 과세물건의 가액을 말하고,
이는 증여일 현재 이 법의 규정에 의한 증여재산
가액의 합계액에서 당해 증여재산에 담보된 채무
로서 수증자가 인수한 금액을 차감한 금액으로 합
니다. 여기에서 대통령령이 정하는 채무란 증여자
가 당해 재산을 타인에게 임대한 경우의 당해 임
대보증금을 말합니다.

증여세의 과세원인은 증여행위이므로 개개의
증여행위마다 별개의 과세요건을 구성합니다. 따
라서 그 과세가액은 증여가 있을 때마다 그 증여
행위별로 분리하여 계산함이 원칙입니다. 수인의
증여자가 동일한 수증자에게 동시에 증여를 하더
라도 증여행위는 당사자별로 각각이므로 증여자
별로 분리하여 과세가액을 산출하여야 합니다. 이
러한 분리과세의 원칙에 대한 예외가 같은 당사자
사이에 수차 증여가 있는 경우, 이른바 재차증여
에 있어서의 합산과세입니다.

9. 공익목적의 증여

상속세에 있어 공익사업 출연재산과 공익신탁
재산을 과세가액 불산입재산으로 규정하고 있는
것과 마찬가지로 증여세에서도 부의 사회환원을

촉진하고 개인의 출연재산에 의한 공익목적의 달
성을 위한 사회정책적 이유에서 같은 취지의 규정
을 두고 있습니다(법 제48조·제52조).

다만 공익사업을 앞세워 공익법인을 지주회사
화 하는 변칙적인 방법으로 증여세나 상속세를 잠
탈하는 것을 방지하기 위하여 과세가액 불산입의
조건을 제한함과 동시에 출연재산에 대한 비교적
엄격한 사후관리규정을 두고 이에 저촉되는 상황
이 발생하면 곧바로 증여세를 부과하도록 하고 있
습니다. 말하자면 공익목적 출연재산에 대한 과세
가액 불산입은 실질적으로 일종의 조건부 불산입
이라 할 수 있습니다.

10. 장애인의 증여

대통령령이 정하는 장애인이 그의 직계존비속
과 대통령령이 정하는 친족으로부터 재산을 증여
받은 경우에, 당해 장애인이 생존기간 동안 증여
받은 재산가액 합계액 5억원 범위 내에서, ①증여
받은 재산의 전부가 신탁업법에 의한 신탁회사에
신탁되고, ②당해 장애인이 신탁이익의 전부를 받
는 수익자이며, ③신탁기간이 당해 장애인이 사망
할 때까지로 되어 있을 경우에 그 증여재산의 가
액은 증여세 과세가액에 산입하지 않습니다(법 제
52조의2 제1항). 다만, 부득이한 사유없이 신탁을
해지하거나 생존 중 신탁기간이 만료되고 이를 연
장하지 않는 경우, 신탁이익의 전부 또는 일부가
장애인 외의 자에게 귀속되는 것으로 확인된 경우
등에 해당하면 대통령령이 정하는 날에 해당 재산

가액을 증여받은 것으로 보아 즉시 증여세를 부과
합니다.

11. 증여세의 과세표준

증여세의 과세표준은
① 법 제45조의2 규정에 의한 명의신탁재산의
   증여의제에 있어서는 당해 명의신탁재산의
   금액
② 합산배제증여재산에 있어서는 당해 증여재
   산의 가액에서 3천만원을 공제한 금액
③ 위의 경우외에 법 제47조 제1항의 규정에 의
   한 증여세과세가액에서 제53조 및 제54조의
   규정에 의한 금액을 차감한 금액에서 대통령
   령이 정하는 증여재산의 감정평가수수료를
   차감한 금액으로 합니다(법 제55조 제1항).
대통령령이 정하는 감정평가수수료의 내용은
상속세에 있어서와 같습니다.
증여세의 과세표준 역시 과세가액과 마찬가지
로 재차증여 등 합산과세할 특별한 경우가 아닌
한 증여행위별, 증여자별로 분리하여 산정합니다.
산정된 과세표준 금액이 50만원 미만일 때에는 증
여세를 부과하지 않습니다.

12. 증여세의 신고·납부 등

증여세의 신고와 납부, 과세표준과 세액의 결정
및 결정통지, 연부연납·물납 등 납세의무의 완화
등은 상속세와 같습니다.
다만, 과세표준 신고기한이 종전에는 상속세와

증여세 모두 6개월로 되어 있었으나 1996년 개정으로 증여세의 신고기한은 3월로 단축되었습니다. 이는 증여가 증여자가 증여의사를 가지고 재산을 무상이전 시키는 것이므로 신고가 지체될 여지가 적다는 점을 감안한 것입니다.

◈ 박 근 영 ◈

◆ 1983 : 전남대 법대 졸업

◆ 1995 : 제37회 사법시험 합격

◆ 1998 : 사법연수원 27기 수료

◆ 현 변호사 박근영사무소 운영(서울)

한손에 잡히는 상속해결	정가 10,000원

2008년 7월 10일 1판 인쇄
2008년 7월 15일 1판 발행
감　수 : 박 근 영
발행인 : 김 현 호
발행처 : 법문 북스

152-050
서울 구로구 구로동 636-62 (구로유통B/D B동 308호)
TEL : 2636-2911~3,　FAX : 2636-3012
등록 : 1979년 8월 27일 제5-22호
Home : www.bubmun.co.kr

- ISBN 978-89-7535-130-3 13360
- 파본은 교환해 드립니다.
- 본서의 무단 전재·복제행위는 저작권법에 의거, 3년 이하
  의 징역 또는 3,000만원 이하의 벌금에 처해집니다.